# 武威吐谷浑文化的历史书写

张国才　刘徽翰　著

读者出版社

图书在版编目（CIP）数据

武威吐谷浑文化的历史书写 / 张国才，刘徽翰著
. -- 兰州：读者出版社，2024.5
ISBN 978-7-5527-0809-7

Ⅰ．①武… Ⅱ．①张… ②刘… Ⅲ．①吐谷浑－民族历史－研究－武威 Ⅳ．①K289

中国国家版本馆CIP数据核字（2024）第086152号

## 武威吐谷浑文化的历史书写

张国才　刘徽翰　著

责任编辑　王先孟
装帧设计　雷们起

出版发行　读者出版社
地　　址　兰州市城关区读者大道568号（730030）
邮　　箱　readerpress@163.com
电　　话　0931-2131529（编辑部）　0931-2131507（发行部）

印　　刷　甘肃发展印刷公司
规　　格　开本 787毫米×1092毫米　1/16
　　　　　印张 17.25　插页 2　字数 310 千
版　　次　2024年5月第1版
　　　　　2024年5月第1次印刷
书　　号　ISBN 978-7-5527-0809-7
定　　价　58.00元

如发现印装质量问题，影响阅读，请与出版社联系调换。

本书所有内容经作者同意授权，并许可使用。
未经同意，不得以任何形式复制。

《凉州文化丛书》(第一辑)
编撰委员会

主　任：李兴文

副主任：董积生　张国才

委　员：刘玉顺　魏学宏　席晓喆　郝　珍　李元辉

主　编：魏学宏　张国才

副主编：席晓喆

编　委：(以姓氏笔画为序)

王丹宇　刘茂伟　刘徽翰　许振明　杨　波　杨琴琴

吴旭辉　宋文姬　宋晓琴　张长宝　张博文　郑　苗

赵大泰　贾海鹏　柴多茂　海　敬　寇文静

# 总 序

　　武威，古称凉州，是国家历史文化名城、中国优秀旅游城市、中国旅游标志之都，历史文化底蕴深厚。早在五千多年前，凉州先民就在这里生活繁衍，创造了马家窑、齐家、沙井等璀璨夺目的史前文化；先秦时期，这里是位列九州之一的雍州属地，也是华夏文明与域外文化交流的重要通道；两汉、魏晋南北朝、隋唐、西夏等时期，是凉州文化形成与发展的几个重要阶段；明清时期，文风兴盛，是凉州文化发展的黄金阶段。在历史的长河中，以武威为中心形成的凉州文化，在中国文化发展史上留下了辉煌灿烂的绚丽篇章，形成了厚重的文化积淀和多彩的文化形态，并在今天仍然有深远影响。中国社会科学院古代史研究所所长、研究员卜宪群先生谈到："广义的凉州文化指整个河西地区的文化，凉州文化的研究可将武威及其周边的文化辐射区包括在内。""凉州文化在中国历史上占有重要地位，为中华文化的多样性做出了贡献，也为统一的多民族国家形成做出了贡献。"

　　"关乎人文，以化成天下。"高质量经济发展离不开高质量文化建设。习近平总书记指出，要大力挖掘、传承、保护、弘扬传统文化，揭示蕴含其中的文化精神、文化胸怀，坚定文化自信。凉州文化是中华优秀传统文化的重要组成部分，以其特色鲜明、内涵博大而熠熠生辉，在当前文化强省建设中发挥着重要作用。凉州文化之于武威，是绵延悠长、活灵活现的一种文化形态，是推动武威不断发展的力量源泉。武威市凉州文化研究院在文化研究工作中，始终正确把握传承和创新的关系，深入挖掘优秀传统文化，结出了累累硕果。我多次去武威考察，与当地领导和专家学者交流较多，深感武威市各界对凉州文化的无比自豪和高度重视。为推动历史文化推陈出新、古为今用，以文塑旅、以旅彰文，加快文化旅游名市建设，武威市专门成立了武威市凉州文化研究院，给予编制、经费等方面的大力支持。武威市凉州文化研究院起点高、视野宽，以挖掘、开发、研究、提升为重点，制定了长远翔实的研究计划，开展了一系列卓有成效的学术交流工作。如与中国社会科学院古代史研究所深度合作，举办高层次的学术研讨会，深入挖掘凉州文化的价值，取得了诸多学术成果；与浙江大学、兰州大学、西北师范大学、甘肃省社会科学院等高校和科研机构合作，从多方面研究和传播凉州文化，持续扩大凉州文化的学术影响力，社会反响热烈。

近日，武威市凉州文化研究院的张国才院长给我寄来《凉州文化丛书》（第一辑）的书稿，委托我为这套丛书作序。出于他及其同事们精益求精、一丝不苟的治学精神和对弘扬凉州文化的深厚情怀和满腔热情，我便欣然应允，借此机会谈一些自己阅读书稿的体会。

一是丛书的覆盖面广。《凉州文化丛书》（第一辑）选取武威具有代表性的特色文化，从不同角度阐释凉州文化的丰富内涵和独特魅力。《武威地名的历史传承与文化内涵演变》通过研究分析武威地名形成的自然环境、制约因素、内在规律、文化成因等，考证其背后的历史文化，讲述地名故事，总结武威地名的历史变迁、命名规律等，对促进武威地名文化遗产保护，推动武威地名文化深入研究，进一步提高武威地名文化品位，彰显凉州文化魅力，具有积极的作用。《古诗词中的凉州》选取历代诗人题写的有关凉州的边塞气象、长城烽烟、田园风情、驼铃远去、古台夕阳等诗歌，用历史文化散文的形式解读古诗词中古代凉州的政治、经济、军事、历史、文化等，把厚重浩繁、博大精深的咏凉诗词转化为一篇篇喜闻乐见、通俗易懂、轻松活泼的文史散文，展现诗词背后辉煌灿烂的凉州文化。《汉代武威的历史文化》既有汉代武威地区的自然地理、行政建制、军事防御、物质生活、精神生活、社会发展，也有出土的代表性简牍的介绍及价值评说。借助历代典籍和近现代学者的相关研究，力求还原客观真实的武威汉代历史文化。在论述时，尽量采取历史典籍和出土文物、文献相结合的方式，深入挖掘武威出土文物背后的故事。《武威长城两千年》聚焦域内汉、明长城遗存，从自然地理、生态环境、军事战略、区域文化等方面进行了解读，既有文献史料的梳理举隅，也有田野调查的数据罗列，同时结合国家文化公园建设，就武威长城精神、长城文化遗产保护利用等作了阐释，对更好挖掘长城文化价值、讲好长城故事、推动长城文化资源"双创"有所裨益。《武威吐谷浑文化的历史书写》在收集、整理吐谷浑历史资料和最新研究成果的基础上，以吐谷浑的来源、迁徙及其政权建立、兴衰和灭亡为主要脉络，探讨吐谷浑在历史上与武威有关的内地政权的关系，进而研究吐谷浑的政权经略、文化影响及历史作用，重点突出，视野宏阔，这种研究对于铸牢中华民族共同体意识是十分必要的。《清代凉州府儒学教育研究》以清代凉州府的儒学教育为研究对象，既有对凉州府儒学教育及进士的概括性研究，也有对凉州府进士个体的研究，点面结合，"既见森林，又见树木"，使读者获得更为丰满的凉州府进士形象。通过一个个活灵活现的人物形象，更加生动具体地揭示了当时儒学教育的样貌。《武威匾额述略》主要从匾额的缘起流变、分类制作入手，并对武威匾额进行整理研究，全面分析了武威匾额的艺术赏析、价值功能，生动诠释了武威深厚的历史文化内涵及其蕴含在匾额中的凉州文化，是我们走进武威、打开武威历史的一把重要钥匙。《清代学人笔下的河西走廊》选取陈庭学、洪亮吉、张澍、徐松、林则徐、梁份等十位学人，通过钩沉其传记、年谱、文集、诗集等相关史料，在前人研究的基础上，重点反映清代河西走廊的地理、历史、人文、民俗等，展示了一幅河西走廊多民族交往交流交融的历史画卷。《河西历代人口变迁与影响》对河西历代人口数量等方面进行考察，阐述历史时期河西人口与政治、经济之间的动态关系。《河西生态变迁与生态文化演进》以河西地区生态变迁较为突出的汉、唐、明清时期为主要脉络，采用地理学、考古学、历史学、生态学等学科相结合的研究方法，对河西地区历史时期的生态变迁、生态文化演进做了全面的研究。阅读这十本书，既能感受到博大厚重的凉州文化，又能体会到凉州文化的包容性、多样性的特征。

二是丛书的学术价值高。《凉州文化丛书》(第一辑)各位作者在前期通过辛勤的考察调研，搜集了大量的资料，然后根据实际需要开展研究性撰写，既吸收了前人的研究成果，又融入了自己的观点，既体现了历史文化的严谨准确，又对其进行创新性、前瞻性解读，思考的角度也有所不同，研究的方法也有新的突破。此外，丛书中的每一本书都由武威市凉州文化研究院与甘肃省社会科学院的研究者合作完成，在专业、学术、研究、视野、资料搜集等方面具有互补性，在撰写的过程中互相探讨交流，无形之中提高了丛书的质量。因此整套丛书无论从研究深度，还是学术价值，都比以往研究成果有新的提高。有些书稿甚至让人眼前一亮、耳目一新，颇有不忍释卷之感。

三是丛书的可读性强。《凉州文化丛书》(第一辑)注重学术性和资料性，兼顾通俗性和可读性，图文并茂。在进行深度挖掘、系统整理的基础上，又对文化展开解读，符合当下社会各界的文化需求，既方便专业研究人员查阅借鉴，也能让普通读者也喜欢读、读得懂，对于普及武威历史、凉州文化，提高全社会的文化自信等，具有重要的作用和意义。

编一套丛书，实不易也。武威市凉州文化研究院以初创时的一张白纸绘蓝图，近几年已编撰出版各类图书二十多本种，每一种都凝聚着凉州文化研究工作者的心血和汗水。几载光阴，他们完成了资料的整理研究，向着更为丰富、更加系统的板块化研究方向迈进，这又是多么可喜的一步。这十本书，正是该院与甘肃省社会科学院紧密合作，组织双方研究人员共同"探宝"凉州文化的有益之举。幸哉，文史研究工作，本为枯燥乏味之事，诸位却在清冷中品出了甘甜，从寂寞中悟出了真谛，有把冷板凳坐热的劲头，实为治学之精神，人生之追求。

《凉州文化丛书》(第一辑)是武威市凉州文化研究院的阶段性成果，集中展示了武威市凉州文化研究院学术研究成果，值得庆贺！希望武威市凉州文化研究院以此为契机，积极吸收最新的学术研究成果，从西北史、中国史、丝绸之路文明史的大视野来审视凉州文化，多出成果，多出精品，为凉州文化的传承发展做出更大的贡献。

是为序。

田　澍

2023 年 8 月 31 日于兰州黄河之滨

田澍，西北师范大学副校长、教授、博士生导师，中国历史研究院田澍工作室首席专家，《兰州通史》总主编。

# 序

## 武威吐谷浑历史文化值得深入挖掘与研究

吐谷浑是对我国古代西北地区开发做出重要贡献的民族之一。4世纪初，吐谷浑部从辽东慕容鲜卑分离出来，西晋永嘉末年，慕容鲜卑部的其中一个名叫吐谷浑的首领率领部众从辽东西附阴山，在阴山一带游牧了二十多年以后，再由西南越过陇山，西迁至枹罕（fú hǎn）（今甘肃临夏西北枹罕山，即大力加山）及其以西地区，在今甘肃南部、四川西北和青海等地融合了氐、羌等部落并建立了政权。到吐谷浑孙叶延时，始以吐谷浑为国名、族名。吐谷浑政权及其民族从叶延时算起，至唐龙朔三年（663年）为吐蕃所灭，共有二十位首领相继执政，政权前后共存在三百多年。其后分散各地的吐谷浑人分别归吐蕃、唐朝统治，散居在今青海、甘肃的河西、新疆东部以及今宁夏、内蒙古、陕西北部、山西、河北北部等地区。在吐谷浑政权存在三百多年的时间内，吐谷浑人用自己的辛勤劳动对西北地区的开发和建设做出卓越贡献。同时由于其地理位置处于东西方交通要道上，在东西方贸易和文化交流中起到了中转站的作用。

关于吐谷浑史最基本的史料，主要是历代正史中的吐谷浑专传。主要有《晋书·吐谷浑传》《魏书·吐谷浑传》《北史·吐谷浑传》《宋书·鲜卑吐谷浑传》《南齐书·河南传》《梁书·河南传》《南史·河南传》《周书·吐谷浑传》《隋书·吐谷浑传》《旧唐书·吐谷浑传》《新唐书·吐谷浑传》《新五代史·吐浑传》等十二部。同时，正史中的各种"本纪""志""传"中，也有不少关于吐谷浑的资料，如其中的《食货志》《地形（或地理）志》《音乐志》《五行志》《官氏志》《党项传》《吐蕃传》《沙陀传》等。

此外，两晋以来的其他纪传体史书、编年体史书、政书、地志、类书、文集、佛教典籍、杂史笔记之中，也有不少关于吐谷浑史的资料。如《十六国春秋》《资治通鉴》《续资治通鉴长编》《通典》《唐会要》《五代会要》《宋会要辑稿》《元和郡县图志》《太平寰宇记》《唐大诏令集》《洛阳伽蓝记》《高僧传》《续高僧传》《释迦方志》《册府元龟》《文苑英华》《太平御览》《建康实录》等等。

文物考古资料也是有关吐谷浑研究的重头史料。其中包括史籍所载及出土的碑铭、墓志，以及敦煌、吐鲁番发现的汉、藏文写卷及敦煌石窟内的汉文题记等。最著名的当数民国初年以来陆续在甘肃武威南营青咀湾、喇嘛湾，宁夏同心，陕西西安出土的唐代吐谷浑慕容氏墓志。

学界对于吐谷浑的研究，欧洲及日本起步甚早，早期有巴克尔（E.H.Parker）、白鸟库吉、魏德尔（L.A.Waddel）、伯希和（P.Pelliot）、托马斯（F.W.Thomas）、加川要、松田寿男、大谷胜真、山本达郎、户口喜茂、韩百诗（L.Hambis）等人的研究，尤以日本学者的研究成绩较大。20世纪50年代以来，欧美的研究成果愈加丰富，不乏精品。

国内研究吐谷浑起步于20世纪第一个十年，至今算来有一百一十年了。1915年出版的丁谦《蓬莱轩舆地学丛书》（浙江图书馆丛书）内有《晋书四夷传地理考证》《魏书外国传地理考证》《宋书夷貊传地理考证》《新旧唐书西域传地理考证》等，对正史《吐谷浑传》里的地名进行了一些考证。早期的民族史、地方史著作中也涉及了吐谷浑，如王桐龄《中国民族史》（北平文化书社，1928年）、吕思勉《中国民族史》（世界书局，1934年）、宋文炳《中国民族史》（中华书局，1935年）、林惠祥《中国民族史》（商务印书馆，1936年）、周振鹤《青海》（商务印书馆，1938年）等。至20世纪40年代后，国内开始出现了专门研究吐谷浑史的论著，但主要成绩的取得是在20世纪80年代以来，研究涉及吐谷浑来源、迁徙、名称诸问题，吐谷浑国的兴衰史及其与邻近诸政权关系，吐谷浑城镇及地理，吐谷浑的经济、政治和社会性质，吐谷浑在中西交通上的地位和作用，被吐蕃灭国后吐谷浑人的活动，出土吐谷浑碑铭，吐谷浑是否是今土族的主要族源，等等。仅题目上有"吐谷浑"名称的论文就达三百余篇，硕博士论文近二十篇。学界公认，周伟洲先生是吐谷浑研究方面最具代表性的学者，他的系列论文及《吐谷浑史》《吐谷浑资料辑录》《吐谷浑史入门》等著作具有里程碑意义。

纵观吐谷浑在西北历史上的活动轨迹，武威是最重要的一个点之一。现存吐谷浑文化遗迹最丰厚的地域便是武威。自清朝同治年间以来，在武威市凉州区新华镇青咀喇嘛湾，天祝藏族自治县祁连镇岔山村相继发现的弘化公主等唐代吐谷浑王族成员墓葬、墓志和文物遗存，权威地佐证了武威是国内保存吐谷浑历史实物资料的重要宝库。在这种大背景下，撰写一部全面系统阐述吐谷浑在武威活动历史及其文化的著作，既有可能，更有必要。显然这部《武威吐谷浑文化的历史书写》很好地践行了这一使命。这是一件可喜可贺的大事。

近些年来，武威市为深入挖掘研究武威丰厚的历史文化资源，充分展现凉州厚重的文化积淀、历史内涵和当代价值，更好地古为今用、推陈出新，促进文化交流合作和文化旅游融合发展，连续举办了多届凉州文化论坛、凉州讲坛、凉州文化沙龙及国际国内大型学术会议，开启了凉州文化研究、传承、弘扬的新征程，迈上了加快凉州文化开发利用、创新发展的新轨道，打响了"天马行空·自在武威"的文化旅游品牌，有效提升了武威的知名度和影响力。余秋雨、葛剑雄、王立群、毛佩琦、王子今、史金波、郑炳林、陈星灿、葛承雍、卜宪群、康震、郦波、阿来、徐永明、楼劲、漆永祥、王登渤、欧阳江河、倪国良、沙武田、冯培红、徐兆寿、戴卫红、张志强、赵现海、贾小军、邓建永、颜芳、康国明等众多学者或文化名家做客武威，从多个层面多个角度诠释了凉州文化丰厚的内涵，产生了良好的效果。

在弘扬武威悠久历史文化方面，武威当地的学者们做出的贡献更值得称道。特别是2017年9月揭牌成立的武威市凉州文化研究院，作为专业研究机构，责无旁贷地肩负起研究凉州文化的光荣使命，出版了《凉州文化概览》《雄心一片在西凉——历代咏凉诗词选》《武威历史文化研究》《武威故事》《话说五凉》《中国国家人文地理·武威》《五凉名儒》等学术著作二十余部，得到学界好评。其中，在吐谷浑历史文化研究方面下了不少功夫，组织研究人员撰写了系列研究文章，编印了《凉州文化研究·吐谷浑文化研究专辑》。这为完成这部《武威吐谷浑文化的历史书写》奠定了扎实的基础。这部《武威吐谷浑文化的历史书写》的完工，是长期积累、深入拓展的结果。其学术影响和现实价值是可期的。

我作为一名民族史领域的教学科研工作者，对吐谷浑历史文化没有专门的研究，仅在过去撰写《中国西北少数民族通史·隋唐五代卷》《甘肃通史·隋唐五代卷》时略有涉猎而已，是不具备为这部《武威吐谷浑历史文化》作序的资格的。只不过作为一名凉州人，作为这部书稿的第一位读者，我的喜悦与钦佩之情是满满的，有一种不吐不快的冲动，于是乎写下上面这些话，主要为表达祝贺。

忝为序。

尹伟先
2023年9月于兰州


尹伟先，武威市凉州区人，西北民族大学历史文化学院/铸牢中华民族共同体意识研究院二级教授、博士生导师，兼任甘肃省社会科学界联合会副主席、甘肃省陇文化研究会会长。

# 目 录

## 综 述

## 第一章　五凉时期的吐谷浑
第一节　前凉管辖吐谷浑驻牧地枹罕 / 19
第二节　前秦时期的吐谷浑 / 22
第三节　后凉时期的吐谷浑 / 24
第四节　南凉时期的吐谷浑 / 27
第五节　北凉时期的吐谷浑 / 30

## 第二章　南北朝时期的吐谷浑与凉州
第一节　北魏和吐谷浑 / 37
第二节　东西二魏和吐谷浑 / 48
第三节　北齐、北周和吐谷浑 / 52

## 第三章　隋唐时期在河西的吐谷浑
第一节　吐谷浑与隋朝的关系 / 59
第二节　吐谷浑与唐朝的关系 / 70

第三节　吐谷浑与吐蕃的关系　/　77

第四节　吐谷浑民族在吐蕃统治时期的散播与续存　/　85

第五节　归义军统治下的河西吐谷浑　/　94

第六节　五代宋辽等政权统治下的吐谷浑　/　97

## 第四章　西北吐谷浑古道

第一节　丝绸之路上的吐谷浑道　/　109

第二节　吐谷浑对"古道"的开发利用　/　115

第三节　吐谷浑古道的历史意义　/　125

## 第五章　吐谷浑政权经略与文化影响

第一节　游牧为主的社会生活　/　129

第二节　发达的手工业　/　133

第三节　种植业及商事活动　/　142

第四节　政权统辖　/　146

第五节　文化与风俗变迁　/　151

第六节　民族文化变迁　/　161

## 第六章　吐谷浑历史文化遗存

第一节　吐谷浑王族墓葬群　/　171

第二节　吐谷浑王族墓葬的"文化密码"　/　192

第三节　吐谷浑王族墓葬群的历史文化价值　/　200

### 第七章 人物春秋
第一节 吐谷浑人物 / 209

第二节 中原王朝人物 / 220

第三节 吐谷浑文物保护研究人物 / 236

### 附 录
武威吐谷浑历史文化大事年表 / 243

**参考文献** / 247

**后　记** / 253

**总后记** / 255

# 综 述

## 一

吐谷浑的祖先是历史上的东胡，在春秋战国时期是北方一支重要的少数民族力量，先后与晋、赵、燕等国争夺领土。秦朝末年，东胡与匈奴在争抢地盘的战争中败落，余部分为两支，分别逃到了乌桓山和鲜卑山一带。鲜卑山位于今内蒙古通辽市科尔沁左翼中旗一带，吐谷浑即后来生活在鲜卑山一带的东胡后裔，统称为"鲜卑"。

东汉末年，鲜卑族在檀石槐的带领下，"尽据匈奴旧地"。此后鲜卑凭借骑兵优势，连续多年侵扰东汉北部边境，因其进攻总是"来如飞鸟，去如绝弦"，东汉政权也无计可施。檀石槐离世后，鲜卑分解为檀石槐的后裔主导的步度根集团、被称为"小种鲜卑"的柯比能集团和东部鲜卑。此后，东部鲜卑里宇文部、段部和慕容部渐次兴起。特别是在魏晋十六国时期，居于今蒙古草原、东北等地的鲜卑族一批一批向南内徙。东起山东，西至新疆，南到淮河、长江，到处都有他们的活动踪迹。由于大量内徙，十六国时期，鲜卑族先后在北方建立了代、前燕、西燕、后燕、南燕、西秦、南凉、吐谷浑等八个政权。东北游牧民族之中，鲜卑是建立政权最多的一个民族，同时也是与北方汉民族融合最为密切、深入的民族。到隋唐之后，鲜卑族已基本上融合到汉族或其他民族之中。

吐谷浑原属辽东慕容鲜卑，是迁入西北地区鲜卑的一支。曹魏初年，即3世纪20年代初，时慕容廆曾祖莫护跋率部由右北平至上谷一带向东，迁至辽西。至魏明帝景初二年（238年），莫护跋从宣帝司马懿伐公孙渊有功，拜率义王，始迁于辽河西昌黎郡的棘城之北。至晋武帝太康二年（281年），廆父涉归时，又"迁邑于辽东北"。晋时辽东国治襄平（今辽宁辽阳）。"辽东北"，当指今辽宁彰武、铁岭一带。晋太康十年（289年），慕容廆又从辽东北迁回到辽水之西昌黎郡徒何青山。晋元康四年（294年）又由徒何南迁棘城。徒何在今辽宁的义县，棘城在今锦州附近。慕容廆往来迁徙于辽西与辽东，史书一般称吐谷浑为"辽东鲜卑"，《隋书》卷八三《西域·吐谷浑传》云其"本辽西鲜卑徒何涉归子也"。因为昌黎在魏置郡前，属辽东属国，故而吐谷浑的后代一般称其祖"始自昌黎"。

涉归死后嫡子慕容廆代统部众，庶子吐谷浑虽为廆兄长，因其庶出仅分有一千七百家。关于吐谷浑的迁徙，《晋书》以下各史记载大致相同。《晋书》云：

> 及涉归卒，廆嗣位，而二部马斗，廆怒曰："先公分建有别，奈何不相远离，而令马斗！"吐谷浑曰："马为畜耳，斗其常性，何怒于人！乖别甚易，当去汝于万里之外矣。"于是遂行。

吐谷浑迁徙的原因，诸书皆云是因吐谷浑与慕容廆二部马斗，双方争论，后吐谷浑内迁。史书记载这一事件不能把它仅仅看作是一次偶然的事件，其实吐谷浑迁徙的原因是深层次、多方面的。慕容鲜卑是在晋元康四年迁至棘城（今辽宁锦州附近）后，始"教以农桑，法制同于上国"，逐渐由游牧转向农居。在此之前，它还是一个以游牧经济为主的部落联盟。其往返迁徙于辽河东西，就是游牧民族经济生活的真实写照。

## 二

晋太康四年至十年（283—289）间，吐谷浑西迁之后"西附阴山"，阴山即今内蒙古河套北的阴山山脉。这里原是匈奴故地，水草丰美，历来漠北或东北的游牧民族多迁至此。在吐谷浑迁此之前，从东北呼伦池迁来的鲜卑中另一支——拓跋鲜卑，早已在这里游牧。当时，吐谷浑有一千七百户或七百户左右,算是一个不大的部落集团,在阴山一带游牧了二十多年后,吐谷浑又向南迁徙。当时正值西晋永嘉年间,西晋王朝因纷乱由此走向衰落。吐谷浑乘此机会,从阴山迁徙到了上陇,陇即陇山,在今陕西陇县西。大体上是由阴山南至河套南,西南渡陇山,至陇西之地。

当时,张轨出镇凉州,平息了当地秃发鲜卑的战乱,"成著西州,化行河右"。而陕西关中是农业区,不适于游牧的吐谷浑生息。因此,从阴山经河套南迁徙的吐谷浑,采取出陇山向西至陇西南部的路线,吐谷浑渡陇山后,最初至枹罕(今甘肃临夏附近),在枹罕居住了一段时间。但该地同样形势纷乱,吐谷浑无法长久立足,于是很快便又向西、南发展。

吐谷浑死后,其子孙"据有西零以西甘松之界,极乎白兰数千里",西零在今天青海西宁一带,白兰则在今天青海柴达木盆地都兰一带。《魏书·吐谷浑传》记载:"吐谷浑遂徙上陇,止于枹罕暨甘松,南界昂城、龙涸,从洮水西南极白兰数千里中。"昂城,在今四川西北的阿坝;龙涸,在今四川松潘。

这片广阔而美丽的土地很早就有羌人居住,吐谷浑部初来乍到,作为土著的羌人充满敌意,双方的恩怨纠葛几乎贯穿了吐谷浑国和吐谷浑族整个的历史。吐谷浑与羌人的交流交融时而以激烈残酷的冲突敌对形式表现出来,时而以交结友好姿态见诸史册,这样的行为也正是后续吐谷浑与其他民族互动交往的一个"典型实例"。正是这个复杂漫长的互动过程造就了作为一个新的民族共同体的吐谷浑族。这个民族交融的过程既有吐谷浑与其他民族互相接纳吸收文化、习俗、生活方式的一面,还有互相抗拒和排斥的一面。

早在吐谷浑进入羌区之前,河湟流域已不是羌人的一统天下,自东汉以来已有各种杂胡部落分布在羌区,魏晋时期又有大量鲜卑进入河西陇右。此外,活动在羌区见于史书记载的还有乙弗鲜卑、契汗鲜卑等,说明深入羌区腹地的鲜卑不只是吐谷浑一支。而各族杂居的状态是吐谷浑政权得以建立的一大机遇,也是吐谷浑民族形成不可忽略的历史背景。

北方草原民族进入羌区后,由于对河流、草场等生活资源的争夺,与土著羌人之间发生兼并争斗。在此过程中形成了以力量较强大的鲜卑族慕容氏部落为核心的吐谷浑部落联盟或政权。联盟的形成使以吐谷浑为首的北方游牧部落能够在羌区站稳脚跟，最后制约诸羌。应当说，羌人与吐谷浑等北方部落有冲突也有融合，但融合是推动历史发展进程的主要原因。

《宋书·吐谷浑传》载，吐谷浑第三代叶延"颇视书传，自谓曾祖奕洛韩始封昌黎公，曰：'吾为公孙之子，案《礼》，公孙之子得氏王父字。'命姓为吐谷浑氏"。叙述了改氏吐谷浑的缘起。事实上，改姓吐谷浑氏，并非简单地出于"尊祖之义"，也不是因为部落内部分治的需要，其实是慕容氏已不能代表整个集团的利益了，新的部落联盟需要有包括全体成员在内认可的新称号，吐谷浑一名由人名转化为部落姓氏乃至联盟的称号，正是这一现实需要的反映。

吐谷浑作为姓氏，是联盟中"首类之种号"，是联盟首领所在的氏族部落的成员之间血缘关系的标志。另一方面，又是整个联盟的共同称号，是联盟成员之间政治、军事及地域关系的象征。吐谷浑人从慕容氏分化为独立姓氏，既体现了联盟内部各部落的一致性，又体现了各部落相对独立的特征。

## 三

吐谷浑"始度陇西，至于枹罕"之前，张轨在凉州"内抚遗黎，外攘逋寇"，保宁域内，声名远播。《晋书·地理志》载，张轨上表请合秦雍流移人于姑臧西北，置武兴郡，统武兴、大城、乌支、襄武、晏然、新鄣、平狄、司监等县。又分西平界置晋兴郡，统晋兴、枹罕、永固、临津、临鄣、广昌、大夏、遂兴、罕唐、左南等县。所以，当时枹罕一带为前凉晋兴郡的辖地。数十年后，张骏为"前凉王"时，重划疆域和行政，将原先仅有凉州一州的行政建置改变为凉、河、沙三州建置，枹罕为前凉河州的治所。可以说，从迁移至枹罕时，吐谷浑就和凉州发生了千丝万缕的联系。

前凉建兴十一年（323年）五月，前凉第二位国王张茂去世，张骏继位。吐谷浑首领吐延对周边辖域内的羌人多行苛政。前凉建兴十七年（329年），吐延被姜聪刺杀。弥留之际，吐延给部下语重心长交代后事："吾气绝，棺殓讫，便速去保白兰。"吐延之子叶延颇有智谋，遵父之命率族人离开生活了十多年的枹罕一带，继续向西南迁徙，至于白兰。

前秦苻坚攻灭前凉和仇池国（建元十年，374年），吐谷浑国王叶延之子碎奚遣使向苻坚送马五千匹，金银五百斤，苻坚封碎奚为安远将军、漒川侯。碎奚接受前秦封号，这是吐谷浑与北方其他政权发生关系之始。梁熙治凉州时吐谷浑与其和平相处，十多年内晏然无事。前秦太安元年（385年）九月，苻坚麾下的骁骑将军吕光攻占了凉州，杀了刺史梁熙，建立"后凉"。这一重大变故令河西一带臣服前秦的氐、羌、匈奴、吐谷浑等部族头领惊惧不已。吕光和苻坚皆为氐族豪右，吕光将自己所建"凉"国视为前秦统治的延续。

后凉建国之初，昔日臣服前秦的氐、羌、匈奴、吐谷浑等部落族人皆依先前臣服关系。《资治通鉴》载："浇河，吐谷浑之地，吕光开以为郡。"当时的鲜卑、吐谷浑等胡羌之国亦承认所部为后凉的臣属之国。此后，西秦鲜卑乞伏乾归尽有陇西之地，西南部的吐谷浑主动通聘于西秦。《晋书》云"视连既立，通聘于乞伏乾归，拜为白兰王"，正式确立与西秦的羁縻附属关系。

后凉龙飞二年（397年），西平郡鲜卑首领秃发乌孤反叛后凉，自称大都督、大单于、西平王，国号亦为"凉"，史称"南凉"。后凉乐都、湟河、浇河三郡皆降南凉，岭南羌胡数万部落也归顺南凉。后凉国力渐弱，吐谷浑又常受西秦攻击，后来完全依附于南凉。《晋书·吐谷浑传》载："乌纥堤大败，亡失万余口，保于南凉。"但是，南凉从姑臧败退乐都后，吐谷浑国王树洛干乘机出兵攻打南凉争夺地盘，顺利占领了浇河地区。南凉亡国后，树洛干自称大单于、吐谷浑王，国力逐渐强盛。

北凉玄始元年（412年）十月，沮渠蒙逊打败南凉秃发傉檀，从张掖迁都姑臧。沮渠蒙逊审时度势，联合吐谷浑入贡南朝、联兵攻败西秦、攻防相守灭夏甚至引援交好柔然等。北凉和吐谷浑平等互惠友好交往。北凉玄始十六年（427年），北魏攻拔统万城，灭赫连昌势力。吐谷浑王慕璝遣益州刺史慕利延、宁州刺史拾虔,"率骑三万,乘其半济,邀击之,执夏主以归"。夏国国王赫连定是在将攻北凉之时被吐谷浑所袭,吐谷浑成了北凉重要的边防力量,两国的攻守同盟于此可见一斑。

北魏太延五年(439年)六月,太武帝拓跋焘统兵攻灭北凉。五胡十六国的纷乱中,曾经强盛显赫的割据政权皆因时代的变迁而灰飞烟灭。吐谷浑政权竟然留存下来,成为中国历史上立国时间较长的少数民族地方割据政权之一。在东晋十六国的战火烟云中,凉州是河西走廊与丝绸之路的重要节点,使得吐谷浑将其纳入了自己的战略图谋之中。终吐谷浑政权一世,凉州从未成为吐谷浑的实控之地,顶多在混乱之时寻机滋扰一番,却又无缘收入囊中。

## 四

北魏崛起,中原各大割据政权纷纷被其消灭。北魏追击大夏国主赫连定,吐谷浑的第十位国主慕璝将赫连定俘虏之后献于北魏,拓跋焘册封吐谷浑国王慕璝为大将军、西秦王。吐谷浑也顺势占据了金城(今甘肃兰州)、枹罕(今甘肃临夏)、陇西三郡之地,这是吐谷浑在十六国时期发展最强盛的时候。这也是吐谷浑政权第一次走出青海之地,在历来为中原王朝或陇右强势政权把控的枹罕等地建立统治。其弟慕利延表面上臣服北魏,接受封号,却不朝贡,转而频繁向刘宋遣使朝贡,北魏统治者难以容忍。于是,双方发生了"屡战""屡和"的战事。北魏孝明帝正光五年(524年)爆发的六镇起义,拉开了北魏后期社会大动乱的序幕。北魏出现两大军阀,即高欢和宇文泰。他们各自占领王朝的东方和西方,不久之后便相继建立了东魏和西魏,导致北魏政权走向分裂。吐谷浑出兵凉州,趁机扩张势力,占据瓜州和鄯善,对河西的控辖势力有了很大发展。

东魏的强大使得吐谷浑这一时期主要对东魏称藩。在南北对峙时期洮河河谷和白龙江河谷是蜀地通往西北地区的两条重要通道。吐谷浑的领地具有沟通黄河源、河西、漠北乃至西域的重要作用。北方草原的马匹,也能通过这里输送到蜀地，形成了具有重要战略地位的"吐谷浑古道"。为了进一步巩固和加强双方的友好关系，东魏武定三年（545年），吐谷浑国王夸吕荐其从妹与东魏联姻，孝静帝欣然接受，纳入后宫，封为容华嫔。东魏也把济南王元匡的孙女封为广乐公主许嫁于夸吕，双方结为姻亲，关系更加融洽。

西魏初期对凉州统辖也颇不顺畅，凉州刺史李叔仁举州骚乱事件后，宇文泰任命宗室大臣宇文仲和出任凉州刺史。宇文仲和的独断专行及"割据"苗头引起宇文泰的极大不满。西魏大统十二年（546年）二月，西魏派遣义州刺史史宁抵达河西，接替宇文仲和担任凉州刺史一职。吐谷浑的势力已经扩展至瓜州一带，西魏虽然设置了瓜州刺史府，但仍未收回吐谷浑控制的地方。宇文泰曾遣仪同潘濬出使吐谷浑，以制止其对西魏边州的侵扰，但吐谷浑寇略如常。及至史宁担任凉州刺史时，吐谷浑寇略更甚。直至西魏废帝二年（553年），西魏出兵占据了今四川地区，设置益州，阻断了吐谷浑与东魏的联系，使之失去外援。此后，抽出兵力对吐谷浑进行了强有力的军事打击。吐谷浑急忙遣使贡物以示臣服，此后凉州边境再没有发生过"吐谷浑寇略"事件。

在北齐代东魏、北周代西魏的历史演进中，吐谷浑沿袭此前的战略，和统辖凉州的北周屡屡发生战事，对北齐则继续采取远交近攻策略，建立了朝贡通商关系。

早在北周建立之初，孝闵帝宇文觉刚继位，吐谷浑就开始寇边。据《周书》载，北周驸马都尉于翼被任命为渭州刺史，当时吐谷浑大举入侵北周河西边地，凉州、鄯州和河州都被吐谷浑军队围攻。吐谷浑先后在洮河流域修筑洮阳、洪河二城，置重兵以守。以城为据点，吐谷浑在这一带的势力已相当可观。

北周明帝武成元年（559年），朝廷遣大司马、博陵公贺兰祥率众讨伐吐谷浑。此战吐谷浑驻守洮阳城的广定王和驻守洪河城的钟留王兵败遁逃，北周攻克吐谷浑修筑洮河之滨的洮阳、洪河二城。北周保定四年（564年），北周伐齐，为了巩固后方边防，应对吐谷浑与洮河流域活动的羌族，在河州置总管府，由李贤出任"使持节、河州总管、三州七防诸军事、河州刺史"。吐谷浑利用洮河和白龙江河谷险要的地形，以木为栅，层层把守，以阻止北周军队的推进。为了占领洮河及白龙江河谷一带的地盘，吐谷浑在戍防方面下了很大的功夫。保定五年（565年），北周又将河州总管府迁至洮州，进一步增强了对洮河、白龙江流域的控制。

## 五

自伏连筹"准拟天朝，树置官司，称制诸国，以自夸大"以后，吐谷浑的最高统治者已不再满足于作为中原王朝藩属的政治地位，而是以"天子""皇帝"自居。夸吕继位后，又使用经柔然确立，已经成为游牧社会最高统治者称谓的"可汗"名号。吐谷浑的这一举措表明，其已经有与中原王朝分庭抗礼之意。这一时期，吐谷浑的军事实力壮大，史称"自曼头至於树敦，甲骑不绝"。凭借较为强大的军事力量，吐谷浑对隋唐王朝采取以袭扰为主的政策，掠夺陇西、河右等地。

从隋与吐谷浑的关系发展来看，隋对吐谷浑的政策明显经历了一个由"战"到"和"再到"战"的转变。早在北周攻北齐之际，吐谷浑国主夸吕趁机拓展势力，占据河西走廊的要冲，阻断通往西域的道路，对于隋朝向西发展构成巨大的障碍。伴随着隋朝国力的日益强大，对吐谷浑采取了打击、分化及和亲措施，重塑了隋朝与吐谷浑之间的关系。

隋开皇九年（589年）正月，隋文帝发兵攻破江南，平定陈朝。其后隋朝放手攻击吐谷浑。《隋书·吐谷浑传》言"平陈之后，夸吕大惧，遁逃保险，不敢为寇"。《隋书》载，在平陈后的开皇十年（590年）、十一年（591年）、十二年（592年）、十五年（595年）有五次吐谷浑遣使朝贡的记载。隋开皇十一年（591年），吐谷浑夸吕卒，其子世伏继位。

为了免除吐谷浑的侵扰，同时借助吐谷浑的兵马来壮大自身军事实力，隋文帝采取和亲政策，以光化公主嫁吐谷浑世伏为妻。通过和亲与吐谷浑建立起"姻亲"关系，对于隋朝和吐谷浑之间政治、经济、文化交流的加强，有着巨大的历史意义。《旧唐书·吐谷浑传》载，隋文帝出嫁光化公主后，隋炀帝时期出嫁了另一位"东化公主"于吐谷浑可汗慕容顺。

唐武德元年（618年），李渊在长安称帝，建立唐朝，史称"唐高祖"。当时与吐谷浑为邻的西北割据政权主要为占据金城、西平、陇西等地的薛举政权和据有河西之地的李轨政权。唐王朝采取各个击破的策略，先扶持李轨，集中力量消灭了薛举政权。武德二年（619年），唐高祖遣使吐谷浑，与伏允交好，以释放质子慕容顺为条件，要求伏允出兵攻打李轨。《新唐书》载："伏允喜，引兵与轨战库门，交绥止。"从那时起，吐谷浑虽与唐朝维持着通使关系，然多有寇边之举。

武德、贞观政权交替之际，唐朝内政之变让吐谷浑有了可乘之机，挥兵"大掠鄯州"。贞观八年（634年），吐谷浑又发兵寇掠凉州，激怒了唐太宗。遣右骁卫大将军、褒国公段志玄击吐谷浑。段志玄退兵后，吐谷浑又卷土重来，再度攻掠凉州。唐太宗派遣赵德楷、安附国为使节，出使吐谷浑，而吐谷浑直接将两人扣留为"人质"，继续出兵攻打凉州。其后，在唐朝强大兵力攻击下，吐谷浑请降。唐太宗仍然保留其政权和疆土，体现了较为务实和开明的统治政策。

贞观十年（636年），吐谷浑诺曷钵入唐拜见唐太宗并请求赐婚，唐太宗将弘化公主许给诺曷钵。弘化公主和亲之后，吐谷浑每年到唐朝贡且携带大量贡物。永徽三年（652年），唐朝将金城县主嫁给弘化公主的长子苏度摸末。龙朔三年（663年），弘化公主又为次子闼卢摸末请婚，唐高宗将金明县主嫁给闼卢摸末。唐朝与吐谷浑建立了"世代和亲"的融洽关系。弘化公主在西北生活了近六十年，诺曷钵也一直对唐王朝忠心耿耿。吐谷浑是唐王朝时期和亲较为成功的一个典范，弘化公主、金城县主、金明县主还有武则天的侄孙女武氏夫人，几代和亲，为吐谷浑族全面融入中华文明奠定了基础。

唐高宗龙朔三年（663年），吐蕃攻灭吐谷浑国后，慕容诺曷钵与弘化公主率领千余帐部众奔至凉州，此后在凉州南山居住九年。九年间吐谷浑王室并未放弃重返故土的希望，上下奔走向唐廷请求出兵收复故国。咸亨元年（670年），唐高宗出于唐朝的战略安全考虑及与吐谷浑王室的"甥舅之情"等现实和亲缘因素，决定出兵。唐军主帅薛仁贵统领的大军在大非川与吐蕃决战失败，几乎全军覆没。

其后不久，吐蕃逐渐稳固了在吐谷浑疆域之内的统治，并且在与唐朝的政治与军事博弈中实现了势力均衡。此战后唐朝无力发起与吐蕃的大规模战争以帮助吐谷浑复国，至此吐谷浑复国的希望彻底破灭。在咸亨三年（672年），唐朝将诺曷钵迁到鄯州浩门河以南。但诺曷钵惧怕吐蕃来侵袭，"不安其居"，又向唐朝请求能够将他安置在离吐蕃势力较远的内地安全之所。于是唐朝又将他们迁往灵州，设置安乐州，从此吐谷浑王室在这一带安定下来。

安史之乱后，吐蕃完全占据了河陇之地，留居于此的吐谷浑部众归吐蕃统治，时间达一百七十多年。唐宣宗大中二年（848年），沙州汉族大地主张议潮起事，从吐蕃手中夺取了瓜、沙两州；大中五年（851年），议潮遣使到长安，献河陇十一州地图，唐置归义军于沙州，以议潮为防御使。至咸通二年（861年），张议潮又收复凉州。至此，河陇之地又重新归于唐朝统治。

唐朝收复河陇前后，吐蕃原统治的青海吐谷浑国也乘机独立，仍据青海湖西柴达木盆地一带。在9世纪90年代，吐谷浑国仍然存在。但自五代以后，青海的吐谷浑国便基本上再不见于文献记载，而这些留在青海和西域等地的吐谷浑族人逐渐融入了当地各民族之中，从此吐谷浑作为一个独立的民族在中国历史上趋于消亡。

## 六

吐谷浑建立政权前仅是一个部落联盟，最高首领称"可汗"，这一称呼仅是鲜卑族对首领或官家的称号。其余部落首领或称"大将"，或称"部大""别帅"等。

吐谷浑自叶延起正式建立政权，此后就由部落联盟进入国家阶段，设置了一系列国家机构，并逐渐趋于完善。《晋书·吐谷浑传》记其初期官制时说："其官置长史、司马、将军。"《旧唐书·吐谷浑传》亦记："其官初有长史、司马、将军。近代以来，有王、公、仆射、尚书、郎中。"吐谷浑初期或后期的官制，多与内地政权的官名相同，显然是受内地影响而仿照设置的。

这一点史籍记载甚明，如《通典》卷一八九云其"建官多效中国"，《新唐书·吐谷浑传》亦云其官"盖慕诸华为之"，这也是吐谷浑统治者大力吸收中原文化的结果。关于吐谷浑前期的长史、司马、将军的官号，在《晋书》《魏书》的《吐谷浑传》里，记有"司马薄洛邻""长史钟恶地""司马乞宿云""长史曾和""长史鸦鸠黎"等。《魏书·吐谷浑传》自记载"长史鸦鸠黎"之后，再未见记长史、司马的官名。而"长史鸦鸠黎"是在慕利延时。由此，可推测吐谷浑变革前期的官制，大致是在慕利延至拾寅之时。在慕利延之前，除上述官名外，还见有"博士骞苞""侍郎谢大宁"，此两种官号也当为吐谷浑仿内地政权同名官号所置。

吐谷浑的经济类型包括游牧业、狩猎业、手工业、农业和商业。各经济类型在不同的历史时期发展程度不一，有着各自的变迁轨迹。总体而言，游牧业为吐谷浑人提供了基本的生产生活资料，始终是吐谷浑最主要的经济类型，在其经济结构中占有支配地位，是其政治、军事、社会、文化生活的基础。狩猎业在吐谷浑人的生产生活中有着特殊的地位和作用，在补充衣食之外，还具有娱乐和军事训练的功能。

手工业是游牧业的辅助行业，为吐谷浑人提供了生产工具、生活用品和军事装备。农业亦是吐谷浑的经济类型之一，但并不是吐谷浑人主要的生产方式，在整个经济结构中所占的比重较低。商业在吐谷浑经济结构中占有重要地位，使其游牧业呈现出了浓重的商业化色彩。随着生产力的发展，游牧业、手工业和商业在吐谷浑汗国时期皆呈现出较好的发展态势，尤其是商业，一度使吐谷浑成为当时东西方贸易的中心。因此，吐谷浑的经济类型具有以游牧经济为主，多种经济类型并存的特点。

为了便于统治，防止外敌的侵扰，吐谷浑还在一些重要的城郭置成，派兵驻守。如鄯善有吐谷浑可汗第二子宁西将军，总兵三千，以御西胡（指于阗等）；还有洪和、洮阳成，《南齐书》所记赤水、浇河、清水川、吐屈真川等四大戍地等。军队的武器主要有"弓、刀、甲、矟"等。军队与其部落、氏族组织一致，军队的战士平时是放牧牲畜的牧民，一旦发生战争或需要戍卫则成为战士。军队兵士的家属及牲畜、财产是随军一起行动的，故其战败，往往会失去大量的人口、牲畜。

吐谷浑整个社会生产水平不高，而且发展不平衡。吐谷浑国内王公贵族、官吏及富户、商人等构成了社会的统治阶级，广大的农牧民、小手工业者等构成了社会的被统治阶级。社会的主要生产资料是牲畜、牧场，前者大部分为上述统治阶级所占有，后者在统治区域虽有分界，但基本上还是以氏族、部落所有的形式出现。

## 七

文化的形式和民族的迁徙与民族交融有着直接的联系，多样性文化正是在这个复杂的历史背景、动荡的历史时期里，各民族文化之间互相碰撞、交流形成的，吐谷浑是中华民族发展史上血缘相融、文化共融、追求统一的一大范例。吐谷浑广纳百川，沟通东西，积极吸纳来自各地的文化精英和各族移民加入其部族，在发展进化的过程中，形成了文化上的包容性、多样性、创新性。

在长达七个世纪的漫长岁月中，无论是汗国时期的吐谷浑人还是亡国后内迁的吐谷浑人，其居住地都是适宜游牧的地区。因此，从南北朝至宋代的史书都反复提及吐谷浑人"以肉酪为粮"。其治下的羌人从事农业，种植大麦、菽（豆）、粟、芜菁（蔓菁）等农作物，鲜卑乙弗部还从事渔业。故而鹿肉、野牦牛肉等兽肉，大麦、粟、豆等粮食以及鱼肉在吐谷浑人的饮食结构中亦占有一定的比重。

吐谷浑人作为慕容鲜卑后裔，其服饰属于鲜卑服饰范畴。史籍中对于吐谷浑人服饰的描述，多以男子首服最为常见，且有贵贱之分。普通民众头戴"长裙帽"，王公贵人多戴"羃䍠"，可汗夸吕则"椎髻、珥珠，以皂为帽"。但早在吐谷浑与慕容廆分背之前，慕容鲜卑的生活习俗中就有不少汉文化的因素。吐谷浑国灭亡后，其族人或内徙入唐，或成为吐蕃治下的属民。内徙入唐的吐谷浑人服饰逐渐与汉人趋同，留在故地的吐谷浑人的服饰则逐渐吐蕃化，与之相融合，成为吐蕃服饰文化的一部分。

吐谷浑人的婚姻习俗主要有窃婚、聘婚和收继婚三种类型。其中，初婚一般采用窃婚或聘婚的方式，收继婚则发生于女方再婚之时。《北史》载："至于婚，贫不能备财者，辄盗女去。"《晋书》也载："其婚姻，富家厚出聘财，窃女而去。"丧葬习俗方面采用"埋殡"，即土葬，其丧葬习俗与内地的汉族大致相同。不同之处是其待死者下葬后便不再服孝，这一点可能与其游牧生活有关。

吐谷浑人的宗教信仰主要有原始萨满教、佛教等。从其宗教发展的整体趋势来看，主要经历了从原始萨满教向原始萨满教与佛教长期并存的演变过程。吐谷浑作为发源于辽东慕容鲜卑的中国古代北方游牧民族，其最初的信仰亦为原始萨满教。由于其所处的魏晋南北朝至隋唐时期，正是佛教的兴盛时期，佛教在吐谷浑汗国境内也有了一定的发展。

《高僧传·宋京师中兴寺释慧览传》云："览还至于阗，复以戒法授彼方诸僧，后乃归。路由河南。河南吐谷浑慕延世子琼等，敬览德问，遣使并资财，令于蜀立左军寺，览即居之。"《南史·梁本纪中》载，梁武帝大同六年（540年），夸吕遣使至梁，求"释迦像并经论十四条。敕付像并《制旨涅槃》《般若》《金光明讲疏》一百三卷"。表明南朝佛教已经深度影响到了吐谷浑佛教的发展，成为其佛教来源地之一。虽然吐谷浑人最晚于慕利延统治后期已经开始信奉佛教，但是萨满教一直在其社会当中广泛存在，唐太宗时期的诺曷钵祭山礼俗即表明至唐代吐谷浑人仍然信奉原始萨满教，呈现出了原始萨满教与佛教长期并存的局面。

在吐谷浑政权存续的中后期，特别是在唐朝和吐蕃勃兴时期，吐谷浑上层通过通婚、职贡等方式接受了各种文化的感染。这些"异质文化"经由上层的仰慕崇尚与追求传播也渐渐渗入了吐谷浑人生活的各个方面，体现在制度、器物和习俗等层面，构成了吐谷浑多元化的文化生活习俗。这说明占据主导地位和强势地位的文化具有强大的影响力和渗透力，上层和统治阶层追求的生活方式、文化习俗对广大族民有不可忽视的引领作用。

## 八

吐谷浑形成稳固统治之后，因为吐谷浑古道的兴盛和众多势力对于丝路贸易的争夺，且凉州作为河西走廊与丝绸之路的重要节点，使得吐谷浑将其纳入自己的战略图谋之中。东晋十六国时期，吐谷浑国力极弱小，仅是割据凉州的"五凉"诸国的附庸小国。但从北魏攻灭北凉，十六国的纷乱时局变为南北分野的对峙争战局面时，吐谷浑便乘机扩张。他们发兵"寇掠凉州""攻打凉州"的行动贯穿于南北朝和隋唐的历史中。

但是，直至被吐蕃灭国前也未占有凉州。倒是吐蕃攻灭其国后，部分王族成员逃奔至凉州并在此驻留九年。此后又有许多流亡青海故地的吐谷浑部落相继前来凉州归附唐朝，均得到凉州都督郭元振的妥善安置，凉州一时成为吐谷浑安身立命的唯一居所。即使九年后唐高宗将亡国的吐谷浑后裔徙于灵州予以安置，但他们王族的先茔地却选择了凉州。

从龙朔三年（663年）吐谷浑灭国到咸亨三年（672年）慕容诺曷钵率部迁往安乐州，再到最后吐蕃攻陷安乐州，一直到慕容复去世，前后有八十多年，这几代吐谷浑慕容氏生前一直将凉州南山的阳晖谷作为自己的先茔，所以他们在去世后，大都由子嗣将坟墓迁至武威青咀喇嘛湾地区，形成了颇具规模的吐谷浑王族墓葬群。吐谷浑王族一支被唐廷安置到灵州以后，确认凉州南山为其先茔，其意不言而喻。凉州南山离原吐谷浑统治中心青海较近，也有吐谷浑人在此地活动，葬于此处，既可受到唐朝的保护，避免吐蕃的破坏，又靠近青海，以抒发眷恋故土之情。

## 九

  吐谷浑是一个以本民族为主体的多民族政权，境内有羌、氐、吐蕃、突厥、鲜卑等众多民族，在长期的交往交流交融中，形成了以吐谷浑文化为核心，杂糅多民族文化成分的吐谷浑文化，成为辉煌灿烂的中华文化中的重要组成部分。随着大量文物文献的出土和研究工作的深入，可以说，一个完整意义上的吐谷浑学正在形成。武威是吐谷浑文化的富集区，民国时期著名学者夏鼐、阎文儒来武威考古发掘吐谷浑王族墓葬并撰写大量文章，开启了吐谷浑学的肇建工作。武威吐谷浑历史文化将是吐谷浑学的重点内容，其脉络主线清晰，内蕴深厚博大，有翔实史料文献记载和广阔的墓葬遗址及文物遗存为其实证，构成了特色鲜明的历史文化类型。

  武威吐谷浑历史文化上起魏晋，下迄唐末，历经数百年，成为凉州文化中一颗耀眼的明珠。其研究内容涉及古代吐谷浑政权的政治、经济、军事、历史、地理、民族、宗教、文献、文物、语言文字、文化艺术、社会风俗等诸多领域，在考古、历史、民族、社会、中西交通（丝绸之路）等基础性板块学科的建设方面均取得积极的成就。武威吐谷浑历史文化是深入阐释中华民族多元一体形成演进格局的重要组成内容，弘化公主墓志碑的问世，吐谷浑喜王慕容智墓的考古发现，树起了武威吐谷浑历史文化研究的标杆。武威吐谷浑王族墓葬以唐代墓葬形制为主，兼有吐谷浑、吐蕃等文化因素，显示了中国古代丝绸之路沿线多民族交流融合的历史进程，是中华民族多元一体格局的重要实证。

  丰富的历史文化资源是学术研究的基础，而学术研究又是历史文化资源开发利用的先导。文物考古、科研机构、文博单位和高校不仅是优秀文化传承的重要载体，更是学术研究和文化创新的力量之源。近年来，武威市加大考古发掘与研究，密切考古学与历史学、人文科学和自然科学的综合研究，为吐谷浑学提供科学支撑。借鉴青海、宁夏、陕西、西藏、新疆、内蒙古等省区的吐谷浑历史文化研究成果，促进区域研究人员及成果的交流工作。在宏阔的地域范围和历史视野的观照下，利用吐谷浑文化资源，全面建设吐谷浑文化传承体系，打造国际性的"吐谷浑历史文化圈"，具有极为广阔的文化发展前景。

深入探究吐谷浑民族的社会生活、思想观念、文化认同等历史变迁成因，为进一步揭示吐谷浑历史文化遗存的文化内涵、推动武威吐谷浑王族墓葬大遗址群的可持续发展和文物保护利用奠定基础，为丝绸之路历史研究提供了新的文化类型和学术视域，为增强民族文化自信、铸牢中华民族共同体意识提供了典型实例。对于弘扬凉州文化、讲好武威故事、传播中华文明、坚定文化自信，铸牢中华民族共同体意识，具有极为重要的历史和现实意义。

# 第一章 五凉时期的吐谷浑

西晋末年，吐谷浑部落自辽东迁往阴山，继而南下继续迁移至枹罕，当时枹罕及其周边地区为各种势力频繁争夺，吐谷浑实力尚弱难以安居，遂又渐渐向西向南发展。古老民族部众立足未稳，中原皇室发生纷乱，晋王室偏居江南，以建康（今江苏南京）为都，史称东晋。而中国北方大地，则先后产生了十六个割据政权，史称"五胡十六国"。吐谷浑虽经苦心经营，在位于柴达木盆地和布尔汗布迭山南北麓之间的白兰形成了稳固统治，但比起真正的"五胡"（匈奴、鲜卑、氐、羯、羌）来说，他们的势力相对弱小，都未能进入"十六国"之列。在吐谷浑民族在西北繁衍发展过程中，形成了著名的"吐谷浑道"，即丝绸之路"青海道"，凉州是河西走廊与丝绸之路的重要节点，使得吐谷浑将其纳入了自己的战略图谋之中。终吐谷浑政权一世，凉州从未成为吐谷浑的实控之地。大多时候，吐谷浑与"五凉"时期各国是附庸、对抗、和解与交融的关系。

## 第一节　前凉管辖吐谷浑驻牧地枹罕

　　太康十年（289年），游牧于辽东的慕容鲜卑部落的部分族民，在首领涉归庶子吐谷浑的带领下，经过六年的辗转迁徙，西迁至今内蒙古阴山一带。数年后，"八王之乱"爆发，中原大乱，晋室无力掌控地方政局。307年发生的"永嘉之乱"，招致"五胡"崛起，纷争天下。混乱时局里，吐谷浑又率部众从阴山南下至阿坝草原。吐谷浑鲜卑遂与乞伏鲜卑、秃发鲜卑齐聚一堂。乞伏鲜卑第四任单于乞伏利那既以吐谷浑鲜卑远绕清水河迁回入川事而心存感激，将爱女乞伏海延公主嫁与吐谷浑之子慕容吐延为妻，是为西部两大鲜卑缔结为军事同盟之始，吐谷浑鲜卑遂顺利立国于青、川、甘三省之交。

　　其后，吐谷浑率部众又经陇山，迁至枹罕（今甘肃临夏）。《晋书·吐谷浑传》曾载："于是乃西附阴山。属永嘉之乱，始度陇而西。"

　　其时，张轨任凉州刺史已逾六年。他联合河西大族建立起一支强大的州兵，"威著西州"，发兵征讨鲜卑部落，打败若罗拔能，将鲜卑乱兵逐出姑臧，安置于凉州之南的河湟谷地，从事游牧生活。原来生活在河西的大量羌胡族人，也徙至黄河东岸的枹罕一带。吐谷浑率部而来，羌胡将其视为"外来胡"，双方为争夺地盘厮杀数年。起先羌人豪酋极为凶猛，连"身长七尺八寸，雄姿魁杰，羌虏惮之，号曰项羽"的吐谷浑之子吐延，都被羌酋姜聪所杀。但是，数年之后，情势大变，吐谷浑部族逐渐强大，接连征服并统治了今甘肃南部、四川西北部以及青海地区的羌族、氐族等。

　　枹罕历史悠久，秦始皇时期即在此地置县，治所在今甘肃临夏东北一带。西晋末年，晋惠帝曾置护军，派遣官吏任护军都尉以调节西北将领间的关系。永嘉之乱后，羌人豪酋发动暴乱，逐出护军都尉而据此地游牧耕猎。其后，又为吐谷浑所居。

在吐谷浑"始度陇西,至于枹罕"之前,张轨在凉州"内抚遗黎,外攘逋寇",保宁域内,声名远播。于是,中原士民纷纷投奔凉州。《晋书》载,"中州避难来者,日月相继"。为了安置这些中原流民,张轨设立临时"县邑",州府官员将这些县邑组成的一个大的临时机构,称为"侨郡"。张轨派遣使臣到洛阳,请求朝廷给凉州扩大郡县建制,将这些临时的郡县予以合法化。《晋书·地理志》载,张轨"上表请合秦雍流移人于姑臧西北,置武兴郡,统武兴、大城、乌支、襄武、晏然、新鄣、平狄、司监等县。又分西平界置晋兴郡,统晋兴、枹罕、永固、临津、临鄣、广昌、大夏、遂兴、罕唐、左南等县"。所以,其时枹罕一带为前凉晋兴郡的辖地。数十年后,张骏为"前凉王"时,重划疆域和行政,将原先仅有凉州一州的行政建置改变为凉、河、沙三州建置,枹罕为前凉河州的治所。

《晋书·吐谷浑传》载,吐谷浑之子吐延号曰"项羽",并坦言:

> 大丈夫生不在中国,当高光之世,与韩彭吴邓并驱中原,定天下雌雄,使名垂竹帛,而潜窜穷山,隔在殊俗,不闻礼教于上京,不得策名于王府,生与麋鹿同群,死作毡裘之鬼,虽偷观日月,独不愧于心乎!

这段记载表达了吐谷浑在徙至西北时的一种自我定位或者说期许。言论中表述因生不在中国,故不能与"韩彭吴邓并驱中原"。从其字面意思来看,并非问鼎中原之意,而是想做与"韩、彭、吴、邓"一样的人物,说明吐谷浑国初创之际对中原正统性的尊崇。在中国传统文化典籍里,"日""月"表达中原帝国中的君臣之意,如《春秋纬·感精符》载:"三纲之义,日为君,月为臣也。"

吐延在这段自述性的文字里,称自己为"麋鹿""毡裘",表达了吐谷浑从辽东来到西北的一种自我定位,故有"偷观日月,独不愧于心"的内疚。此段记载说明，其愿奉中原王朝为正朔的一种美好愿望。其时的西晋因战乱而国力衰弱，统治河西的张轨俨然为晋室代表。于是，居于枹罕的吐谷浑奉凉州张氏为晋室"正朔"，收拢族人，安心游牧生产，蕃息繁衍。

前凉建兴十一年（323年）五月，前凉第二位国王张茂辞世，张骏继位。一年后，偏安江南的晋元帝司马睿死讯传至凉州，张骏诏令凉州大办丧事，百姓"聚哭三日"，以示遥尊晋室为"正朔"。这个阶段，北方分裂割据情势日渐危窘。当时凉州的东部由匈奴刘曜以长安为都建的前赵王国，东北部羯人石勒以襄国城（今河北张家口桥东区）为都建有后赵王国，北部由铁弗部首领赫连勃勃在河套地区建立的胡夏政权。西面为龟兹、焉耆等西域诸国，南部是巴氐族首领李雄的成汉王国。处在西南夹缝里的吐谷浑部落，人数不多，力量微弱，在河州一带很难站稳脚跟。

恰当其时，吐谷浑首领吐延对周边被其征服的羌人多行苛政，残暴不仁。前凉建兴十七年（329年），羌人头领姜聪带领族人激烈反抗。是年，吐延被姜聪刺杀。吐延之子叶延遵父命率族人离开生存了十多年的枹罕一带，继而向西南迁徙，至于白兰。

对于文献中屡屡提及的"白兰"，有人认为在今青海果洛地区，有人认为在青海湖西南柴达木盆地的都兰、宗家、巴隆一带，还有人认为在今青海省海南州一带，至今仍无定论。许多专家认为今柴达木盆地和布尔汗布迭山南北麓应是白兰地望的所在。

叶延发现，白兰地处险远，易守难攻。这里水草肥美，生存空间广阔，回旋余地很大。且地缘环境优越，左无强敌，右无夹击之势。于是，在白兰正式建立政权，以其祖父的名字为国号，立国为吐谷浑。《资治通鉴》载，吐谷浑"西徙阴山而居，属永嘉之乱。因度陇而西，据洮水之西，极于白兰，地方数千里"。吐谷浑势力进驻白兰，此后成为吐谷浑国虎踞龙盘的可靠根据地。叶延在位二十三年，期间吐谷浑开始成为西北的一大势力，并开启了扩张之路。《通典·西戎》载："至其孙叶延，遂为强国。"

## 第二节 前秦时期的吐谷浑

前凉建兴三十九年（351年），前凉王张骏卒后，其子张重华继位。是年，北方大地发生了两件大事。一是驻牧于青海白兰的吐谷浑国王叶延猝然离世，年仅三十三岁。二是氐族苻氏在关中建立前秦政权，苻坚成为前秦王，势力逐渐强大。叶延卒，其子碎奚继位。其时吐谷浑主要活动于白兰、西部握川一带，即今青海黄南藏族自治州南部、甘南西南部一带，实力弱小，仍处于休养生息阶段。

前秦建元元年（365年），苻坚与前凉王张天锡在金城一带的争夺中攻下前凉大夏、武始郡，又占据了枹罕一带的大片土地。此前苻坚攻灭前燕慕容暐政权，拓土至东海之滨，与东晋鼎峙。前秦建元七年（371年），苻坚在西南武都一带扶植杨统与亲近东晋的氐王杨纂展开争夺，遣将苻雅和杨统带兵进攻仇池国，杨纂投降。

仇池国以仇池山（今甘肃西和）为中心，覆盖甘肃南部、四川北部、陕西西部地区，和吐谷浑比邻而居。眼看前秦兵锋直指吐谷浑，国王碎奚极为震惧。碎奚遂遣使向苻坚送马五千匹，金银五百斤，苻坚拜碎奚为安远将军、漒川侯。《晋书》载："（吐谷浑）以杨纂既降，惧而遣使送马五千匹、金银五百斤。坚拜奚安远将军、漒川侯。"虽然前秦的管辖范围还没有到达吐谷浑之地，但碎奚接受前秦封号，这是吐谷浑与北方其他政权发生关系之始。

前凉升平二十年（376年），前秦主苻坚出兵灭凉。秦将梁熙、苟苌、毛盛、姚苌等统步骑十三万西渡黄河，杀奔姑臧而来。秦军之盛，"戎狄以来，未之有也"。前凉末主张天锡大惧，俯首向梁熙请降。前凉所统郡县也相继降秦，前凉遂亡。苻坚攻灭前凉后，以梁熙为凉州刺史。梁熙治理下的凉州百姓安宁，勤俭之风盛行，并且前秦重用凉州本地士族，任用敦煌索泮为别驾，宋皓为主簿，维持了凉州稳定的政治状态。梁熙四处寻访凉州儒学大师，诸如郭瑀、胡辩等人，继续发展文教事业。苻坚免除凉州全境郡县百姓一年的赋税徭役，又给凉州地区的老年人和寡妇孤儿粮食和衣物，还额外善待家里没有男丁的人家。

对于河西的诸多氐、羌、吐谷浑等少数民族部落王国，苻坚禁绝"穷兵黩武"。《晋书》载，前秦攻克凉州，有人提议讨伐西部氐、羌、吐谷浑诸国。苻坚说："彼种落杂居，不相统一，不能为中国大患。宜先抚谕，征其租税。若不从命，然后讨之。"特命殿中将军张旬前行宣慰各部落，庭中将军魏曷飞带领步骑二万七千随行。

后来发生了魏曷飞部前锋督护储安纵兵掳掠氐羌部落的行为，苻坚大怒，将魏曷飞"鞭之二百"，并"斩前锋督护储安以谢氐羌"。河西氐羌各部心悦诚服，"降附贡献者八万三千余落"。

吐谷浑国王碎奚原本为前秦安远将军、漒川侯，在这种"宣慰"政策下，连续向前秦朝贡纳贺。吐谷浑与梁熙治下凉州和平相处，十多年内晏然无事。

青海吐谷浑王城伏俟城遗址

## 第三节 后凉时期的吐谷浑

前秦太安元年（385年）九月，苻坚麾下的骁骑将军吕光攻占了凉州，杀了刺史梁熙，建立"后凉"。

建元十八年（382年）九月，因西域龟兹及焉耆诸国不臣属中原王朝，犯有"僭越"之罪，苻坚决计遣骁骑将军吕光进攻西域。当吕光的西伐大军进抵高昌时，苻坚即亲率八十余万大军攻打东晋。未料东晋以八万军力大胜前秦军，创下名垂史册的"淝水之战"。战后前秦元气大伤，先前被苻坚征服统一的鲜卑、羌族等部族酋豪纷纷反叛，各自建立割据政权。先是慕容垂逃回前燕故地复国称王，慕容宗族的子弟跃马披甲，遍地狼烟。什翼犍之孙拓跋珪亦在牛川称王复国，羌族首领姚苌等人也重新崛起，丁零、乌丸相续起兵反叛。北方大地再次四分五裂，陇右以东皆陷入分裂割据状态。三年后，吕光打败龟兹名声大振。他带着高僧鸠摩罗什返回中原，至凉州时闻淝水战败。于是占据凉州，静观事态发展。过了一年，逃离长安的苻坚被后秦主姚苌缢死。吕光闻讯大恸，颁令凉州举境为苻坚服丧，规定"长吏百石已上服斩缞三月，庶人哭泣三日"。冬十月，吕光大赦河西，自立为"三河王"，建元太安，定都姑臧，史称"后凉"。

吕光和苻坚皆为氐族豪右，吕光将自己所建"凉"国视为前秦统治的继续。后凉建国之初，昔日臣服前秦的氐、羌、匈奴、吐谷浑等部落族人皆依先前臣服关系。《资治通鉴》载："浇河，吐谷浑之地，吕光开以为郡。"吕光在吐谷浑之地青海一带建立浇河郡，又在河西鲜卑聚居区设立西平郡、乐都郡、湟河郡。为了统治此地的羌胡部落族人，吕光任命大将王稚为浇河郡太守，康宁为西平郡太守、强禧为湟河太守。可知当时的鲜卑、吐谷浑等胡羌之国亦承认所部为吕光的臣属之国。

后凉麟嘉四年（392年），南部羌族首领彭奚念出兵攻占吕光的战略重镇日土津。吕光发兵攻打，结果遭到鲜卑首领乞伏乾归的伏击。后凉大败，一万多名将士被杀。此后吕光虽攻取了日土津，夺取了枹罕一带的土地，但乞伏乾归的势力逐渐强大。两年后乾归尽有陇西之地，改称秦王，史称"西秦"。鉴于东部的形势变化，西南部的吐谷浑政权视连也主动通聘于西秦。《晋书》云"视连既立，通聘于乞伏乾归，拜为白兰王"，正式确立与西秦羁縻附属关系。此举令吕光更加震怒，为了宣示对吐谷浑领地的"主权"，吕光出兵攻打西秦。

后凉麟嘉七年（395年），吕光率十万大军讨伐西秦。乞伏乾归主动向吕光讲和"称臣"，并把儿子乞伏敕勃送去做人质。吕光撤兵后，乞伏乾归又出兵占领后凉在陇东的大片土地。吕光随即发布檄文，称乞伏乾归出尔反尔，数次叛离，决定发兵。但是，后凉国内发生内乱，令吕光无暇发兵攻打西秦。

吐谷浑主动通聘西秦，很大程度上是西秦乞伏乾归向西发展势力的结果。自前秦瓦解之后，陇右地区大小势力角逐，到了乾归时期形势渐趋明朗，几股较大的势力如秃发、吕氏等发展趋于稳定，新兴的后秦势力不仅阻断了西秦的东进之路而且不断向西渗透，西北的吕氏政权同样足以成为其发展的障碍。这样，乞伏乾归除了巩固既有的东部、北部势力范围外，其对外扩张的主要目标转而向西向南。首要举措是乾归即位后将都城由苑川迁往金城。第二个就是西南方的枹罕羌彭奚念的归附，枹罕正式纳入西秦的版图。地处西秦西南的吐谷浑政权自然感受到了前所未有的威胁，遂有视连贡方物的外交行为。

390年到397年的八年间，西秦为对抗后凉政权，与吐谷浑"初犹结好"。中间发生过吐谷浑六代主视罴拒绝接受乞伏乾归封号，表达对西秦的强硬对抗态度。但是这种强硬态度却因缺乏自身实力的支持，显得有点急功近利。《晋书》载："乾归又遣益州与武卫慕容允、冠军翟温率骑二万伐吐谷浑视罴，至于度周川，大破之。视罴遁保白兰山，遣使谢罪，贡其方物，以子宕岂为质。"对抗的结果吐谷浑遭遇重大挫折，视罴终以国小民弱退至白兰城，乞伏乾归趁势据得海南、果洛两地凡十余城。吐谷浑疆域遂缩至海西、玉树两地，元气大伤。为了巩固既有成果，西秦还与吐谷浑和亲，善遇质子宕岂，在较长时间里维持着羁縻附属的关系。

后凉龙飞二年（397年），西平郡鲜卑首领秃发乌孤反叛后凉，自称大都督、大单于、西平王，国号亦为"凉"，史称"南凉"。后凉乐都、湟河、浇河三郡皆投降南凉，岭南羌胡数万也归顺南凉。不久，秃发乌孤带兵攻克后凉金城郡，吕光派遣将军窦苟讨伐南凉军。连年的平叛战争中，后凉国力渐弱，吐谷浑又常受西秦攻击，后来完全依附于南凉。《晋书·吐谷浑传》载："乌纥堤大败，亡失万余口，保于南凉。"可见，后凉对吐谷浑的统辖时间极为短暂。

慕容智墓出土彩绘骑马俑
（来源：《王国的背影——吐谷浑慕容智墓出土文物》）

## 第四节 南凉时期的吐谷浑

406年，后秦国主姚兴委任秃发傉檀为都督河右诸军事、车骑大将军、凉州刺史，镇姑臧，征王尚还长安。四年前，姚兴派陇西公姚硕德率兵四万进攻凉州。后凉大将吕超出战，大败逃回。姚硕德统兵逾金城关向姑臧杀奔而来，"皇帝"吕隆出城投降，后凉遂亡。

南凉第三代国主秃发傉檀入主姑臧，拉开了南凉统治河西的帷幕。

秃发傉檀的先祖亦为辽东鲜卑的一支，3世纪初从辽东至塞北又辗转迁至河西，至六世祖寿阗继立，始终生活在青藏高原西南部的柴达木盆地边缘，史称"河西鲜卑"。后凉龙飞二年（397年），秃发乌孤反叛后凉，建立"南凉"。两年后秃发乌孤辞世，其弟秃发利鹿孤继为"南凉王"。南凉弘昌元年（402年）三月，利鹿孤寝疾，秃发傉檀即立王位。仅仅四年，秃发傉檀施展近攻远交战略，谋取姑臧。这个阶段，以长安为都的后秦国力独强，在西北诸割据政权的地盘争夺中接连打败西秦、后凉、北凉。南凉连同西秦、后凉、北凉都向后秦"皇帝"姚兴称臣纳贡。秃发傉檀入主姑臧后，立即反叛后秦，出兵攻打强大的北凉和西秦，对于弱小的邻国吐谷浑还没有放在眼里。

当时，吐谷浑的主要活动范围处在洮河以西、河湟以南，而南凉始终与河西的后凉和北凉争战不休。另一方面，南凉和吐谷浑共同的敌人是来自东南方的西秦，因此双方和平共处，鲜有战事发生。

《资治通鉴》载，后秦弘始七年（405年）正月，"乞伏乾归击吐谷浑大孩，大破之，俘万余口而还大孩走死胡园"。史料中的"大孩"是吐谷浑第六代国王乌纥堤的别名。《晋书》曾记："乞伏乾归之入长安也，乌纥堤屡抄其境。乾归怒，率骑讨之。乌纥堤大败，亡失万余口，保于南凉，遂卒于胡国。""胡国"

当为"胡园"之误，胡园为南凉辖地，后来一度成为西秦与北凉争夺的战略重地。一年前，乞伏乾归在和后秦的战争中屡遭败绩，后降于后秦。乌纥堤见西秦国力衰微，遂出兵争夺先前被西秦占领的国土。乞伏乾归率兵讨伐，吐谷浑大败，乌纥堤率残兵退入南凉境内的"胡园"，遂得自保。可见，其时吐谷浑与南凉有着比较友善的关系，才北上寻求庇护。

乌纥堤败走胡园，继而死于此地的境遇也表明，秃发傉檀对邻国吐谷浑并不重视。在秃发傉檀眼里，吐谷浑乌纥堤仅是一个南方游牧部落的首领，与其国内的乙弗等部落首领并无二致。由于南凉一直觊觎北部河西一带，此时正用力于和以张掖为都的北凉沮渠蒙逊争夺地盘，对河湟以南缺乏兴趣。乞伏乾归出兵攻击乌纥堤是以后秦封疆之吏的名义进行的，厚遇乌纥堤、支持吐谷浑就意味着反叛后秦。秃发傉檀欲讨好后秦姚兴，特意称藩去了年号，以麻痹后秦，伺机图谋姑臧。所以，只能将吐谷浑乌纥堤安排至两国交界地带"胡园"。在河西割据政权相与争战的纷纭背景中，吐谷浑左右摇摆，谋求自保，自是权宜之计。

姑臧起先为匈奴所筑城邑之名，匈奴人将城称为姑臧城，将城西莲花山称为姑臧山。"姑臧"二字显系匈奴语，语意为何，今无可考。汉置武威郡后，将姑臧城所在之地设为姑臧县（今甘肃武威凉州区）。此后，直至元朝建国，在历代史籍中"姑臧"历为武威郡、武兴郡、古雍州、古凉州治所驻地。武威，古称凉州，曾经作为前凉、后凉、北凉、南凉、大凉的都城，是"五凉古都""河西都会"，一度成为西北地区军政中心、文化中心和经济中心。

从东汉末年开始，河西大地上发生的许多重大战事皆以争夺中心城市姑臧而展开。河西势力众多，秃发傉檀据有姑臧，使之成为众矢之的。占据姑臧后，南凉内部的民族矛盾尖锐化，南凉迅速走向衰落。南凉嘉平四年（411年），发生了吐谷浑第七代国主树洛干率兵攻伐南凉的战事。《资治通鉴》载，"吐谷浑树洛干伐南凉，败南凉太子虎台。"《晋书》记曰："吐谷浑树洛干率众来伐，秃发傉檀遣其太子武台距之，为洛干所败。"

原来，一年前，即南凉嘉平三年（410年），秃发傉檀和沮渠蒙逊在争夺王都姑臧的战争中败北。其时，被姚秦羁押于长安的乞伏乾归逃回苑川，召集三万人马，迁到度坚山。而后收治秦陇，平定洮河。僭称秦王，并设置百官，公卿以下都恢复原位。西秦再度复国，又成为秃发傉檀最强大的敌人之一。为了分兵防备西秦进攻，南凉已无力与北凉争战，镇守姑臧也觉得有心无力。傉檀既怕姑臧被北凉攻陷后国破家亡，又怕乞伏乾归攻占洪池岭以南失去退路。于是，决定留大司农成公绪守姑臧，自己率群臣撤向乐都。君臣刚离姑臧，城内又发生民变，焦谌与王侯聚城民三千余家推焦朗为首，占领了姑臧南城。不久蒙逊发兵攻来，焦朗率众投降，沮渠蒙逊从此占据姑臧。

从姑臧败退乐都后，南凉"以四邻为兵"，更成众矢之的。吐谷浑国王树洛干乘机出兵攻打南凉以争夺地盘，秃发傉檀遣其太子武台迎敌，结果大败。树洛干挥兵北上，顺利占领了故郡浇河地区。在北凉、西秦、吐谷浑的联合攻伐下，嘉平七年（414年）南凉亡国。树洛干自称大单于、吐谷浑王，国力强盛，纵横甘青之间，实际控制的区域东至叠川（今甘肃迭部县东南）、西临于阗（今新疆和田县西南）、北接高昌（今新疆吐鲁番东）、南通秦岭（今青海西倾山东北至洮水通向秦岭一带），势力范围纵横千余里。

## 第五节　北凉时期的吐谷浑

五凉时期，吐谷浑政权与其以东、以北的政权交往的过程中，最为平等和谐、关系友好、正常持久的就是沮渠氏北凉政权。

沮渠蒙逊是河西卢水胡匈奴首领，其才智出众，有雄才大略，尤以注重经济和关注民生而受到史家称道。"卢水胡"是源于祁连山北麓的弱水上游的匈奴部落族人。西汉时霍去病击匈奴于焉支山下，汉武帝设置"张掖属国"安置俘获的匈奴侯王，沮渠部落或从这时起生活于卢水流域。吕光从前秦刺史梁熙手中夺得凉州，卢水胡部落遂归后凉统辖。后凉龙飞二年（397年），段业自称使持节、大都督、龙骧大将军、凉州牧、建康公，起兵反叛吕光，建立"北凉"。其时卢水胡部族是北凉政权的主要军事力量，段业任命沮渠蒙逊为镇西将军、张掖太守。北凉天玺二年（400年），沮渠蒙逊取代段业成为"北凉王"。北凉玄始元年（412年）十月，沮渠蒙逊打败南凉秃发傉檀，从张掖迁都姑臧。

北凉玄始十年（421年），沮渠蒙逊率兵攻灭西凉，统一了河西地区。这个阶段，刘裕受禅登基，建立南朝宋。此前刘裕发兵攻灭后秦，势力扩展至西北。沮渠氏面对的强大敌人变为占据黄河流域的北魏以及占据长江流域的刘宋王朝，对北凉周边的邻国吐谷浑、柔然采取和平共处的政策。而在南凉与北凉争夺姑臧的战争中，吐谷浑国王树洛干乘机出兵攻占了先前被南凉占领的浇河一带的大片土地。沮渠氏入驻姑臧时，吐谷浑国力已逐渐强盛起来，成为西北不容小觑的一支势力。

北凉玄始六年（417年），树洛干去世，阿豺即位，自称骠骑将军。阿豺即位后，兼并羌人、氐人，管辖着数千里的地方，号称强国。

沮渠蒙逊审时度势，想运用政治"屈伸之术"，对南北两个大国通过书信交往，施展"外交文化"。其后发生了吐谷浑与北凉相携入贡南朝、联兵攻败西秦、攻防相守灭夏甚至引援交好柔然等事件。北凉和吐谷浑平等互惠的友好交往，对西北地区政治格局的演变甚至整个中亚地区的外交方向都起了重要的作用。

北凉联合吐谷浑相携入贡南朝刘宋政权的事件，最早发生于北凉玄始十二年（423年）。《资治通鉴》载，423年"二月丁丑，河西王蒙逊及吐谷浑王阿柴皆遣使入贡"。其时，西秦乞伏炽磐势力正盛，乞伏氏北攻南伐，阻断了沮渠蒙逊经西秦境南下通宋的道路。沮渠氏只好向西绕道从青海湖西吐谷浑境南下，北凉和吐谷浑的友好关系因为这次相携入贡而开始。

吐谷浑发展到阿豺时期，已经"地方数千里"，占有漒川一带，甚至南达龙涸（今四川西北地区）等，与南朝益州地区接壤。《晋书》载，阿豺"升西强山，观垫江源，问于群僚曰：'此水东流，更有何名由何郡国入何水也？'其长史曾和曰：'此水经仇池，过晋寿，出宕渠始号垫江，至巴郡入江，渡广陵入于海。'阿豺曰：'水尚知有归，吾虽塞表小国，而独无所归乎？'遣使通宋，献其方物，宋少帝封为浇河公"。从中可以看出，吐谷浑很早就有"遣使朝贡"刘宋"正朔"王朝的想法。只是他们与南朝建立"通贡朝贺"的政治贸易关系与北凉入贡有着极大的关系。甚至可以说，北凉绕道从青海湖西吐谷浑境通贡南朝，也促成了吐谷浑和南朝的政治交往关系。

吐谷浑国王阿豺虽被"水尚知归"的朴素思想所驱动，已有遣使南朝"称藩授爵"的想法，但是未有很好的机会促进成功，直到阿豺逝世的前一年才因北凉"绕道"而联合入贡。事实上，北凉玄始十二年（423年）入贡事件以后，两国相携入贡还有两次。一次发生于429年，《晋书》载，"十二月丁亥，河南国、河西王遣使献方物"。另一次发生于432年，"七月壬申，河南国、河西王遣使献方物"。

北凉和吐谷浑的联盟关系还表现在曾联兵攻败西秦，并攻防相守灭夏。北凉玄始十三年（424年），西秦再次用兵北凉，北凉联合吐谷浑共同出兵攻伐西秦。426年以前，西秦国力处于强势，基本上保持着主动进攻的姿态，北凉主要处于守势。426年,夏凉结盟,攻挫乞伏炽磐。西秦势衰,攻守易位,北凉联合吐谷浑进入反攻阶段。424年,吐谷浑"慕璝招集秦、凉亡业之人,及羌戎杂夷至五六百落,南通蜀、汉,北交凉州、赫连,部众转盛"。吐谷浑与北凉逐渐形成军事同盟,南北夹击西秦。在两个政权的联合攻势下,西秦节节败退,丧兵失地。428年,慕璝取浇河正值北凉围乐都、西平之际,可能就是这种同盟的反映。不仅如此,两国还展开联合军事行动。429年,"六月吐谷浑王慕璝遣其弟慕利延将骑五千会蒙逊伐秦"。

北凉玄始十六年(427年),北魏攻拔统万城,灭赫连昌势力。三年后,西秦暮末东奔上邽为赫连定所拒,留保南安。此后,赫连定击杀乞伏暮末,灭西秦。魏军继续追亡逐北,向西推进,"四月定避拓跋焘,欲渡河西击蒙逊。五月,率部曲至治城峡口,渡河,济未半,为吐谷浑慕璝所邀,见获"。对这一事件,《资治通鉴》记录得更为详细:"六月,夏主畏魏人之逼,拥秦民十余万口,自治城济河,欲击河西王蒙逊而夺其地。吐谷浑王慕璝遣益州刺史慕利延、宁州刺史拾虔,率骑三万,乘其半济,邀击之,执夏主以归。"这场战争,最终成为吐谷浑攻灭夏国之战,夏国也是吐谷浑所灭的唯一的十六国政权。夏国国王赫连定是在将攻北凉之时被吐谷浑所袭,吐谷浑成了北凉重要的边防力量,两国的攻守同盟于此可见一斑。

北魏攻占北凉都城姑臧之后,沮渠牧犍的弟弟沮渠安周出逃吐谷浑,也说明北凉与吐谷浑双方关系密切。《魏书·列传·卷八十七》记载:"初,牧犍之败也,弟乐都太守安周南奔吐谷浑,世祖遣镇南将军奚眷讨之。"太武帝拓跋焘曾指出,北凉与吐谷浑的相互引援作为伐凉的理由,即所谓"凭援谷军,提挈为奸",这里"凭援谷军"中的"谷军"即吐谷浑军队。北凉与吐谷浑"相互引援"的联盟作用,在邻国相攻为普遍现象的十六国时代里显得极为鲜见。

北凉和柔然建立同盟与吐谷浑和柔然发展友好关系也有很大关系。北凉与柔然为接壤的紧邻,发展关系自不待言,但前期记录甚少。反映两者关系的后期记录却比较丰富。439年,北魏击北凉之前,"世祖遣尚书贺多罗使凉州,且观虚实。……北托叛房，南引仇池，凭援谷军，提挈为奸，罪七也"，这里的"北托叛房"即谓结援吐谷浑和柔然，以为同盟。后来，北凉灭亡，残余势力西逃西域，又继续与柔然发生关系。这种关系的基础就是在北凉政权沮渠蒙逊时期奠定的，而且两者发生关系当较吐谷浑与柔然关系的发生为早。所有的迹象都表明，吐谷浑、柔然和北凉之间的平等友好交往绝非偶然，三者都是出于共同的战略利益需要而实施的对外政策。其中北凉由于地处两个游牧政权之间，又与南朝交往最早，其"引援交好"的中介作用可能最大。

北魏太延五年（439年）六月，太武帝拓跋焘即命公卿传檄凉州，历数牧犍"十二罪"，诏令天下，决定亲征北凉。一月后魏军西渡黄河，兵围姑臧，沮渠牧犍率其文武五千人面缚请降，北凉灭亡。

在五胡十六国的纷纭战乱中，曾经强盛显赫的割据政权皆因时代的变迁而灰飞烟灭。吐谷浑政权竟然留存下来，成为中国历史上立国时间较长的少数民族地方割据政权之一。

吐谷浑这个民族强大的生命力令人感叹，看似示弱苟安的举措，实则是韬光养晦的智慧。据《晋书·吐谷浑传》，叶延以王父字为氏，其子辟奚"初闻苻坚之盛，遣使献马五十匹，金银五百斤"，这是吐谷浑与中原王朝最早建立的藩属关系。在《晋书·吐谷浑传》里，视连临终有"我高祖吐谷浑公常言子孙必有兴者，永为中国之西藩，庆流百世。吾已不及，汝亦不见，当在汝之子孙辈耳"之言论。可见，不称国，不建年号，只为"中国之西藩"是初期发展的基本策略。于是，称臣、朝贡、质子等一系列政权之间的利益牵连方式，也开始大量出现在了吐谷浑早期史书的记载中，吐谷浑政权发展逐渐迈进了下一阶段。

在吐谷浑早期的记载中，从视连开始才有了明确"迎天子于西京"，即奉东晋为正朔的言论。辟奚因苻坚强盛，称藩于前秦，之后在视连时又转向西秦称臣。这与前秦苻坚政权逐渐衰落，而西秦乞伏氏政权逐渐强大有关。从《晋书·吐谷浑传》中对辟奚、视连的记载来看，二人在此时期，并没有建立起强势的王权。在辟奚、视连时吐谷浑实力尚弱，唯有韬光养晦，才是保族存国的可行性智慧策略。视罴甫一继位，即拒绝西秦封授，这既与视罴果刚的性格有关系，也反映着此时期吐谷浑政权发展已较为成熟。

吐谷浑自我政权意识逐渐觉醒，但在五凉时代里其政权势力始终未能强大到足能抗衡其他"五国"的程度，但其历史贯通南北朝，并在隋唐大一统的历史舞台上扮演了重要角色，在三百五十多年的历史进程中，发挥着中西商贸交流的纽带作用，推进多民族的融合演进，开拓了西部多元文化兼容共存的历史格局。

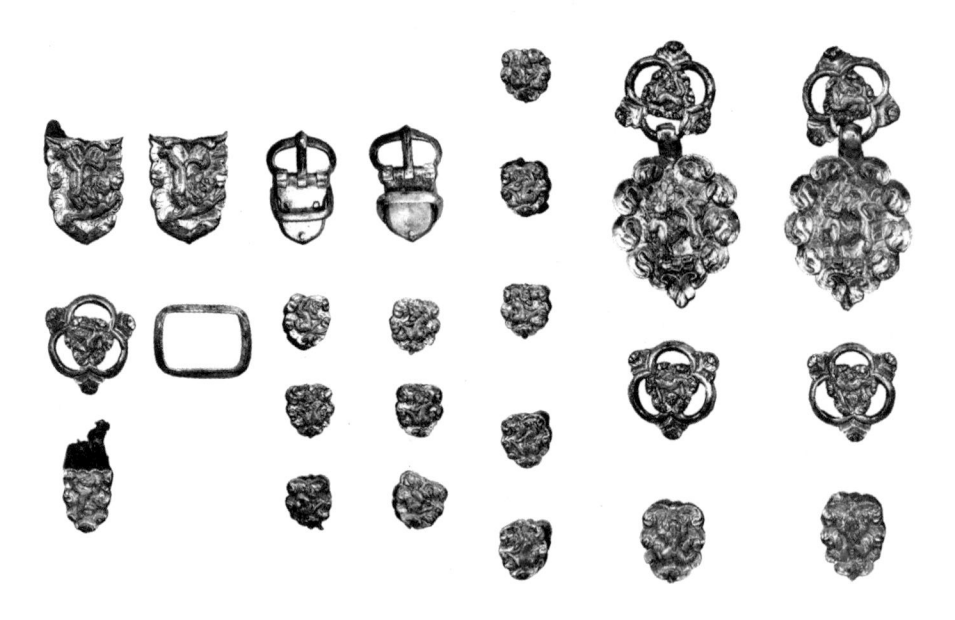

慕容智墓出土的鎏金银马具
（来源：《王国的背影——吐谷浑慕容智墓出土文物》）

# 第二章 南北朝时期的吐谷浑与凉州

北魏攻灭北凉，封慕利延为"西平王"，取消了吐谷浑对原西秦以枹罕为中心的陇右及河西之地的归属权。此举令慕利延大为不满，表面上臣服北魏，同时却频繁向刘宋遣使朝贡。为了有效经略河西走廊，打通中原与西域的往来要道，北魏出兵进攻吐谷浑故地枹罕，并在浇河等地屯兵驻守，将吐谷浑活动空间压缩至白兰一带。吐谷浑"自恃险远"，寻找一切机会向外扩展领地。从慕利延之侄拾寅开始，吐谷浑着力向洮河、白龙江流域发展。但经过几次战争，吐谷浑始终未能取得这些区域的控制权。北魏末年，凉州发生骚乱事件，吐谷浑趁机出兵占领瓜州、鄯州等地，在河西的统治势力有了很大发展。北魏分裂为东西二魏及至分别被北齐、北周取代后，吐谷浑采取"远交近攻"的策略，通贡东魏、北齐而和西魏、北周不断发生"寇掠边境"的战事。在南北朝强国倾轧的夹缝里独立发展，历经一百六十九年的历史变迁，吐谷浑在中国历史上创造了独特的生存发展智慧。

## 第一节　北魏和吐谷浑

北魏崛起，中原各大割据政权先后被其消灭。曾和吐谷浑接壤的南凉于414年灭亡，西秦于429年灭亡，吐谷浑没有了后顾之忧。431年，北魏追击大夏主赫连定，赫连定带领残部想西渡黄河退入凉州。慕璝闻讯，率骑兵三万在黄河上游袭击赫连定，并将之俘虏。慕璝将赫连定送至北魏，拓跋焘十分高兴，册封慕璝为大将军、西秦王。慕璝受封后又上表北魏朝廷，继续邀功请赏，北魏朝廷未能满足其要求。从此慕璝"贡献颇简"，又向刘宋称臣，被刘义隆封为陇西王。吐谷浑也顺势占据了金城（今甘肃兰州）、枹罕（今甘肃临夏）、陇西三郡之地。

北魏太延二年（436年），慕璝卒，慕利延继位，北魏谥慕璝为惠王，拜慕利延为镇西大将军、仪同三司，改封西平王。慕利延表面上臣服北魏，接受封号，但却并不朝贡，转而频繁向刘宋遣使朝贡。于是，双方之间发生了"屡战""屡和"的纷繁战事。

### 一、北魏初期对吐谷浑的战争

慕璝卒后第二年，即北魏太延三年（437年），北魏封慕利延大将军号不变，又加封"仪同三司"，却改封西秦王慕利延为"西平王"。"西秦王"的封号出自吐谷浑占据原西秦之地，西秦强盛时一度据有陇右、河西和青海等地，皆归吐谷浑控辖。而改封为"西平王"后，暗含北魏对吐谷浑势力范围的框定。说明以枹罕为中心的陇右、河西之地，不应归属吐谷浑的控辖势力。次年，刘宋授以慕利延与慕璝相同的封号，"以吐谷浑王慕利延为都督西秦、河、沙三州诸军事，镇西大将军、西秦河二州刺史、陇西王"。相较北魏而言，刘宋对吐谷浑改封此号,仍是对吐谷浑据有原西秦故地合法性的一种认可。

因之前刘宋升慕璝的"将军号"为"大将军号",还加封"西秦、河二州刺史",并由"陇西公"晋爵为"陇西王"。此前沮渠蒙逊联合吐谷浑阿豺向刘宋称臣时,刘宋仅授予沮渠蒙逊"都督凉、秦、河、沙四州诸军事、骠骑大将军、凉州牧、河西王",而阿豺只为"督塞表诸军事、安西将军、沙州刺史、浇河公"。从中可以看到,吐谷浑在慕璝时,与北凉联合,趁西秦衰弱之际,在河西陇右势力得到了大幅度的扩张。从"浇河"到"陇西",从"公"爵到"王"爵,反映了吐谷浑势力的发展,也暗含刘宋意欲通过吐谷浑来影响陇右局势的目的。

北魏攻灭北凉后,征西将军贺多罗镇守凉州。在行政管理方面虽沿用州郡县制,但针对河西地区民族众多的情况,又改州置镇,改凉州为凉州镇,特将凉州镇安置于陇右,以加强对北凉灭国后的汉族、匈奴及羌胡流亡邑民的管理。而吐谷浑在刘宋的支持下,成了牵制北魏西北地区的一股重要力量,吐谷浑与北魏之间的利益冲突已不可避免,局势越加紧张。

所以,灭北凉后北魏紧接着要进攻的对象,就是当时占据枹罕以至浇河、沙州一带的吐谷浑。此举令慕利延大为惊恐,"率众西遁,逾沙漠"。太武帝明确表明慕璝有擒赫连定之功并遣使抚谕后,慕利延返回本土。北魏太平真君五年(444年),北魏以慕利延杀阿豺长子纬代为导火索,以"拾寅兄弟不睦"借口,出兵攻打吐谷浑。

北魏此次下决心讨伐吐谷浑也是经略河西、西域的战略需要。北魏攻灭北凉后,"鄯善人以其地与魏邻,大惧。曰:'通其使人,知我国虚实,取亡必速。'乃闭断魏道,使者往来,辄钞劫之。由是西域不通者数年"。于是,中原与西域的往来被迫中断。北凉亡国后沮渠安周南奔吐谷浑,其弟酒泉太守沮渠无讳逃往晋昌。沮渠无讳在北魏太平真君初,屡次围攻酒泉、张掖等地,又攻鄯善王比龙、高昌太守阚爽,一度占据鄯善、高昌等地。北魏在击败吐谷浑后,慕利延之侄拾寅"逃往河西",即逃往沮渠无讳占据的酒泉、张掖以西一带。通往西域之路的断绝，可以说是河西北凉残余势力与吐谷浑、氐、羌等各种势力综合影响的结果。

太武帝封叱力延为归义王，诏晋王伏罗率诸将讨伐慕利延。太平真君五年（444年）八月，北魏遣军出击。北魏对吐谷浑的攻伐，并不是先从枹罕开始，而是派晋王伏罗督高平、凉州诸军至乐都，直接深入吐谷浑腹地。《魏书》载：

> 伏罗至谓诸将曰："从正道，恐军声先振，必当远遁。若潜军出其非意，此邓艾擒蜀之计也。"遂间道行。至大母桥，慕利延众惊奔白兰，慕利延兄子拾寅走河曲，斩首五千余级，降其一万余落。

北魏此次战事安排得极为隐秘，果然"潜军出其非意"。慕利延突闻魏军攻伐枹罕，便先行逃往白兰，北魏于是轻松占据枹罕。吐谷浑在北魏的进击下，被迫西逃。为了打通中原至西域通道，在晋王伏罗击败吐谷浑的第二年，北魏再命高凉王拓跋那出兵进攻吐谷浑白兰，并遣秦州刺史封敕文和安远将军乙乌头进击枹罕，并同时遣散骑常侍万度归发凉州以西兵击鄯善。

《魏书》又载：

> 高凉王那军到曼头城，慕利延驱其部落西渡流沙，那急追。故西秦王慕璝世子被囊逆军拒战，那击破之，被囊轻骑遁走，中山公杜丰精骑追之，度三危，至雪山，生擒被囊、什归及炽磐子成龙，送于京师。慕利延遂西入于阗国。

史料中的曼头城在今青海共和县西南，慕利延率部落西逃，留慕璝之子被囊、树洛干之子什归断后，这也使得慕利延大部得以顺利逃脱。慕利延进入今新疆地区后，选择向远离河西的方向逃亡，并进攻于阗国，据《资治通鉴》载，慕利延入于阗，"杀其王，据其地，死者数万人"。而北魏也将被囊、什归，以及西秦灭亡时降附的乞伏炽磐之子乞伏成龙等人擒往平城。

高凉王拓跋那伐吐谷浑的同时，万度归至敦煌后，"留辎重，以轻骑五千度流沙，袭鄯善，壬辰，鄯善王真达面缚出降。度归留军屯守，与真达诣平城"。北魏攻取了鄯善，将鄯善王送往平城，并且在鄯善、敦煌驻军。北魏此役夺回了对河西通往西域通道的掌控权，彻底解决了吐谷浑与酒泉以西诸势力相互勾连的状态。

《魏书·吐谷浑传》载，慕利延入于阗后，"遣使通宋求援，献乌丸帽、女国金酒器、胡王金钏等物，宋文帝赐以牵车。七年，遂还旧土"。《宋书》载，慕利延攻破于阗国后，遣使刘宋，上表云："若不自固者，欲率部曲入龙涸、越巂门。"可见，北魏此役对吐谷浑造成重创。慕利延"为魏所逼"，几致不能立国欲逃亡刘宋之地。白兰之地一直是吐谷浑自保之地，慕利延弃白兰而败走西域，北魏打败吐谷浑后在故地设置镇戍，吐谷浑活动势力范围被极度压缩。

## 二、吐谷浑势力扩张至洮河中上游一带

《魏书·吐谷浑传》载，慕利延卒后，树洛干子拾寅继立为吐谷浑王。拾寅仍不安分，其"始邑于伏罗川，其居止出入窃拟王者"。拾寅仍接受刘义隆封爵，号河南王，封为镇西大将军、沙州刺史、西平王。为了安抚吐谷浑和凉州边关的安定，太武帝拓跋焘对拾寅的封爵同慕利延级别一样。

北魏第一次讨伐慕利延的战事中，拾寅逃往河西。第二次讨伐中史书未载拾寅，而慕利延势力一度被北魏压制而不能立足，欲逃归刘宋。拾寅利用慕利延被北魏征讨的契机，以"自立"的形式，继袭了王位。经过兄终弟及，拾寅以树洛干之子的身份继承了王位。《魏书·吐谷浑传》载："后拾寅自恃险远，颇不恭命。"

北魏以武力将吐谷浑压缩至白兰一带，吐谷浑一旦有机会便寻求向外发展。为了支持拾寅对北魏凉州的袭掠，刘宋将拾寅从"安西将军"封至"镇西大将军、开府仪同三司"，建立起较为亲密的关系。《宋书·孝武帝纪》载，元

嘉三十年（453年），拾寅以白兰为根据地，"自恃险远"，很快与北魏发生冲突。

拾寅带领吐谷浑军队以伏罗川为中心，主要在巴颜喀拉山与阿尔玛卿山之间的黄河上游一带活动。北魏军队依然驻守在浇河一线，镇戍吐谷浑北地。其后，拾寅向沙州一带推进，与北境的北魏也发生冲突。此时北魏内部斗争激烈，诸地叛乱不止，北魏暂时难以分心解决吐谷浑寇边事宜。直到太安四年（458年），在国内局势稍稳的情况下，拓跋濬才下决心应对周边威胁。是年，拓跋濬亲率十万骑兵进攻柔然，柔然处罗可汗远遁，几千帐落降魏。两年后，拓跋濬又决定出兵吐谷浑。

《魏书·吐谷浑传》载，北魏和平元年（460年），定阳侯曹安上表称吐谷浑"拾寅今保白兰，多有金银牛马，若击之，可以大获"。另有大臣反对，认为拾寅"今在白兰，不犯王塞，不为人患，非国家之所急也"，且言"王者之于四荒，羁縻而已，何必屠其国有其地"。文成帝拓跋濬却赞成曹安之议，认为"吐谷浑王拾寅两受宋、魏爵命拟于王者"，应予讨伐。和平元年（460年）七月，当北魏遣大军从凉州出发，文成帝也亲临河西督战。此次讨伐，魏军虽然绝河追之，因白兰处"险远之地"，要克服诸多地理环境造成的困难。其中"遇瘴气，多有疾疫"造成魏军淹停不进。"诸将议贼已远遁，军容已振，今驱疲病之卒，要难冀之功，不亦过乎"，魏军获吐谷浑驼马杂畜二十余万，就此收兵，拾寅远遁。

在之后的数年间，北魏再未大规模出兵吐谷浑。献文帝拓跋弘继位后，结束了自元嘉末年以来南北对立而不相往来的做法，互相遣使通好。此后，拓跋弘对不断侵扰北地及西域的柔然发起攻击，同时也对吐谷浑发起讨伐。北魏皇兴四年（470年），任命长孙观为征西大将军、假司空、督河西七镇诸军事，率军攻打吐谷浑，拾寅战败逃走。

《魏书·卷二十五·列传第十三》记载："以征西大将军、假司空督河西七镇诸军讨吐谷浑。部帅拾寅遁藏，焚其所居城邑而还。"《魏书·吐谷浑传》言遣上党王长孙观等率州郡兵讨之,"军至曼头山,拾寅来逆战,观等纵兵击败之,拾寅宵遁"。曼头山置有赤水城,为北魏镇戍之地。拾寅从曼头山统兵反攻至赤水城,结果兵败遁逃,所居城邑被北魏乱兵纵火焚毁。《魏书·吐谷浑传》载,拾寅"屡寇浇河"后,北魏"诏平西将军、广川公皮欢喜率敦煌、凉州、枹罕、高平诸军为前锋",又派长孙观为大都督以讨之。北魏在陇右、凉州、敦煌这样大范围调军,对吐谷浑形成东西合围之势。这两次讨伐的结果,首先使得拾寅"复修藩职",并遣其别驾康盘龙奉表贡献。其次,拾寅遣子斤入侍为质,这也是吐谷浑第一次向北魏遣子入质。从此,吐谷浑每年都向北魏进贡。

吐谷浑被太武帝大败以后,一直未能突破北魏浇河、赤水一线。吐谷浑向南至松潘、越巂一带,没有发展的余地。据《北史·吐谷浑传》载,"拾寅后复扰掠边人,遣其将良利守洮阳,枹罕所统也"。说明其继位以来,面对北方受阻的严峻情形,努力向东寻求发展,在突破之前为羌人占据的洮河源头一带后,继续向下到达洮河中上游地区的漒川区域发展。

《水经注》载,"洮水又东北流经洮阳曾城北",而洮河流域与白龙江流域一带,历来为羌人聚居之所,中原王朝常予以羁縻。这一区域也是南通巴蜀的要道,具有重要的战略地位。拾寅此时复遣其将守洮阳,说明在之前就已经占据了这一带。经过十数年经营之后,吐谷浑在拾寅的率领下,势力又慢慢强大,后向北魏"不供职贡"。

《北史·吐谷浑传》载,献文帝拓跋弘责问拾寅遣将守洮阳时,拾寅答道:"奉诏,听臣还旧土,故遣良利守洮阳。若不追前恩,求令洮阳贡其土物。"献文帝许之,此后吐谷浑"岁修职贡"。拓跋弘对征服后吐谷浑的处置除了前文论述的"复藩职""遣子入侍"外,"听其还旧土",更多的是让其"岁修职贡"。这与太武帝以及文成帝时的做法有所不同,太武帝、文成帝打败吐谷浑后大掠而去,依然带有鲜明的草原部族掠夺之风。而献文帝接受中原文化渐深,在处理周边民族问题上,更加注重明确"藩属"关系,注重藩属政权对中央王朝

"岁修职贡"的内容。在拾寅此后的时期，吐谷浑基本上都向北魏称藩，连年进贡。

北魏太和五年（481年）拾寅辞世，其子度易侯继立，是为吐谷浑第十三位国主。四年后，位于青藏高原边缘和岷山之间的宕昌国发生内乱，度易侯想吞并这个羌族小国。宕昌的地理位置极为特殊，西连洮河与黄河，东通金牛、阴平，两道入蜀，具有沟通青海和蜀地的重要地位。吐谷浑对宕昌的觊觎，就是要在南北沟通的重要通道上，和北魏相争，以获得对西北地区更大的控制权。

于是，度易侯出兵进攻宕昌，新立的宕昌王弥博兵败逃奔仇池。宕昌国早在太武帝始光元年（424年）就归附北魏，北魏仇池镇将"击走吐谷浑，立弥承而还"。其实，早在拾寅初立之时，吐谷浑对宕昌就有觊觎之心。宕昌当时向魏"世修职贡，颇为吐谷浑所断绝"。此事发生在长孙观讨伐拾寅之前，之后拾寅与北魏基本上维持着正常藩属关系。北魏闻之，"诏让之，赐锦彩一百二十匹，喻令悛改；所掠宕昌口累，部送时还。易侯并奉诏"。

《魏书·吐谷浑传》载，吐谷浑出兵进攻宕昌之后，"自是岁修职贡"，吐谷浑与北魏基本上维持着较好关系。这一时期吐谷浑的疆域在洮河、白龙江上游等地虽有所拓展，但基本上为北魏所限制，并未在这一区域拥有过多控制权。

北魏太和十四年（490年），吐谷浑第十三位国主度易侯卒，其子伏连筹继立。北魏孝文帝拓跋宏也开始亲政，新主继立，遂招之入朝，伏连筹竟称病不至。伏连筹之所以不至，仍与吐谷浑在洮河、白龙江流域的拓展有关。吐谷浑伐宕昌被北魏责让以后，《魏书·吐谷浑传》载，度易侯"并奉诏"，而且在度易侯此后在位的五年里，每年都向北魏朝贡。但在伏连筹继位后，北魏征召其入朝，其称病不敢入朝，可见双方关系变得非常微妙。

伏连筹继立后，即"辄修洮阳、泥河二城，置戍兵焉"，对北魏严加防范。洮阳城在洮水北，今甘肃临潭北，与今洮阳临近。此两城地近宕昌，吐谷浑在与宕昌争衡的过程中，也将其作为进一步进取洮河流域的基地，主要也是防止北魏对其攻伐。当时所筑的两城每城约驻守一千人，吐谷浑在此地也驻牧有很长一段时间，每城皆有随军女眷，形成了一定的聚落规模。吐谷浑的筑城之举，再次引来北魏的攻伐，北魏枹罕镇将长孙百年随即上表进攻二城。吐谷浑实力实在不能和北魏相抗，不久，两城皆克，北魏"俘获三千余人"，其中"执讯二千余人，又得妇女九百口"。

孝文帝拓跋宏是北魏第七位皇帝，正式亲政后，迁都洛阳，全面吸收汉族优秀文化传统，改革鲜卑旧俗。他鼓励鲜卑贵族与汉人士族联姻，参照魏晋门阀制度，改革北魏政治制度，下令"诸州镇军贯，元非犯配者，悉免为民，镇改为州，依旧立称"，将凉州镇改为凉州，极大地推动了北魏经济、文化、社会、政治、军事等方面的发展，史称"太和改制"。孝文帝有效地缓解民族隔阂，促进文明进步和民族融合，对整个中国历史都产生了重要影响。为了边境安宁，仍采取"宣慰"政策，诏令将所俘吐谷浑"子妇悉还之"。此举令伏连筹低首心折，遂遣世子贺鲁头前往平城朝贡，这也是伏连筹在继位之后首次遣使北魏。

### 三、协助北魏平定凉州叛乱

太和十六年（492年），北魏出兵攻"二城"，吐谷浑大败，伏连筹遣世子贺鲁头前往平城朝贡。吐谷浑在十六国时期经历了从河西、陇右东出青海而不得后，转而在洮河、白龙江流域一带寻求突破。北魏在浇河等地的驻守，将吐谷浑活动空间压缩在本土之内。从拾寅开始，吐谷浑在稳固白兰的基础上，着力向洮河、白龙江流域发展。

白龙江流域因其重要的战略位置，为拾寅以后的历代吐谷浑王所重视。横亘在其东进路线上首当其冲的就是宕昌国，北魏大力笼络宕昌，并在仇池、武都等地派军驻守，出兵攻破洮阳、泥河二城的目的也是维持此一带政权间相互制约的格局，并且掌控南北通道。但是，在吐谷浑国主伏连筹等人看来，据有宕昌是向西拓展疆土的关键举措。

伏连筹遣世子贺鲁头前往平城"贡飨既毕",遣返时北魏除赏赐"车旗衣马"以外,对朝贡的藩属诸政权按照"命数之差",赏赐锦缯纩等物。当时,凉州东南除吐谷浑小国外,还有三个少数民族部落政权,分别是武兴、宕昌和邓至。《魏书》载,北魏太和十七年(493年)正月,孝文帝诏曰:

  今诸边君蕃胤,皆虔集象魏,趋锵紫庭。贡飨既毕,言旋无远。各可依秩赐车旗衣马,务令优厚。其武兴、宕昌,各赐锦缯纩一千;吐谷浑世子八百;邓至世子虽因缘至都,亦宜赉及,可赐三百。命数之差,皆依别牒。

  少数民族部落政权中,武兴在今陕西略阳一带,为氐人杨氏建立的政权。武兴地近南朝,是南北政权努力争取之地。宕昌在今甘肃宕昌一带,邓至在今甘肃文县一带,均为羌人建立的政权,这两个政权位于白龙江流域地带,是南通巴蜀的要道,具有重要的战略地位。包括吐谷浑在内的四个政权中,武兴、宕昌各一千,吐谷浑八百,邓至三百。孝文帝为了遏制吐谷浑的扩张野心,特意以北魏战略上的重要程度设置"命数之差",对宕昌和武兴赏赐最多,而吐谷浑相较二者,略逊一筹,只得八百。这样的举措,令伏连筹对北魏朝廷不满。

  北魏破吐谷浑二城后的第二年,文明太后崩,北魏遣人向吐谷浑告丧。文明太后冯太后曾被誉为"中华千古第一后",献文帝拓跋弘时被尊为皇太后而临朝听政。孝文帝拓跋宏执政前期仍临朝听政,实行一系列改革,加速了鲜卑贵族的封建化过程,在稳定和巩固北魏政权统治中发挥了很大的政治作用。对于这样的"国丧",伏连筹却"拜命不恭",以此表达对北魏朝廷的不满。

  北魏迁都洛阳以来,对南朝长江以北不断用兵。宣武帝继位以后,战争规模日益扩大,"荆扬二州,屯戍不息,钟离、义阳,师旅相继""汝颍之地,率户从戎;河冀之境,连丁转运"。社会矛盾不断积聚。孝明帝幼年继位,灵太后胡氏专权，北魏王朝在一系列矛盾中，逐渐走向衰弱。《魏书·肃宗纪》亦载："自宣武以后，政纲不张。肃宗冲龄通业，灵后妇人专制，委用非人，赏罚乖舛。于是衅起四方，祸延畿甸。"

宣武帝继位初年，北魏就吐谷浑与宕昌之间的公文中"称书为表，名报为旨"的问题，下诏进行责让。北魏以武力征讨告诫吐谷浑，"伏连筹上表自申，辞诚恳至。终宣武世至于正光，牦牛、蜀马及西南之珍，无岁不至"。吐谷浑每年皆向北魏朝贡，但在景明三年（502年）之后的连续五年，史籍中皆没有吐谷浑朝贡北魏的记载，说明这一时期吐谷浑与北魏的关系和之前相比有所转变。

宣武帝在江南用兵的同时，还发起对柔然的攻击，吐谷浑乘机以武力占领宕昌。《魏书》载，吐谷浑"准拟天朝，树置官司，称制诸国，以自夸大"。这一时期吐谷浑模仿梁魏制度，吐谷浑的国力到伏连筹时臻于巅峰。但史料中没有吐谷浑进攻宕昌的事件发生，说明吐谷浑此时在白龙江、洮河流域并未有实质性的拓展，仍限制在白龙江、洮河上游一带。

孝明帝正光五年（524年），北魏爆发"六镇起义"，紧接着河北、山东、关陇皆爆发起义，之后又有尔朱荣之乱，北魏王朝在一系列乱局中迅速衰落。其中，关陇起义共历六年多时间。关陇的乱局，也为吐谷浑的发展提供了契机。《魏书》载：

> 秦州城人莫折念生反，河西路绝。凉州城人万于菩提等东应念生，囚刺史宋颖。颖密遣求援于伏连筹，伏连筹亲率大军救之，遂获保全。自尔以后，关徼不通，贡献遂绝。

吐谷浑平叛凉州，《魏书》《资治通鉴》皆记载详细。伏连筹亲率大军到达凉州，凉州城起义军首领万于菩提弃城逃走，竟追斩之。不久赵天安等复推宋颖为刺史，莫折念生遣兵攻凉州。赵天安又执宋颖而响应念生，于是吐谷浑又讨赵天安将其降之。此外还发生了河州前刺史梁钊之子景进招莫折念生进攻河州的战事。河州当任刺史惊惧忧愤而死，河州长史等推举出使嚈哒（yàn dā，古代西域国名）返回而行至枹罕的高徽"行河州事"。高徽"征兵于吐谷浑，吐谷浑率众救之，景进败，奔河州"。吐谷浑应高徽之请出兵讨伐凉州叛乱，由于北魏关陇局势的混乱，让吐谷浑有了可乘之机。

北魏永安三年（530年），伏连筹卒，其子呵罗真继立。四年后，凉州再次发生骚乱事件。《周书·文帝纪》载："时凉州刺史李叔仁为其民所执，举州骚扰。宕昌羌梁仚定引吐谷浑寇金城。渭州及南秦州氏羌连结，所在蜂起。南岐至于瓜、鄯，跨州郡者，不可胜数。"这次动乱中，"宕昌羌梁仚引吐谷浑寇金城"，攻克"南岐至于瓜、鄯，跨州郡者"，可见吐谷浑在正光五年（524年）出兵凉州破万于菩提、赵天安之后的十年时间里，在河西、陇右趁机扩展势力。所谓"瓜、鄯"之地，当指瓜州和鄯善，吐谷浑对河西的控辖势力有了很大发展。

陶鸡　　　　　　　　陶羊

（来源：《王国的背影——吐谷浑慕容智墓出土文物》）

## 第二节　东西二魏和吐谷浑

孝明帝正光五年（524年）爆发的"六镇起义"，使北魏内部统治集团出现了剧烈的震动。尔朱荣是北魏末年的部落贵族，借镇压农民起义招兵买马，私置官吏，兵势渐盛。武泰元年（528年），得知孝明帝元诩被胡太后毒杀，率军迎立长乐王元子攸为帝，是为孝庄帝。尔朱荣自任侍中、都督中外诸军事、大将军、尚书令、太原王，专断朝政，后被孝庄帝元子攸所杀。尔朱荣死后，北魏又出现两大军阀，即高欢和宇文泰。他们各自占领王朝的东方和西方，不久之后便相继建立了东魏和西魏，导致北魏政权走向了分崩。

高欢在洛阳先拥立元亶主持朝政，回京后改立元亶的世子，即年仅十一岁的元善见为帝，即魏孝静帝，东魏开始。东魏天平元年（534年），孝静帝将都城由洛阳迁往邺城（今河北邯郸之北），以晋阳（今山西太原）为别都，高欢坐镇晋阳遥控朝廷。国土包括今河南汝南、江苏徐州以北，河南洛阳以东的原北魏统治的东部地区。宇文泰支持元宝炬在长安登基为帝，与高欢所掌控的东魏和南朝梁对立，史称"西魏"。辖境位于湖北襄阳以北、河南洛阳以西、原北魏控制的河西地区。

当时，吐谷浑已经据有河西瓜州及西域鄯善一带的大片土地。在东西二魏并立之初，吐谷浑势头正盛，在河西、西域等地积极开拓发展势力。

### 一、通贡东魏

在东魏迁都邺城的那一年，伏连筹之子夸吕继立为吐谷浑国主。其实伏连筹卒后，王位并没有直接传给夸吕，中间经历了诸多周折。伏连筹去世前，先将王位传于侄子、吐谷浑呵罗真之子佛辅。数年后，佛辅又将王位传于其子可沓振。其后在内部争斗中夸吕胜出，以伏连筹之子的身份获得王位。

夸吕继位后居伏俟城，首称吐谷浑可汗，仿汉制设置百官。伏俟城位于今青海湖西十五里，今青海布哈河支流切吉河边仍存有古城遗址，又称铁卜加古城遗址，距其最初的据点白兰向东北延伸了二百多公里。其核心据点的转移，也说明此期吐谷浑的发展呈现出强劲势头。由于西魏统治的凉州与吐谷浑接壤，双方为争夺土地和财物战争频繁。东魏则采取远交近攻策略，与凉州西边的吐谷浑和亲。

东魏孝静帝兴和二年（540年），吐谷浑夸吕政权与东魏政权之间开始通使。当时，西魏河西置凉州刺史，辖武威、昌松、魏安、番禾、广武五郡，阻碍了河西至中原的驿路。吐谷浑绕道漠北，通过柔然控制的地域向东魏朝贡并通商。《资治通鉴》载："是岁，始遣使假道柔然，聘于东魏。"假道柔然并联合东魏是吐谷浑与西魏的敌对关系促成的，东魏的实际掌权者高欢也比较重视维持与吐谷浑的通商和朝贡关系。

东魏的强大使得吐谷浑此一时期主要对其称藩。不过此时吐谷浑不但在洮河流域势力有所扩展，在白龙江流域也有所发展。在南北对峙时期，洮河河谷和白龙江河谷是蜀地通往西北地区的两条重要通道，具有重要的战略地位。南方政权可以在据有蜀地的情况下，经由岷山地区的这两条通道，沟通黄河源、河西、漠北乃至西域，北方草原的马匹，也能通过这里输送到蜀地。

为了进一步巩固和加强双方的友好关系，东魏武定三年（545年），夸吕荐其从妹与东魏联姻，孝静帝欣然接受，纳入后宫，封为容华嫔。东魏也把济南王元匡的孙女封为广乐公主许嫁于夸吕，双方结为姻亲，关系更加融洽。吐谷浑与东魏的遣使朝贡也一直持续到了孝静帝武定年间，据《魏书》载，兴和四年至武定三年（542—545），吐谷浑皆遣使抵邺城朝贺东魏皇帝。特别是武定七年（549年），吐谷浑遣使朝贡东魏两次，双方维持着和平交往的关系。

## 二、西魏战事

西魏初期对凉州统辖也颇不顺畅，凉州刺史李叔仁举州骚乱事件后，宇文泰任命宗室大臣宇文仲和出任凉州刺史。此期凉州相较北凉时期的凉州疆域要小，行政划分不同。但因为西魏初期实力不济，再加上凉州地处偏远，宇文仲和虽然名义上服从西魏，但实际上已经割据一方。宇文仲和在任期间，完全不把宇文泰颁布的六条诏书当回事，其治下"豪富之家，侵渔小民，同于仆隶。故贫者日削，豪者益富"，此举引起宇文泰的极大不满。

大统十二年（546年）二月，西魏派遣义州刺史史宁抵达河西，接替宇文仲和担任凉州刺史一职。但宇文仲和不接受新刺史，依然占据凉州，悍然发动叛乱。其时吐谷浑的势力已经扩展至瓜州一带，西魏虽然设置了瓜州刺史府，但吐谷浑控制的地方仍未收回。

宇文仲和叛乱凉州的旗号打出后，瓜州人张保在吐谷浑的支持下杀了西魏任命的刺史成庆，呼应宇文仲和。晋昌郡人吕兴也聚众杀了太守郭肆，响应张保。河西走廊骚乱四起，宇文泰大惊，遣太子太保独孤信、开府仪同三司怡峰和史宁一同讨伐宇文仲和。大军出动后，一些叛乱者闻风而降，而瓜州张保、晋昌吕兴与凉州宇文仲和等依然顽抗。独孤信的军队攻克凉州城，生擒宇文仲和。瓜州刺史府主簿令狐整得知独孤信率军攻下凉州，遂召集军中豪杰，宣布张保的罪行后指挥军队击杀吕兴收复晋昌郡。而后带兵进攻敦煌，张保兵败，逃往吐谷浑。

河西骚乱平定后，大统十二年（546年）五月，宇文泰迁凉州邑民六千余家于长安，进一步削弱了凉州的实力。经此一役，吐谷浑对西魏表面上朝贡称臣，但仍对凉州、陇右等地不断劫掠。《周书·吐谷浑传》载："大统中，夸吕再遣使献马及羊牛等。然犹寇抄不止，缘边多被其害。"宇文泰曾遣仪同潘濬出使吐谷浑，以制止其对西魏边州的侵扰，但吐谷浑寇略如常。及至史宁担任凉州刺史时，吐谷浑寇略更甚。由于西魏对凉州、陇右等地的控制比较薄弱，在军事上也暂时抽调不出力量来对付吐谷浑。吐谷浑不断侵袭凉州边境，一段时间屯兵驻在姑臧城附近，凉州刺史史宁自忖兵力不及，只好频频请求朝廷出兵。

直至西魏废帝二年（553年），西魏出兵占据了今四川地区，设置益州，阻断了吐谷浑与东魏的联系，使之失去外援。此后，抽出力量来解决吐谷浑的骚扰问题。《资治通鉴》载，吐谷浑"虽通使于魏而寇抄不息，宇文泰将骑三万逾陇，至姑臧，讨之。夸吕惧，请服"。宇文泰大兵"逾陇，至姑臧"，对吐谷浑进行了强有力的军事打击。夸吕震惊，急忙遣使贡物以示臣服，此后凉州边境再没有发生过"吐谷浑寇略"事件。

宇文泰统兵至姑臧攻伐吐谷浑的第二年，突厥攻灭柔然，成了继柔然之后的草原霸主。西魏与突厥一直保持着较好关系，柔然残兵败退西魏，西魏将其首领邓叔子及其以下三千人交于突厥。这时的突厥"尽有塞表之地，控弦数十万，志陵中夏"。西魏恭帝三年（556年），为了遏制吐谷浑在北方、西域的势力扩张，并彻底解决吐谷浑侵略凉州边关的问题，西魏联合突厥出兵攻打吐谷浑。

此战以突厥军队为主力，木杆可汗亲率大军"假道凉州"攻吐谷浑。宇文泰令史宁率军跟随，"吐谷浑已觉，奔于南山"。"南山"指青海湖南部山脉，当时夸吕居伏俟城，为吐谷浑部落的中心据点。夸吕遁逃后，木杆可汗和史宁商议攻打树敦、贺真二城。史宁率凉州兵趋南道赴树敦，木杆可汗趋北道赴贺真，史宁生获吐谷浑征南王，并将俘虏的男女、财物尽数归突厥。未料，木杆可汗统兵返回时遇到吐谷浑贺罗拔王军队的阻击，俘斩万计，获杂畜数万头。突厥和西魏的此次进击，只至青海湖以南的贺真、树敦二城，并未伤及吐谷浑根本。

## 第三节　北齐、北周和吐谷浑

武定八年（550年），东魏丞相、齐王、高欢嫡次子高洋逼迫孝静帝禅位，登基称帝，国号"大齐"，史称北齐。七年后，同样的"受禅登基"也发生在长安。557年，宇文泰之侄、掌握西魏大权的宇文护阴谋进行禅代，逼西魏恭帝拓跋廓把皇位禅让给宇文泰第三子，太师、安定公宇文觉。西魏恭帝亲自临朝，遣人将皇帝印玺奉上。宇文觉"力辞"不受，在公卿百官的"劝进"下才受禅即位，国号"周"，史称"北周"。

### 一、北齐通商交易

在北齐代东魏、北周代西魏的历史演进中，吐谷浑沿袭此前的历史战略，和统辖凉州的北周屡屡发生战事，而和北齐则继续采取远交近攻策略，建立了朝贡通商关系。《北史·吐谷浑》载：

> 废帝二年，周文勒大兵至姑臧，夸吕震惧，使贡方物。是岁，夸吕又通使于齐。凉州刺史史宁觇知其还，袭之于州西赤泉，获其仆射乞伏触状、将军翟潘密，商胡二百四十人，驼骡六百头，杂䌽丝绢以万计。

史料中的"废帝"指北齐第二位皇帝高殷，北齐初代皇帝高洋册立的"太子"，北齐天保十年（559年）高洋逝世后继位为帝，一年后，被高欢第六子、高洋之弟高演发动政变废黜并暗中诛杀，故有"废帝"之称。废帝二年（560年），高演自立为帝，史称"孝昭帝"。北齐代东魏后，吐谷浑中断了对北齐的

"朝贡",高演遂派遣大将军周文带兵出柔然,绕行至枹罕一带,进攻吐谷浑,"夸吕震惧,使贡方物"。

不过,北齐攻打吐谷浑并没占到便宜,毕竟大兵进犯北周所辖的凉州边境,双方又是"世仇"之国。此前宇文泰麾下的大将军史宁仍行北周凉州刺史一职,他在周文大军返回途中,于凉州西边的"赤泉"(又称赤乌泉,位于今甘肃武威西南)一带布下埋伏。双方交战,周文大败,史宁"获其仆射乞伏触状、将军翟潘密,商胡二百四十人,驼骡六百头,杂䌽丝绢以万计"。

此战之后,吐谷浑国王夸吕恢复了对北齐的朝贡。《北齐书》中记载了天保元年(550年)、天保四年(553年)吐谷浑使节朝贡的史事。北齐对与吐谷浑的商业贸易似乎极为重视,商队竟由"仆射""将军"一类的重臣率领。吐谷浑与北齐的贸易规模很大,涉及交换的产品种类也很丰富。对于北齐来说,吐谷浑是与西域各国交往的窗口和通商的口岸,在和西域胡商的交易中,有大量吐谷浑人充当向导、翻译及护卫角色,为来往于丝绸之路上的各国商人提供服务及庇护。直到幼主高恒之世,吐谷浑与北齐始终保持着和平交往的关系。

## 二、寇掠北周

北周建立之初,孝闵帝宇文觉刚继位,吐谷浑就开始寇边。据《周书》载,北周驸马都尉于翼被任命为渭州刺史,当时吐谷浑大举入侵北周河西边地,凉州、鄯州和河州都被吐谷浑军队围攻。于翼发现:"攻取之术,非夷所长。此寇之来,不过抄掠边牧耳。安能屯兵城下,久事围攻!掠而无获,势将必走。劳师以往,势无所及。"

由此可见,吐谷浑对凉州、鄯州和河州的攻掠颇有战法。虽然三州之地有北周重兵驻守,但他们利用骑兵流动性强的特点,来去迅疾,以抄掠人口、财物和牲畜为主,并非要攻据其地。而在西魏驻防兵力较弱的洮河流域,吐谷浑以攻占土地为主,并延续自北魏以来的筑城占据方法,先后在洮河流域修筑洮阳、洪河二城,置重兵以守。北魏时,伏连筹继位之初也是在此筑城,当时规模只是每城约驻守一千人，到北周时，以此城为据点，吐谷浑在这一带的势力已相当可观。

北周明帝武成元年（559年），北周遣大司马、博陵公贺兰祥率众讨伐吐谷浑，主要针对吐谷浑在洮河和白龙江流域势力的拓展。此次战事，北周非常重视，"帝常服乘马，遣大司马贺兰祥于太祖之庙，司宪奉钺，进授大将。礼毕，出授甲兵"。贺兰祥出征前也发布了讨伐吐谷浑的檄文，称"直取龙涸，济自河南"。此战中吐谷浑驻守洮阳城的广定王和驻守洪河城的钟留王兵败遁逃，北周攻克吐谷浑修筑的洮河之滨的洮阳、洪河二城。

北周保定四年（564年），北周伐齐，为了巩固后方边防，应对吐谷浑与洮河流域活动的羌族，在河州置总管府，由李贤出任"使持节、河州总管、三州七防诸军事、河州刺史"。一年后，吐谷浑联合宕昌羌连结寇边，并寇河州石门戍。宇文邕大怒，诏令大将军田弘率军伐吐谷浑。田弘出师对吐谷浑和宕昌羌的讨伐又扩展到了白龙江流域，沿江而上对吐谷浑控制的白龙江上游地区进行了攻伐。《周书》载，此次讨伐"获其二十五王，拔其七十六栅"。其神道碑亦载：

> 浑王叛换，梗我西疆，宕羌首窜，藩篱携贰，公受服于社，偏师远袭，扬旌龙涸，系马甘松，二十五王靡旗乱辙，七十六栅鹑奔雉窜。既蒙用命之赏，乃奉旋师之乐。

上文"二十五王"，指在洮河及白龙江河谷驻守的吐谷浑二十五王，"七十六栅"指筑木以形成的关塞类的军事组织。吐谷浑利用洮河和白龙江河谷险要的地形，以木为栅，层层把守，以阻止北周军队的推进。可见，为了占领洮河及白龙江河谷一带的地盘，吐谷浑在戍防方面下了很大的功夫。保定五年（565年），北周又将河州总管府迁至洮州，进一步增强了对洮河、白龙江流域的控制。

通过对吐谷浑的多次征讨，北周在洮河、白龙江流域基本上取得了较好的控制，因此吐谷浑不得不停止对北周的侵扰，双方关系进入缓和时期，从北周天和二年（567年）开始，吐谷浑几乎每年都会对北周进行遣使贡献。在此期间，吐谷浑龙涸王莫昌率户内附，新设立了扶州。直到北周末年，吐谷浑在北周边关再未发动过大规模的攻掠战事。

慕容智墓出土铁甲胄
（来源：《王国的背影——吐谷浑慕容智墓出土文物》）

# 第三章 隋唐时期在河西的吐谷浑

凭借较为强大的军事力量，吐谷浑对隋唐王朝采取以袭扰为主的政策，掠夺陇西、河右等地。而作为大一统王朝的隋唐，自然不能容忍吐谷浑的这种袭扰和掠夺行为，必然会对其进行军事打击。但是在隋初和唐初之时，内地尚未安定，外部又面临突厥威胁，隋唐政权在军事打击的同时也采取和亲、册封、维持朝贡关系等方式对吐谷浑予以羁縻。待内地安定，国力恢复，外部威胁解除后，隋唐王朝即集中力量给予其毁灭性打击，彻底解决吐谷浑问题。

## 第一节　吐谷浑与隋朝的关系

北周建德五年（576年），武帝宇文邕北连突厥，南和陈朝，发起攻灭北齐的战争。历时三年，经河阴之战、平阳之战，宇文邕兵围邺城，北齐后主高纬在逃亡中被俘获，北齐亡。大将军杨坚跟从周武帝亲征平齐，在冀州大破齐任城王高湝，被封为定州总管，很快又转任亳州总管。杨坚的父亲杨忠跟随北周文帝宇文泰起义关西，因功官至柱国、大司空，封随国公。杨忠逝世后，杨坚承袭父爵，后成北周重要权臣。北周宣政元年（578年），宇文邕逝世，传位太子宇文赟，升杨坚为柱国大将军、大司马。三年后，北周静帝宇文阐下诏禅位于杨坚，杨坚"三让"而受天命，自相府常服入宫，备礼即皇帝位于临光殿，定国号为"隋"，史称隋文帝，改元开皇，都长安，隋朝政权自此确立。

在北周攻北齐之际，吐谷浑国主夸吕趁机拓展势力，占据河西走廊的要冲，阻断通往西域的道路，对于隋朝向西发展构成巨大的障碍。隋朝建国伊始的主要任务是吞灭南陈，结束南北长期分治的局面，重新实现国家的统一。吐谷浑发展势头极为兴盛，对与隋朝相连接的凉州一带进行掠夺和骚扰，严重威胁着王朝的安全。伴随着隋朝实力的日益强大，对吐谷浑采取了打击、分化及和亲措施，缓和了隋朝与吐谷浑之间的关系。

### 一、隋文帝实施"征伐"和"宣慰"并举策略

隋朝建立之初，吐谷浑屡屡侵扰边境。《隋书》载，开皇元年至三年（581—583），吐谷浑每年都发兵侵扰边关，先后入侵弘州、凉州、岷州、洮州、廓州等地。更令隋朝头疼的是，吐谷浑与突厥联合寇掠凉州，百姓不堪其

扰。吐谷浑"悉发国中兵，自曼头至于树敦，甲骑不绝"，兵力极强大，对隋朝西北边境安全构成巨大威胁。

面对吐谷浑的侵扰，隋朝进行了军事反击。开皇元年（581年），隋文帝遣上柱国元谐率步骑兵数万讨伐吐谷浑，大破之，夸吕率亲兵远遁，其名王十七人、公侯十三人各率部落来降。杨坚以吐谷浑高宁王移兹裒"素得众心"，拜为大将军，封"河南王"。为了分化吐谷浑的统治势力，隋朝特意扶持吐谷浑中的亲隋势力，钦定官方的"河南王"，以掌管吐谷浑部众事宜。并以元谐为宁州刺史，留行军总管贺娄子幹镇凉州。其后两年，吐谷浑的侵扰都受到隋朝的有效反击。史载开皇二年（582年），吐谷浑寇岷州、洮州时，凉州刺史贺娄子幹发五州兵攻入吐谷浑境内，杀男女万余口而还。

隋朝扶持吐谷浑高宁王移兹裒为"河南王"，是官方任命的掌管吐谷浑部众事宜的首领，但这种分化政策并未起到预期作用。此时吐谷浑的势力已经延伸至四川西北旭州、汶州一带，高宁王移兹裒的统治影响力难以和夸吕相比。不久，吐谷浑夸吕又来寇边，隋朝遣旭州刺史皮子信出兵拒战，结果被夸吕打败，主帅皮子信也死于战争之中。杨坚见吐谷浑势盛，又遣汶州总管梁远率精兵出击，此役梁远获胜，"斩千余级"，吐谷浑奔退。过了两月，吐谷浑又统兵出击，入寇廓州。

从吐谷浑频繁侵扰隋地来看，开皇初年打击吐谷浑并未取得理想的效果。隋文帝继位伊始，已经有了经略西北的计划。开皇元年（581年）四月，隋文帝发遣稽胡修筑长城，两月而罢。《隋书·突厥传》载："及高祖受禅，待之甚薄，北夷大怨。会营州刺史高宝宁作乱，沙钵略与之合军，攻陷临渝镇。上敕缘边修保鄣，峻长城，以备之，仍命重将出镇幽并。"其次加强与突厥国的联系，突厥阿波可汗、沙钵略可汗均遣使朝贡，北边局势暂时稳定，于是开皇元年（581年）八月发兵吐谷浑，故有十三名王降隋，而又扶持高宁王移兹裒之事。在移兹裒卒后，隋朝仍然命其弟统余众。也就是说，在吐谷浑之地，隋朝将对其统治势力进行分化削弱。

此时隋朝北方边境渐安，着手策划平陈之事，因为南陈作为传统意义上的中原王朝版图内区域，必然是首要考虑的问题。在战略上不激化与吐谷浑之间的矛盾，而把主要精力投放到平陈之事上。《隋书》载，开皇元年（581年），上柱国元谐率兵讨伐吐谷浑时，隋文帝给元谐的敕令中说："公受朝寄，总兵西下，本欲自宁疆境，保全黎庶。非是贪无用之地，害荒服之民。王者之师，意在仁义。浑贼若至界首者，公宜晓示以德，临之以教，谁敢不服也。"表明征讨吐谷浑只是抵御侵扰、保境安民之举，并不想深入吐谷浑故地进行大规模征伐。

《隋书·高祖纪》载，隋文帝"得政之始，群情不附，诸子幼弱，内有六王之谋，外致三方之乱。握强兵、居重镇者，皆周之旧臣。上推以赤心，各展其用，不逾期月，克定三边，未及十年，平一四海"。所谓隋朝建立之初"三方之乱"者，即指北方突厥、西北吐谷浑和南朝陈。为了解决吐谷浑屡为边患的问题，隋文帝也想了很多办法。他想改变陇西、河西地区不设村坞的旧俗，"勒民为堡，营田积谷，以备不虞"，以此遏制此际游牧民族的来去自如、游移不定的习性，加强控制以防务边患。凉州刺史贺娄子幹上书反对：

> 且陇西、河右，土旷民稀，边境未宁，不可广为田种。比见屯田之所，获少费多，虚役人功，卒逢践暴。屯田疏远者，请皆废省。但陇右之民以畜牧为事，若更屯聚，弥不获安。只可严谨斥候，岂容集人聚畜。请要路之所，加其防守，但使镇戍连接，烽候相望，民虽散居，必谓无虑。

贺娄子幹的劝谏书理由极为充分，他提出两大反对理由：一是陇右河西"土旷民稀"，在这里屯田资财耗费多而获得收益少；二是"陇右之民以畜收为事"，若改变畜牧为农耕，"弥不获安"，会引发更多反抗和事变。所以，他的方法仍然是"镇戍连接，烽候相望"，以戍防为主，即可实现边境安全。隋文帝听从了贺娄子幹的建议，不再改变河西邑民的生产生活风俗，但吐谷浑时常寇边的问题依旧未能解决。

为了更好地经略西北并防止突厥入侵，隋朝从开国之初与江南陈朝基本上保持着通使关系，将主要精力放在西北边关防务上，而吐谷浑也利用突厥南下的契机，屡有寇边之举。这一时期，吐谷浑与突厥在凉州边境结成了密切的合作关系。隋朝初期的凉州面对着吐谷浑和突厥的双重军事压力。《隋书·高祖纪》载："（五月）壬戌，行军元帅窦荣定破突厥及吐谷浑于凉州。"六月，突厥遣使求和，而"行军总管梁远破吐谷浑于尔汗山，斩其名王"。此时的凉州之地还担负着隔绝吐谷浑与突厥的任务。

从平吐谷浑后到开皇三年（583年）之间，隋朝与突厥冲突不断，吐谷浑侵扰边境的事件开始反弹。《隋书·吐谷浑传》所载洮州刺史皮子信战死之事，发生在开皇三年（583年）四月，"吐谷浑寇临洮，洮州刺史皮子信死之"。之后，北方形势渐趋稳定，在开皇四年（584年）二月，"突厥苏尼部男女万余人来降，突厥可汗阿史那玷厥率其属来降"，在四月时隋文帝还曾"宴突厥、高丽、吐谷浑使者于大兴殿"。此时隋朝北方、西北局势逐渐稳定。

开皇五年（585年）七月，隋朝陆续调整凉州地方官吏，以上柱国宇文庆为凉州总管。突厥可汗沙钵略上表称臣，并于此月遣其子库合真特勤来朝。在此后的两年，隋朝继续巩固北方边塞，曾在六年（586年）和七年（587年）两次共发丁二十余万修筑长城，巩固北方防线。这一时期，突厥与隋继续保持良好关系，隋朝不但颁历于突厥，而且突厥沙钵略可汗还遣使贡方物。开皇六年（586年）闰八月，以河州刺史段文振为兰州总管。冬十月丙辰，以芳州刺史骆平难为叠州刺史。隋文帝的目的就是稳固西北边防，待北方稳定之后，全力谋划武力平定陈朝。

开皇六年（586年），吐谷浑发生内乱。太子崐王诃惧怕夸吕诛之，请求率部落一万五千人户归附，遣使入朝请兵。《隋书·吐谷浑传》载，夸吕在位时屡因喜恶废杀其太子。起先太子惧怕为其父所杀而请求执夸吕而降隋，后因隋文帝不许隋军出兵，计划失败，太子被杀。夸吕立其少子嵬王诃为太子，其后发生了嵬王诃率部归附隋朝之事。可见，隋朝初年的吐谷浑统治政权内部出现了一定的分化势力。吐谷浑国内出现混乱事端，叠州刺史杜粲请求讨伐吐谷浑，但隋文帝不许。

由此看出，隋文帝此时仍以稳定西北局面为基本策略，这个阶段的主要任务就是为平定南陈蓄势。隋文帝表面上说是若隋朝出兵助太子伐夸吕，助子为恶，有悖于人伦。其实相比平陈统一南方，吐谷浑骚乱并非当务之急。后来拓跋木弥归化隋朝，针对这次归附，隋文帝的策略仍是"但宜慰抚，任其自拔，不须出兵马应接之"。隋朝利用吐谷浑内部矛盾，通过分化吐谷浑内部诸族的方式，维持隋朝在青海之地的利益。

隋朝在青海之地扶持的势力始终存在并发挥作用，在一定程度上维持了边境的和平。《隋书·吐谷浑传》载，开皇八年（588年），"河南王移兹裒死，高祖令其弟树归袭统其众"。隋朝在河南王移兹裒卒后，让其弟树归统余众，而作为隋初降隋的十三名王部落，这一阶段在隋与吐谷浑夸吕势力的对峙中扮演着重要角色。隋朝扶持的吐谷浑河南王部落依然是隋朝经营吐谷浑凭借的主要力量。

### 二、对吐谷浑的和亲策略

开皇九年（589年）正月，隋文帝发兵攻破江南，平定陈朝，完成了大江南北的统一。其后，隋朝终于决定攻打吐谷浑。《隋书·吐谷浑传》言"平陈之后，夸吕大惧，遁逃保险，不敢为寇"。《隋书》载，在平陈后的开皇十年至十五年（590—595）间，共有五次吐谷浑遣使朝贡的记录。

开皇十三年（593年），隋朝任命独孤德为使持节、总管凉甘瓜三州诸军事、凉州刺史，此时的凉州都督总管凉、甘、瓜三州军事，防卫河西。为了更好地经略河西，缓和朝廷与吐谷浑的矛盾，隋朝特任命凉州籍官员、"特精边事"的姚辩出任凉州总管。姚辩长期任职边陲，具有丰富的治边经验。《姚辩墓志》载："于是乎在十二年转授左武侯将军，寻为凉州总管、凉州牧。边烽寝候，毳幕旆裘，望风敛迹。"

隋开皇十一年（591年），吐谷浑夸吕卒，其子世伏继位。在世伏继位期间，吐谷浑与隋朝关系进入了一段相对亲密期。世伏遣兄子无素奉表称藩，并献方物。隋朝平定南陈后势力强大，为了免除吐谷浑的侵扰，同时借助吐谷浑的兵马来壮大自身军事实力，隋文帝采取和亲政策。隋开皇十六年（596年），吐谷浑可汗世伏遣使到隋和亲，隋文帝将光化公主嫁给吐谷浑可汗世伏。这是吐谷浑与隋朝关系中最重要的事件，通过和亲与吐谷浑建立起"甥舅"关系，对于隋朝和吐谷浑之间经济文化交流的加强，无疑有着巨大的历史意义。

其实，早在开皇八年（588年），吐谷浑裨王拓跋木弥归附隋朝时，隋文帝针对吐谷浑归化部落，采取"宜抚慰，不出兵接应"的策略，同时言道："其妹夫及甥欲来，亦任其意，不劳劝诱也。"此处的妹夫和甥，并非隋氏之甥，应该是北周出降公主，二者建立起的"甥舅"关系。隋朝继袭北周大统，从承袭者角度，以妹夫称夸吕，而以甥称其子。当夸吕卒后，隋文帝以光化公主为世伏妻，则隋与吐谷浑亦建立起了"甥舅"关系。

当世伏上表称光化公主为天后时，隋文帝不许，也是在维持这种严格的宗藩关系。隋文帝对吐谷浑的政策明显区别于北朝时期统治者，他把吐谷浑"荒服"之国的族众与国内汉人视为同等邑民，加以抚育，并未因吐谷浑内乱而乘机"贪无用之地，害荒服之民"。所以，当吐谷浑停止对隋朝边关的寇抄，文帝则加强了双方的和平交往，许以和亲，尊重其风俗，进一步密切双方关系。

《隋书·吐谷浑传》载，开皇十七年（597年），吐谷浑大乱，其国人杀世伏而立其弟伏允为主。

《慕容宣昌墓志》载："曾祖融，吐浑可汗，随尚东化公主，拜驸马都尉。"有学者认为，墓志中所记"曾祖融"，根据吐谷浑王族世袭表可推定墓志所载"曾祖"为慕容顺。《隋书·吐谷浑传》载，炀帝从大业初令慕容顺入朝，在大业五年（609年）平吐谷浑后，还打算让慕容顺在大宝王尼洛周等人的扶持下入吐谷浑继承王位。虽最终未能成功，然而隋朝意欲通过慕容顺来经略青海的计划是切实存在的。

《旧唐书·吐谷浑传》言慕容顺为伏允嫡子，"初为侍子于隋，拜金紫光禄大夫，久不得归"。慕容顺作为侍子，入质隋朝，官拜金紫光禄大夫。《旧唐书·吐谷浑传》也载，隋炀帝在大业末年赴江都时，皆携慕容顺前往，足见炀帝对其非常看重。由此推定，隋文帝出嫁光化公主后，隋炀帝时期出嫁了另一位"东化公主"于吐谷浑可汗慕容顺。故而唐太宗在诏书中称："其子大宁王慕容顺，隋氏之甥，至怀明悟，长自中土，幸慕华风，爰见时机，深识逆顺。继其宗祀，允归令胤。可封顺为西平郡王，仍授趉胡吕乌甘豆可汗。"慕容顺为"隋氏之甥"，隐含着慕容顺曾尚公主的身份。又言"仍授"，也就是因为慕容顺所获可汗号，是继袭其父伏允已获的封号。

隋文帝和炀帝两代帝王皆向吐谷浑可汗出嫁公主，建立"隋氏之甥"的密切关系，对加强双方的经济、文化交流起了很大作用。后来，因吐谷浑"常访国家消息"等一系列举动，隋朝君臣认为吐谷浑虽然臣服于隋，但久之会成为隋朝西北边患。这种矛盾的升级，也导致此后隋炀帝下定决心亲征吐谷浑事件，以图彻底解决青海问题。

### 三、隋炀帝"西巡"征伐吐谷浑

《隋书·吐谷浑传》载："炀帝即位，伏允遣其子顺来朝。"炀帝对吐谷浑的政策开始收紧，利用征质子慕容顺入侍来牵制对方。隋炀帝在位时极其重视对西北的经略问题，据《旧唐书·吐谷浑传》载："高祖受禅，顺自江都来归长安。"慕容顺归唐，是因隋炀帝被弑之故，而隋炀帝巡幸江都之时，曾携顺一同前往，对吐谷浑之地的重视程度可见一斑。

炀帝继位以后，很快开始进行边疆经略。大业三年（607年），炀帝开始北巡，下诏言："古者帝王观风问俗，皆所以忧勤兆庶，安集遐荒。自蕃夷内附，未遑亲抚，山东经乱，须加存恤。今欲安辑河北，巡省赵、魏。"在北巡期间，隋炀帝会见突厥降附的启民可汗，并宴启民可汗及其部落三千五百人，期间还会见了高丽等国使者。同时，发丁百余万筑榆林到紫河的长城，东北诸族如百济、倭、赤土、迦罗舍国等皆遣使朝贡。为安抚突厥降附部落，炀帝下诏，令于万寿戍为启民可汗置城造屋，赏赐颇厚。同年七月，又发丁二十万修筑自榆谷而东的长城。

隋炀帝当政初期，隋朝经过二十余年的"开皇之治"，政局安定，仓廪丰实，民生富庶，社会呈现出了空前的繁荣景象。北方的突厥因内部矛盾激化而分裂为东西两个汗国，内部的分裂和动乱严重削弱了其国力，对隋朝的威胁大幅度降低。因此，隋炀帝有了大规模征服邻近少数民族政权的条件和基础。横亘在丝绸之路上的吐谷浑便成了隋朝首先要扫清的障碍，为了打通中西陆路交通，更好地经营西域，隋炀帝决定征服吐谷浑。隋炀帝进行了通盘考虑，先遣使与铁勒部落进行联合，而后令宇文述击吐谷浑。《隋书》载："时铁勒犯塞，帝遣将军冯孝慈出敦煌以御之，孝慈战不利。铁勒遣使谢罪，请降，帝遣黄门侍郎裴矩慰抚之，讽令击吐谷浑以自效。铁勒许诺，即勒兵袭吐谷浑，大败之。伏允东走，保西平境。"

铁勒是两汉以来分布于西北一带的丁零族人，最早生活在贝加尔湖附近，东汉进攻北匈奴后，丁零族人开始南移，与中原汉族交往。北魏时称敕勒或铁勒，隋时铁勒各部分布于东至独洛河（今蒙古国境内土拉河）以北、西至西海（今里海）的广大地区，分属东西突厥。其漠北十五部以薛延陀与回纥为最著。《旧唐书》载："回纥其先匈奴之裔也，在后魏时号铁勒部落。其众微小，其俗骁强，依托高车，臣属突厥，近谓之特勒。"炀帝当政时铁勒在隋朝边境不断侵扰，隋朝出兵击败铁勒，铁勒转而请降，遂发生"讽令自效者"，即命击吐谷浑之事。隋朝正是巧妙地利用了铁勒等国与吐谷浑之间的矛盾，以致最终联合铁勒，将吐谷浑在且末一带的势力赶出了西域。

大业四年（608年），宇文述率军进攻吐谷浑，先后攻拔曼头、赤水等城，大破其众。伏允南走雪山,"部落来降者十万余口,六畜三十余万",损失惨重。同过去一样,当隋军撤回后,伏允又复其故地,率大军集结在隋西平之西、凉州以南一带地区。于是,炀帝于翌年初开始了以征服吐谷浑为目的的"西巡"。炀帝率百官、宫妃及各路大军从关中的扶风向西,跨陇山,经陇西枹罕,出临津关(今青海循化东清水河东黄河一带),渡黄河,至西平(治今青海乐都)。在此,炀帝陈兵讲武,准备攻打吐谷浑。

《隋书·宇文述传》记载前后经过详尽:

> 从幸榆林,时铁勒契弊歌棱攻败吐谷浑,其部携散,遂遣使请降求救。帝令述以兵屯西平之临羌城,抚纳降附。吐谷浑见述拥强兵,惧不敢降,遂西遁。述领鹰扬郎将梁元礼、张峻、崔师等追之,至曼头城,攻拔之,斩三千余级。乘胜至赤水城,复拔之。其余党走屯丘尼川,述进击,大破之,获其王公、尚书、将军二百人,前后虏男女四千口而还。浑主南走雪山,其故地皆空。帝大悦。明年,从帝西幸,巡至金山,登燕支,述每为斥候。时浑贼复寇张掖,进击走之。

其中记载铁勒契弊歌棱击败吐谷浑,吐谷浑部落携散,遂遣使求救。据《隋书·炀帝纪》,炀帝北巡时,在榆林郡的时间是大业三年(607年)六月,之后车驾离开榆林,为铁勒击败后的吐谷浑离散部落请降求救正是在此期间。从大业三年(607年)六月至四年(608年)七月,将近一年时间的经略,隋朝军队基本上对吐谷浑取得了绝对胜利。据《隋书·宇文述传》可见,大业四年(608年)七月,宇文述破吐谷浑于曼头城和赤水时战果,即攻拔曼头城后斩三千余级,以及破追获其王公、尚书、将军二百人,前后虏获男女四千口。而在《魏书·吐谷浑传》中载,南北朝夸吕在位时期,就"官有王公、仆射、尚书及郎将、将军之号"。至隋时,又"追获其王公、尚书、将军二百人",可见吐谷浑已经建立了较完善的官吏制度。

《隋书·吐谷浑传》载，炀帝在攻打吐谷浑至河西后，在张掖"高昌王曲伯雅来朝，伊吾吐屯设等献西域数千里之地。上大悦。癸丑，置西海、河源、鄯善、且末等四郡。丙辰，上御观风行殿，盛陈文物，奏九部乐，设鱼龙曼延，宴高昌王、吐屯设于殿上，以宠异之。其蛮夷陪列者三十余国"。炀帝"复令武威、张掖士女盛饰纵观，衣服车马不鲜者，郡县督课之。骑乘嗔咽，周亘数十里，以示中国之盛"。炀帝攻打吐谷浑后，将张掖作为停留之所，宴三十余国，其中高昌王、伊吾王等献西域数千里地。炀帝此次陇右之行，是隋炀帝巡察北方、西北，巩固边防的环节之一。炀帝始于吐谷浑之地设置西海、河源、鄯善、且末四郡。此四郡之地基本上包括了吐谷浑原有的领地。隋炀帝召高昌、伊吾等来朝，也是在西域、河西地区对吐谷浑形成合围之势的需要。

　　隋炀帝此次征伐吐谷浑，在西北建立起了横跨东西四千里，南北两千里之地的统治。但《旧唐书·吐谷浑传》载："炀帝立其质子顺为王，送之本国，令统余众，寻复追还。大业末，伏允悉收故地，复为边患。"可见，隋炀帝征伐吐谷浑事件虽然取得了成效，但并未根本解决吐谷浑问题。虽然《隋书·吐谷浑传》言吐谷浑"皆为隋有"，然所谓为隋有者，也只是在此地建立了羁縻统治。

　　从《旧唐书·吐谷浑传》记载炀帝遣顺还吐谷浑地而"寻复追还"来看，作为质子的慕容顺并没有在吐谷浑获得预期的影响。据《隋书》本传言"顺不果入而还"，则隋朝在青海之地的掌控力仍然有限。《隋书》所载隋平吐谷浑后，部落来降者十余万口，这些部落当大多数就地安置，再派军镇戍。当局势发生变化，这些降众又有可能转而成为对抗隋朝的力量。

　　所以在吐谷浑之地的统治上，从北魏以来，中原王朝主要采取的方法有两点，一是"重兵击之"，二是"设置镇戍"。当王朝处于衰落之际没有足够力量经略时，吐谷浑又会出现反弹。可以看到不论是北魏还是隋朝统治者，均不能彻底击败吐谷浑势力。吐谷浑王族屡屡"退保南山"，说明在青海之地中原王朝对吐谷浑的影响力范围有限。

吐谷浑国土的南边，因其地势险要，部族复杂，历来让中原王朝颇感经略无力。《隋书》载："大业末，天下乱，伏允复其故地，屡寇河右，郡县不能御焉。"隋后大业末的乱局，又为伏允复辟提供了契机，吐谷浑再次成为隋之后唐朝的边患。此时隋朝失去了对青海的控制，伏允收复失地，吐谷浑再次强盛起来。

慕容智墓出土胡床
（来源：《王国的背影——吐谷浑慕容智墓出土文物》）

## 第二节　吐谷浑与唐朝的关系

隋朝末年，天下大乱，群雄并起，中原再度呈现出分裂割据的局面。武德元年（618年），李渊在长安称帝，建立唐朝，史称"唐高祖"。新建立的唐王朝能够控制的区域仅限于关中、巴蜀和山西等地。当时与吐谷浑为邻的主要为占据金城、西平、陇西等地的薛举政权和据有河西之地的李轨政权。唐王朝采取各个击破的策略，先扶持李轨，集中力量消灭了薛举政权。而后，便打算借助吐谷浑的力量消灭李轨政权。武德二年（619年），唐高祖遣使吐谷浑，与伏允交好，以释放质子慕容顺为条件，要求伏允出兵攻打李轨。

慕容顺是伏允的嫡子，长期居留在长安为质，在吐谷浑国内缺乏根基与威信。伏允另立他子为"太子"，这就使唐朝失去了以慕容顺为牵制的凭借。高祖令伏允击李轨作为交换，双方达成协议，放还慕容顺归国。《新唐书》载："伏允喜，引兵与轨战库门，交绥止。"武德二年（619年），河西"大凉王"李轨政权被唐朝攻灭。《旧唐书》载，闰二月"辛亥，李轨为其伪尚书安兴贵所执以降，河右平"。一般认为，"大凉"政权覆灭的原因是匈奴贵族安兴贵发动叛乱而致，其实也和吐谷浑的发兵助攻有关。但是，吐谷浑虽与唐朝维持着通使关系，却多有寇边之举。

此时，唐王朝北方尚未统一，有窦建德、刘武周、王世充等各方势力，而且还面临强大的东突厥势力。武德四年（621年）五月，秦王李世民平窦建德及王世充，唐朝在北方取得了巨大胜利。后接着虽有刘黑闼、徐圆朗起兵，但唐朝皆很快平定。窦建德、刘武周和刘黑闼，无不与东突厥有着紧密的联系。到武德六年（623年）时，唐朝与北方的东突厥已经正面交锋，东突厥成了唐朝北方的主要威胁。在武德四年至九年（621—626）之间，突厥不断南下侵扰，以至于唐廷还曾议论迁都之事。不过此时，唐朝与西突厥、高昌等国却保持着良好关系。西突厥叶护可汗及高昌王麴伯雅均有数次遣使向唐朝朝贡的记载。

### 一、征讨吐谷浑，扶持新国王

武德、贞观政权交替之际，唐朝内政之变让吐谷浑有了可乘之机，挥兵"大掠鄯州"。从太宗李世民继位开始，唐朝与东突厥的冲突日渐加剧，吐谷浑与唐朝之间的矛盾也不断升级。不过，在李世民的治理下，唐朝的内政危机很快过去。贞观三年（629年），契丹、薛延陀、西突厥、高昌等皆遣使朝贡，并有突利可汗归唐之事。此年唐户部上奏言："中国人自塞外来归及突厥前后内附、开四夷为州县者，男女一百二十余万口。"是年末，太宗令李靖、徐世勣为两行军总管击突厥，于次年三月大败突厥，并生擒颉利可汗，献于长安。唐朝对突厥的胜利，在西北诸蕃中引起了巨大震动，"自是西北诸蕃咸请上尊号为'天可汗'，于是降玺书册命其君长，则兼称之"。贞观六年（632年），"党项羌前后内属者三十万口"，党项以三十万口内附，人数非常庞大。随着唐朝内政外交的稳步发展，对吐谷浑的经略问题再次提上了日程。

史载，太宗征伏允入朝，伏允借故拒绝。唐廷甚至提出以和亲政策羁縻吐谷浑，然伏允始终不肯遣子入朝迎婚，不仅和亲之事搁置，且屡屡进攻兰廓等州。贞观八年（634年），吐谷浑发兵寇掠凉州，彻底激怒了唐太宗。一年前，党项三十万口降唐，西北局势发生重大变化，唐朝进攻青海吐谷浑再无后顾之忧。于是，唐太宗遣右骁卫大将军、褒国公段志玄击吐谷浑。《新唐书》载，贞观八年（634年），"冬十月，右骁卫大将军、褒国公段志玄击吐谷浑，破之，追奔八百余里"，由此开启了唐与吐谷浑围绕河西一带的利益激烈角逐。段志玄击吐谷浑虽然"追奔八百余里"，但对吐谷浑的兵力并未造成很大的损伤。段志玄退兵后，吐谷浑又卷土重来，再度攻掠凉州。唐太宗派遣赵德楷、安附国为使节，出使吐谷浑，而吐谷浑直接将两人扣留为"人质"，继续出兵攻打凉州。

吐谷浑拘留赵德楷、安附国的事件，震动了唐朝。因为赵德楷时任朝中"殿中丞"一职，安附国为朝廷"左领军府左郎将"。关于赵德楷和安附国，《大唐故太仆主簿赵府君墓志铭并序》和《唐维州刺史安侯神道碑》中皆载有其事。《大唐故太仆主簿赵府君墓志铭并序》载："考德楷皇朝议大夫、尚舍奉御、殿中丞，赠使持节陈州诸军事、陈州刺史。璇华内湛，冰芒外彻，□骇隣于夕照，耿冲斗于宵氛。瑞启谯龙，奉当涂之潜德；苻分竹虎，备哀荣之缛礼。"《唐维州刺史安侯神道碑》载："侯讳附国，其先出自安息，以国为姓……太宗见而异之，即擢为左领军府左郎将，寻令与鸿胪丞赵德楷论旨于吐谷浑。"太宗原本想通过高级别官员为使臣，以示对吐谷浑的重视，未料却遭拘留。太宗遣使者"十余返"，经频繁互动，最终未能解救人质。

唐太宗忍无可忍，决定下大气力征讨吐谷浑。贞观九年（635年），命李靖为西海道行军大总管，兵部尚书侯君集和任城王李道宗分别为积石道、鄯州道行军总管，作为李靖之副；凉州都督李大亮为且末道行军总管、岷州都督李道彦为赤水道行军总管、利州刺史高甑生为盐泽道行军总管。各总管分道出击吐谷浑，同时，还兼有突厥、契苾之众。初兴的唐帝国军队士气高昂、战意旺盛，大军饮冰啖雪、跋山涉水，奋勇作战，基本上征讨了吐谷浑之境，伏允走投无路，自缢而死。

唐征吐谷浑后，赵德楷、安附国等人虽历经凶险，但并未丢掉性命。可见，吐谷浑在处理与唐关系的过程中，还是保持了基本的理性和一定的克制。唐朝也没有彻底攻灭吐谷浑国，而是选择令其内附，建立间接统治。于是，吐谷浑王位的承袭问题成为唐廷接下来要处理的首要问题。慕容顺自唐高祖时还吐谷浑后，虽然因失位而"意常怏怏"，然其趁着唐军出兵之际，通过斩天柱王等立功表现，努力争取到了自己在吐谷浑的威信。贞观九年（635年），由唐俭持节出使吐谷浑，太宗在诏书中肯定慕容顺的归附之举，言"子能立功。足以补过。既往之衅。特宜原免。……可封顺西平郡王，食邑四千户，仍授趌胡吕乌甘豆可汗"。

## 二、扶持慕容诺曷钵为"河源郡王"及"青海国王"

唐太宗对于吐谷浑降人的处理较为宽容，仍然保留其政权和疆土，没有像隋炀帝那样直接设立郡县，体现了唐太宗较为务实和开明的民族政策。直接设立郡县虽然有利于国家统一和民族交往融合，但从吐谷浑当时的经济社会发展水平来看，郡县制并不适应其仍然以游牧为主的经济结构和社会结构。历史上的中原王朝通常会将汉族置于少数民族之上，将其他少数民族视为夷、戎、狄，而唐朝统治者来自北方关陇军事集团，与少数民族接触交流较多，因而对少数民族多采用"一视同仁""平等对待"的政策。唐太宗曾说："自古帝王虽平定中夏，不能服夷狄。朕才不逮古人，而成功过之。自古皆贵中华、贱夷狄。朕独爱之如一，故其种族皆依朕如父母。"

为了让慕容顺安定当王，太宗遣李大亮率精兵数千为其声援。但是，唐朝强大的后援并未能安定吐谷浑国内纷乱的局势，慕容顺在位仅几个月就为臣下所杀。慕容顺的死因，是由于其"曾不感恩，遽怀二志"所致。似乎唐廷让顺"守其旧业"之后，慕容顺却有不臣之心，令唐廷不满。从"种落之内，人畜怨愤。遂创大义，即加剿绝"来看，吐谷浑内部有一部分人也反对慕容顺当王。所以，慕容顺死后，朝廷也未惩罚带数千精兵进驻吐谷浑的"监国"李大亮。又"复权立其子"，慕容顺的儿子诺曷钵成了吐谷浑第二十二位国王。

诺曷钵当王后，并未得到吐谷浑国内各势力的一致赞成，国内"又致扰乱，竞动干戈，各行所欲"。吐谷浑内部出现两股甚至多股反对势力，太宗命侯君集等根据实际情形，"分遣使人，明加晓谕"。这些分遣的"使人"各自前往不同的吐谷浑部落进行说服解释工作。李世民在《令侯君集等经略吐谷浑诏》中指出：

> 兵部尚书潞国公侯君集等，咸才兼文武，寄深内外。嘉谋著于庙堂，茂绩书于王府。必能宣风阃外，克定遐方。可量其事机，绥抚经略，分遣使人，明加晓谕。如有不遵明旨，敢兴异志，即合精锐。随

便翦扑,尽威怀之道,称朕意焉。

唐太宗许以侯君集等便宜行事之权,"敢兴异志,即合精锐,随便翦扑"。唐廷不但分遣使人积极抚慰吐谷浑诸部,又以军事相威慑。通过实施抚慰与武力威慑的双重策略,吐谷浑国内的局势逐渐稳定下来。

贞观十年(636年)三月,唐朝遣淮阳王李道明持节出使吐谷浑,册封诺曷钵为"河源郡王,食邑四千户,仍授乌地也拔勒豆可汗"。诺曷钵所授册封和慕容顺一样,皆为郡王带可汗号。从西平郡王到河源郡王,封号的变化反映的是唐朝在青海之地的影响力变化及所导致的策略变化。在一定程度上反映出唐朝在巩固鄯州的基础上,利用吐谷浑在青海的影响力,进取河源地区的目的。

唐朝扶持吐谷浑的策略除维持边境地区持续安稳外,还有建立对抗吐蕃入侵"制衡点"的深谋远虑。龙朔三年(663年),吐蕃侵占吐谷浑,诺曷钵被迫率部内附。三年后,唐廷又升诺曷钵河源郡王为青海国王,实有以示进取青海之意。青海是后来唐廷与吐蕃争夺的重要区域,唐朝扶持吐谷浑,具有抵御侵扰和维护中西陆路交通畅通的战略意义。

贞观十年(636年)三月,诺曷钵请颁唐历,奉贞观年号,并遣子弟入侍。唐朝册封诺曷钵为河源郡王,仍授趫胡吕乌甘豆可汗。吐谷浑自此成为唐朝控制下的属国,双方关系日益亲密。唐朝与吐谷浑的战争彻底结束,开启了和平交往的新篇章。

### 三、唐朝对吐谷浑的和亲政策

慕容诺曷钵年少即位,但大臣揽政,政局动荡。在大将侯君集的抚慰与武力威慑下,政局渐稳,西域丝路再度畅通。吐谷浑与唐朝保持了密切友好的关系,为双方和亲奠定了基础。

贞观十年(636年),吐谷浑王诺曷钵入唐拜见唐太宗并请求赐婚,唐太宗将弘化公主许给诺曷钵。贞观十三年(639年),诺曷钵亲自到长安迎娶公主。贞观十四年(640年),弘化公主远嫁吐谷浑。弘化公主和亲之后,吐谷浑每年携带大量贡物到唐朝贡。

弘化公主和亲吐谷浑时,恰逢文成公主在吐蕃和亲,吐蕃和吐谷浑因领土争端爆发冲突时,两位唐朝公主极力斡旋,展示了和亲公主的聪慧与魄力。文成公主与弘化公主的交流也促进了吐蕃与吐谷浑之间友好关系的恢复与发展。唐高宗李治即位后,册封诺曷钵为驸马都尉,"赐物四十段"。此后不久,弘化公主夫妻回长安拜见唐高宗李治,这是唐王朝历史上唯一回朝省亲的公主。当时弘化公主已经在青海生活了十三年之久,唐高宗热情地接待了弘化公主夫妇,对弘化公主提出的和亲要求也欣然同意。永徽三年(652年),唐朝将金城县主嫁给弘化公主的长子苏度摸末。龙朔三年(663年),弘化公主又为次子闼卢摸末请婚,唐高宗将金明县主嫁给闼卢摸末。

唐朝与吐谷浑明显具备"世代和亲"特点,因此唐朝与吐谷浑也结成了亲密的"甥舅"关系,双方保持了几十年的友好状态,且这种关系一直以和亲的方式继续巩固。弘化公主在西北生活了近六十年,诺曷钵也一直对唐王朝忠心耿耿,是唐王朝历史上最成功的一次和亲,至少在贞观年间保证了吐谷浑不断向唐王朝靠拢。之后吐蕃入侵吐谷浑,由于李治、武则天对吐谷浑支持不力,吐谷浑全境被吐蕃占领,诺曷钵和弘化公主夫妻俩先后率领部众内迁到凉州(今甘肃武威)、灵州(今宁夏吴忠),在这里设立安乐州,诺曷钵被任命为州刺史。

弘化公主在灵州度过了生命中的最后二十六年,她的丈夫诺曷钵早她十年去世,儿子慕容忠继任,并被封为青海王。弘化公主又辅佐慕容忠继续统御吐谷浑部众,直到十年后慕容忠病亡,弘化公主同日病逝,享年七十六岁。嫁给慕容忠的金城县主名为李季英,是少有的留下名字的和亲贵女,生父是唐高宗时期会稽郡王李道恩。金城县主也是长寿之人,在西北五十余年,享年七十六岁。武则天时期,曾把自己的侄孙女嫁给了慕容忠的孙子慕容曦皓,也是再下一任吐谷浑王。

吐谷浑为吐蕃所并，诺曷钵率亲信数千帐内属，吐谷浑一直作为唐朝的藩属存在。安乐州陷于吐蕃后，其部众又散于朔方、河东、代北等地。这部分吐谷浑人在晚唐五代时期逐渐与汉、羌等民族相融合，形成了被称为"吐浑"的新的少数民族政权。吐浑与沙陀代北集团、五代政权及辽之间关系密切，深度参与了晚唐五代时期的历史进程。

可以看到，唐朝建立以后，最初为平定内乱，无暇顾及边疆经略，而一旦扫平北方，便致力于消除突厥的威胁。经过数年努力，终于对东突厥取得了胜利。唐朝也于贞观七年（633年）讨平了江淮势力，实现了南北统一。由此，太宗也被西北诸族尊为天可汗。之后唐廷便着手解决河西、陇右吐谷浑势力。吐谷浑拘行人赵德楷事件，是引发唐廷于贞观九年（635年）最终派大军讨伐吐谷浑的导火索。

从战略层面来看，唐朝在解决了南、北方问题后，势必转向西北。就如同炀帝继位后先是北巡边塞，加固长城，在北巡途中即形成对吐谷浑的进攻计划。在北巡结束后，又马上西巡河陇，这一系列安排亦与太宗的计划相合。从这种意义上来说，吐谷浑每每利用王朝衰乱或初起之机，发展壮大，而一旦王朝稳固下来，在北方沿线暂时获得安定后，又常受到中原王朝的征伐。

## 第三节　吐谷浑与吐蕃的关系

当吐谷浑日趋衰落时，兴起于雅鲁藏布江以南雅隆河谷的悉补野部落日渐强盛，逐渐征服了周围许多小邦，据记载当时有三分之二的小邦纳入其统治之下，"本巴王、吐谷浑王、昌格王、森巴王及香雄王等均被征服"。至松赞干布之父囊日松赞时，悉补野部渐次征服苏毗、香雄，使悉补野部落的势力南达雅隆、达保；东到工布、娘波；西北达藏地、朱孤；北到苏毗之北。从而在今西藏中部地区建立了一个相对统一的部落联盟组织。囊日松赞晚期，由于赏赐不均，众叛亲离，悉补野部再次分裂。

7世纪初，松赞干布继位后，平息内乱，调整部落内部关系，征服苏毗、香雄，迅速向东北和东部发展势力。"攻党项、白兰羌，破之。"其地"乃入吐蕃，其处者皆为吐蕃役属，更号'弭药'"。随后又将矛头指向吐谷浑。与此同时，唐朝在战胜北方劲敌东突厥后，为了巩固河西通道，恢复与中原有历史关系的西域领土，开始用兵吐谷浑。吐谷浑的向背对唐蕃双方都有着重要意义。

隋末，吐谷浑可汗伏允"复其故地"，势力一度复兴。唐初，吐谷浑屡寇河（今甘肃临夏）、洮（今甘肃临潭）、岷（今甘肃岷县）、松（今四川松潘）、兰、鄯（今青海乐都）、廓（今青海尖扎南）等十一州，成为唐朝最大边患。唐太宗贞观八年（634年），"伏允遣兵寇兰、廓二州，时鄯州刺史李玄运上言：'吐谷浑良马悉牧青海，轻兵掩之，可致大利。上于是遣左骁卫大将军段志玄率边兵及契苾、党项之众以击之'"。同年，吐蕃派使者至长安，这是唐蕃通好之始。此时唐朝正在准备攻伐吐谷浑，为使吐蕃在唐对吐谷浑问题上保持中立，太宗亲见吐蕃使者，并派行人（边地使臣）冯德遐到松赞干布行营（在今青海玉树或四川甘孜一带）往抚慰令，由此开启了唐蕃之间二百多年的交往。

贞观十年（636年），慕容诺曷钵嗣立后，被太宗封为河源郡王，唐朝控制了吐谷浑，就等于控制了丝路南道，由此越过阿尔金山，可西入鄯善、且末、于阗和疏勒等地。为了控制丝路南道，西入西域，与唐争夺河西陇右之地，吐蕃以吐谷浑离间，未能迎娶唐朝公主为借口，联合香雄，共击吐谷浑，尽掠其财物牲畜，吐谷浑逃至青海湖以北。吐蕃还屯兵松州，声言"若大国不嫁公主于我，即当以兵戎相见"。

唐太宗拒绝了吐蕃的武力威胁，以弘化公主下嫁诺曷钵，同时派牛进达率兵五万，夜袭松州。时吐蕃监国松赞干布之子公松公赞死，在外大臣恐生变故，以死苦谏，松赞干布返回逻些（今西藏拉萨），主持朝政。唐太宗贞观十四年（640年），松赞干布派大臣噶尔·东赞域松为首的使团入唐请婚，太宗遂以宗室女文成公主许嫁吐蕃赞普，并派礼部尚书江夏王李道宗持节护送。次年，文成公主及唐蕃专使启程，经青海日月山抵吐谷浑，"文成公主受到吐谷浑王莫贺吐浑可汗，母后墀旁及吐谷浑大留论等王臣的盛大欢迎……文成公主还在该地翁城中心驻息，并在佐地朋约都建造宫室"。

同年，吐谷浑王诺曷钵所部丞相宣王专权，"阴谋作难，将征兵，诈言祭山神，阴欲袭公主，劫诺曷钵奔于吐蕃，期有日矣。诺曷钵知而大惧，率轻骑走鄯善城，其威信王以兵迎之。鄯州刺史杜凤举与威信王合击丞相宣王，破之，杀其兄弟三人"。此后数年间，唐蕃息兵，河湟地区相对安定。

唐高宗永徽元年（650年），松赞干布死，孙芒松芒赞继立，噶尔·东赞域松辅佐朝政。噶尔·东赞域松忠实地执行松赞干布巩固王室政权的各项既定国策，平抚了吐蕃本土多部的动乱，召集会议共商国是，制定吐蕃法律条规。显庆元年（656年），噶尔·东赞域松率兵十二万出击白兰氏（居地在今青海柴达木盆地都兰、巴隆，或以为在今青海果洛、玉树地区），获胜后屯兵于白兰之地，进一步试探唐朝反应。并先后两次派使者向唐贡献方物和工艺品，为芒松芒赞请婚。

四年，吐蕃出兵吐谷浑，派达延莽布支率兵与唐大将苏定方战于乌海东岱

（今青海东格措纳湖一带），结果大败，达延莽布支身亡。事后，诺曷钵以为吐蕃损失惨重，企图收复被吐蕃占据的吐谷浑故地，并多次向唐表达强烈愿望，申述吐蕃内犯之罪，借以得到唐朝支持。这时，吐谷浑内部发生分裂，大臣素和贵逃亡吐蕃军内，向噶尔·东赞域松密报吐谷浑动向，史载"俱言吐谷浑国内虚实"。

随即，吐蕃派兵进攻吐谷浑，吐谷浑惨败，诺曷钵及弘化公主率残部数千帐北走凉州，请求内徙。与此同时，噶尔·东赞域松派仲琮入唐，表陈吐谷浑之罪，再次请求和亲。高宗不许，并派凉州都督郑仁泰为青海道行军大总管，率右武卫将军独孤卿云、辛文陵等分屯凉、鄯（此鄯州为武后时设置的羁縻州）二州，以防吐蕃继续深入。后又派苏定方为安集大使，节度诸军，作为吐谷浑之援。麟德二年（665年），吐蕃再派使者赴唐，"请与吐谷浑复修和好，并求赤水地以为牧野"。高宗仍未理睬。

乾封二年（667年），吐蕃再破唐朝生羌十二州，控制了整个青海地区。同年，噶尔·东赞域松死。唐朝由于战事多起，括州、冀州水灾，剑南各地大旱，暂无力征讨吐蕃。

总章二年（669年），高宗召集诸臣，商议对蕃和战之策。众臣各持己见，议莫能决。高宗诏令暂徙吐谷浑残部于凉州南山。

咸亨元年（670年），吐蕃攻打居住在西域鄯善、且末地区的吐谷浑，尽收吐谷浑西部十州，使"吐谷浑诸部前来致礼，征其入贡赋"。四月，吐蕃又攻陷唐西域羁縻州十八个及安西四镇。在这种情况下，唐高宗诏令左威卫大将军薛仁贵为逻些道行军大总管，右卫员外大将军阿史那道真，左卫将军郭待封为副，领兵十万，西出青海，征讨吐蕃。其目的在于解西域之围，并乘吐蕃用兵西域之机，夺取吐谷浑故地。

但是，由于唐军将领不和，调遣失当，大败而归。薛仁贵等被"并坐除名，吐谷浑全国尽没"。咸亨三年（672年），吐蕃派仲琮使唐朝贡，高宗问仲琮："吐蕃与吐浑本是甥舅之国，素和贵叛主奔走，吐蕃纳之，信其间隔，侵逼浑国，招其叛土，夺其土地。我遣薛仁贵等安揖慕容之众，吐蕃掩其不备，伏甲击破之；既又窥逼凉州，欲陷城堡，其故何也？"仲琼则答："臣受命贡献而已，攻战之事，非臣所得预闻也。"高宗无奈，令以次礼待之。旋唐徙诺曷钵及其残部于灵州之境，设置安乐州，以诺曷钵为刺史。

上元二年（675年），吐蕃又遣归降吐蕃的吐谷浑人论吐浑弥到长安，请求与吐谷浑修好，实际上是想通过唐朝的认可使吐蕃对吐谷浑的占据成为事实。次年，吐蕃入寇鄯、廓、河、芳（今甘肃兰州西固）等州，唐师迎战失利，处于被动防御状态。唐永隆元年（680年），高宗任命李敬玄为洮河道大总管兼鄯州都督，率兵抵御吐蕃，后因屡次溃败，被贬衡州。吐蕃最终占据吐谷浑故地。

吐蕃征服吐谷浑后，以其地及党项、白兰等族、部地统称安多，由噶·钦陵长期率军驻守。为了安抚吐谷浑，加强与吐谷浑各部的联系，笼络吐谷浑贵族，吐蕃与吐谷浑之间建立了联姻关系，吸收吐谷浑贵族在吐蕃王朝中担任高级职务；在被征服地区，仍保留其部落形态，划给牧地，供其牧居。

吐谷浑作为河湟强国，它的归蕃，对吐蕃的社会经济产生了深远影响。在农业上，吐蕃在征服吐谷浑以前，其农业主要分布在雅鲁藏布江中游两岸河谷地带，其他"四茹"地区虽有农业，但由于"土风寒苦，物产贫薄"，生产水平相当低下。而吐谷浑所居河湟地区，气候适宜，物产丰美，吐谷浑人"知种田，有大麦、粟、豆"。农业经济较为发达。吐蕃人从吐谷浑及沿边汉族农区学习先进的生产技术，发展农业，唐人王建诗"蕃人旧日不耕犁，相学如今种禾黍"真实地反映了当时的情况。吐蕃为了巩固对河湟地区的统治，将统治重心一度东移，还专门设节度使管辖。

从咸亨四年（673年）始，吐蕃遇有军政大事，即由赞普、大论在此地召集会议。从武则天如意元年（692年）始，吐蕃于本土和安多地区集会议事，每年定期举行，此后，甚至一年内数次盟会。吐蕃在这里先后召开过大约四十次的王臣会议，对这个地区的土地、人口、生产和谷物储存情况多次调查，制定政策，这一地区成为吐蕃重要的粮食基地。在商业上，吐蕃征服吐谷浑继而攻占西域后，控制了河西—丝路南道—帕米尔东西经济文化交流的大动脉，促进了自身商业经济的发展。吐蕃商人除了经营珠宝及土特产品和装饰品外，将大量货物包括麝香、金、银、药物、盐、马等销往中亚，而从中亚销售到吐蕃的商品有兵器、衣料等，吐蕃地区出现了多处商品集散地，拉萨成为当时世界上新兴的商业大城市之一。

当时，"东至唐朝的首府长安，西至天竺、大食，南抵洱海，北到中亚细亚各国，到处有吐蕃人的足迹，牦牛驮运，络绎于途，市肆与货摊上的货物，品种多样，质料精美，为西藏高原以前任何时期所未见"。商业贸易的发展促进了经济、文化、宗教、军事等方面的发展，进一步增强了吐蕃王朝的势力，同时也进一步削弱了唐朝的国力尤其是军事实力。这里我们以马作为例子，在冷兵器时期，军马是重要的战略性资源。唐初马之来源主要取自吐谷浑及党项，吐蕃占领吐谷浑及党项之地以后，控制了唐朝马匹来源。吐蕃还派兵抢掠兰、渭牧场马匹，唐朝国马日益减少。

吐蕃占领吐谷浑故地后，任用吐谷浑贵族为将领，"大招吐谷浑之青壮兵丁"，在吐蕃军中设置吐谷浑军旅，以河湟地区为依靠，积极准备与唐争夺西域、陇右。咸亨三年（672年），吐蕃规定吐谷浑每年"每户征收五巴厘（升）青稞，万户长田赋以六成计征，所征青稞混合堆置一处，一部分如用羊驮，运不完，可派牛运"。

8世纪初，吐蕃王朝在讨平噶氏家族专权后，赞普挥都松赞任命归降吐蕃且与王室联姻的吐谷浑首领垒达延长期驻防青海，并从武则天长安二年（702年）起，授权他主持当地盟会。玄宗开元二年（714年）夏，"赞普驻于墨竹之枕塘。……垒达延与尚赞咄热拉金于司古津之楼阁地方征吐谷浑之大料集"。同年秋，吐蕃经过充分准备以后，派大将垒达延、乞力徐等率众十余万寇临洮军。这十余万大军中，很可能大部分为吐谷浑人。二十二年，吐蕃又在吐谷浑居地大量征调吐谷浑青壮兵丁，并攻克吐谷浑"吃狗肉"部族。唐朝大将郭子仪在分析吐蕃占领陇右、河西后的形势时说："今吐蕃兼吞河陇、杂羌、浑（即吐谷浑）之众，岁深入畿郊，势逾十倍，与之角胜，岂易得邪？"反映了当时的真实情况。

吐蕃在吐谷浑居地大量征集粮草、马匹，征调兵丁，加重了吐谷浑人民的负担，为了摆脱吐蕃奴役，大批吐谷浑部族或逃离吐谷浑地区，进入内地，或举行起义，反抗吐蕃统治。武则天时期，吐蕃统治下的"吐浑可汗"及其部落百姓十万众要求归唐。开元十一年（723年），"吐谷浑率其众诣沙州内属"，玄宗降谕慰勉说："卿北被吐蕃收留，阻我声教，自弃沙塞，于今数年。彼蕃每肆侵凌，百姓闻甚辛苦。"至安史之乱前，先后降唐的吐谷浑部落已"不下五万帐"，这些逃脱吐蕃统治的吐谷浑部族，主要被安置在河西一带。

唐天宝十四载（755年），安史之乱爆发，驻守河陇等地的唐朝戍兵相继调回关中，唐朝西部边境军事力量日渐衰落，而这又为吐蕃进一步侵夺唐朝边地创造了可乘之机。至德二年（757年），吐蕃先后攻取廓、岷等州及河源、莫门军；宝应元年（762年），陷临洮，取秦（今甘肃秦安西北）、成（今甘肃礼县）、渭（今甘肃陇西）等州。二年入大震关，取兰、河、鄯（隋唐时期的鄯州在今青海湟中、东都等地）、洮等州，唐陇右之地尽陷于吐蕃。广德元年（763年），吐蕃攻泾州（今甘肃泾川），刺史高晖降，吐蕃深入奉天（今陕西乾县）、武功，攻克长安。同年，原唐所封之大宁郡王仆固怀恩于灵武叛唐，与吐蕃、吐谷浑、党项等合军十万攻关中，后为郭子仪、白孝德等击退。永泰元年（765年），仆固怀恩再次招引吐蕃、回纥、吐谷浑、党项等数十万进攻关中，不久，仆固怀恩暴卒，吐蕃与回纥发生争执，回纥与郭子仪议和，吐蕃退走。从此，吐蕃据守陇右，并积极向河西扩展势力。早在广德二年，吐蕃就攻占凉州；至永泰二年（766年），吐蕃又相继攻陷甘州、肃州；大历十一年（776年），又陷瓜州。至此，唐河西诸州皆陷于吐蕃。

吐蕃占领河西、陇右后，为了加强对吐谷浑及其他各族的统治，逐渐完善从本土演变而来的一套行政体制和机构，在占领区设置了青海、鄯州、河州、凉州、瓜州五个节度衙。在节度衙之上，由吐蕃大论兼任"东境五节度大使"，以协调行动。至于河陇地区的吐谷浑、党项羌、回纥诸族，也与当地汉人一样，编入有关节度衙统治下的部落体系中，为吐蕃纳赋服役，但在当时，吐谷浑人的社会地位高于汉人。

9世纪初，吐蕃政权日趋衰落。唐会昌二年（842年），赞普达磨被杀，吐蕃王室分裂。吐蕃本土统治集团内部的矛盾，也影响到河湟、陇右吐蕃统治集团之间的关系。吐蕃驻秦州洛门川讨击使论恐热，反对国相尚思罗立达磨子永丹为赞普，率兵西进。尚思罗动员苏毗、吐谷浑、羊同等部兵丁八万，屯驻洮河，阻击论恐热。论恐热收罗陇右各地吐蕃兵丁，强渡洮河，击败尚思罗，尚思罗兵败自杀。三年，论恐热自称国相，征发当地吐蕃、吐谷浑和其他各族兵丁，进攻吐蕃鄯州节度使尚婢婢，以解除后顾之忧。此后，论恐热与尚婢婢在洮河、湟水之间争战不已，人民不堪其扰。

大中三年（849年），论恐热复从河州攻鄯州，尚婢婢以拓跋怀光守鄯州，引退至甘州西境。论恐热遂大掠鄯、廓、瓜、肃、伊等州，"杀其丁壮，荆刵及其赢老及妇女，以架贯婴儿为戏，焚其室庐，五千里间，赤地殆尽。"于是，人民背弃论恐热，叛投怀光。此时，唐乘机收复了秦、原（今甘肃平凉北）、安乐（今宁夏同心韦州）及原州石门、释藏、制胜、石峡、木靖、木峡、立盘七关。原吐蕃渭州守将尚延心等降唐，陇右之地基本恢复。

早在大中二年（848年），沙州人张议潮聚众起义，遍檄各州弃蕃投唐。五年，张议朝遣兄议谭奉瓜（今甘肃安西东南）、沙、伊（今新疆哈密）、肃、鄯、甘、河、兰、岷、廓、西十一州图籍归唐，唐置归义军于沙州，以张议潮为节度使兼十一州观察使。咸通二年（861年），张议潮又占据河西重镇凉州，河陇重归于唐。

吐蕃在河陇地区的统治瓦解以后，居瓜、沙二州的吐谷浑部为归义军所管辖。瓜、沙二州之外的吐谷浑各部，在吐蕃瓦解以后，也逐渐形成互不统属的地方势力。咸通二年（861年），张议潮在收复凉州后，"今不知却废，又杂蕃、浑",说明当时凉州一带吐谷浑势力很大。

此后,凉州吐谷浑还与嗢末联合,击走甘州回纥。中和四年(884年),居甘州的"吐蕃三百细小相兼五百余众,及退浑王拔乞狸等"在回纥围攻下,归附唐朝。肃州吐蕃、龙家、退浑等形成"肃家族",作为一个独立的政治势力而存在。

慕容智墓墓盖
(来源:《王国的背影——吐谷浑慕容智墓出土文物》)

慕容智墓志及志侧文字
(来源:《王国的背影——吐谷浑慕容智墓出土文物》)

## 第四节　吐谷浑民族在吐蕃统治时期的散播与续存

吐谷浑被吐蕃攻灭后，慕容诺曷钵率亲信部落数千帐北入凉州暂避。咸亨三年（672年），唐政府迁诺曷钵部于鄯州浩门河之南。唐廷此举还是希望诺曷钵能成为牵制吐蕃的力量。但是，由于吐蕃来势很盛，已经向东北寇逼凉州，诺曷钵"不安其居"，唐廷于同年遂迁之于灵州鸣沙县，置安乐州以处之。灵州为唐朝西部的极重要军事要地，以此处之，盖亦有安边保塞的考虑。该部在凉州九年，在鄯州不足一年，即迁灵州，此后在唐朝"兴亡继绝"政策的扶植下以羁縻州形式自治八九十年，直到安史之乱后吐蕃占领此地。

在这期间，唐廷除使吐谷浑自治以外，还以其为安定灵夏、北抗突厥回纥、西防吐蕃的重要力量，于是代代册封。根据武威出土的诸方吐谷浑王室成员墓志，吐谷浑王室嫡支并不在安乐州定居，而是在灵州城南部自有衙第。《大周故青海王墓志铭》记慕容诺曷钵子慕容忠薨于"灵州城南浑牙之私第"，《大唐故代乐王上柱国慕容明墓志铭》记慕容明生于灵州之南衙，后薨于本衙。盖诺曷钵后代支庶同生于灵州南衙的还有《大唐慕容府君墓志铭》的主人慕容曦光，曦光以嫡支承嗣，后"薨于本衙"。

另外，与吐谷浑王室于灵州自有衙第相应，他们还经常被唐朝授以军事实职领吐谷浑部兵马参与边防战斗。如《大唐故左领军卫大将军慕容神威墓志》云神威为诺曷钵曾孙，曾任长乐州游弈副使，"将统戎旅，辑宁沙塞，弋人务于东作，虏马警于南向，由是息奸屏债"。弋人盖指吐蕃，虏马盖指突厥、回纥北方游牧民族，即以灵州之地控遏北虏西蕃。慕容明曾充押浑副使，慕容曦光以云麾将军讨伐六胡州康待宾叛乱，"复领所部兵马，摧破凶胡"。后又差充朔方节度副使。这都是灵州吐谷浑参与唐朝西北边防之战的例证。

浑蕃冲突时期，文献可考的又一支吐谷浑人附唐，是在唐高宗仪凤年间。《新唐书》卷四十三《地理志七下》记关内道羁縻州有吐谷浑州二，一是宁朔州初隶乐容都督府，代宗时来属，右隶夏州都督府；二是浑州仪凤中自凉州内附者，处于金明西境置，右隶延州都督府。可以发现，此支吐谷浑人在仪凤年间首先北投凉州，然后为唐朝廷安置于延州之金明西境，即今天的陕西延安西北、安塞与志丹县之间偏南的地方。浑蕃冲突结束以后，吐蕃政权开始了对青海吐谷浑近两百年的统治，吐蕃的残酷统治引起吐谷浑人的不断反抗，其反抗的具体形式见于记载的有"叛乱"，而更为突出的却是脱离吐蕃内附于唐。这一时期吐谷浑入唐可考者已有六拨之多。

### 一、695年后耽尔乙句贵一支入附

武则天时期，曾有吐谷浑耽尔乙句贵一支内附唐朝，王孝杰奏请自河源军徙居灵州。此事周伟洲定在长寿元年（692年）左右。按长寿元年王孝杰为武威道行军总管，在西域讨吐蕃，同年十月克服四镇。次年二月，孝杰仍在西域讨吐蕃与突厥。之后，延载元年（694年）五月，王孝杰被授予瀚海道行军总管，参与讨伐突厥默啜。天册万岁元年（695年）正月，以王孝杰为朔方道行军总管，继续讨击突厥。至此，王孝杰才得以掌朔方军务，朔方军治在灵州，同时有防务吐蕃的任务。突厥甫定，同年七月，孝杰又以肃边道行军大总管讨寇临洮的吐蕃。次年三月，王孝杰即于洮州素罗汗山为吐蕃论钦陵所败，遂免为庶人。其奏请徙吐谷浑于灵州事当发生于任朔方道总管以后。其时孝杰总掌军务，议徙吐谷浑一事是其责任。耽尔乙句贵后逃叛回青海之时，"穿监牧，掠马群，所在伤夷，大损州县"，破坏严重，被指为迁徙不力，最高责任人当然是王孝杰。亦即耽尔乙句贵一支吐谷浑迁灵州应在天册万岁元年以后。只是这部分吐谷浑人不久即叛逃回青海。这也是最早的受吐蕃统治的吐谷浑人附唐的事件。

## 二、699年论弓仁统领招降吐谷浑入附

吐谷浑人真正大规模附唐的历史是由吐蕃贵族所开启的。圣历二年(699年)年初,吐蕃政府内部发生事变。《通鉴》记载此事曰:"初,吐蕃赞普器弩悉弄尚幼,论钦陵兄弟用事皆有勇略,诸胡畏之。钦陵居中秉政,诸弟握兵分据方面,赞婆常居东边,为中国患者三十余年。器弩悉弄浸长,阴与大臣论岩谋诛之。会钦陵出外,赞普诈云出猎,集兵执钦陵亲党二千余人,杀之,遣使召钦陵兄弟,钦陵等举兵不受命。赞普将兵讨之,钦陵兵溃自杀。"此事变以后,钦陵家族势力失势,于是在同年四月,"赞婆率所部千余人来降""钦陵子弓仁,以所统吐谷浑七千帐来降",为武后分别封以归德王、酒泉郡公。同年七月丙辰,又有"吐谷浑部落一千四百帐内附"。在《拨川郡王神道碑》中记此两事为"圣历二年,以所统吐浑七千帐归于我。是岁,吐蕃大下,公勒兵境上,纵谍招之,其吐浑以论家世恩,又曰:'仁人东矣。'从之者七千。"此系列事件中,赞婆屡事征伐,所领盖为吐蕃亲兵,而弓仁所统及七月招徕者皆为吐谷浑人。

那么,这两批吐谷浑人被唐政府安置于何处呢?有人根据赞婆被安置于凉州戍边而推测弓仁亦在凉州。实际上,根据《新唐书》卷一一一论弓仁本传,弓仁主要被安置于朔方一带参与边防,其所统吐谷浑人亦至少有一部分继续为其所领。其传载:"神龙三年,为朔方军前锋游弈使。时张仁愿筑三受降城,弓仁以兵出诺真水、草心山为逻卫。开元初,突厥九姓乱,弓仁引军度漠,逾白怪林,收火拔部喻多真种落,降之。……"论弓仁多次执行平叛讨虏的军事任务,后被拜为朔方副大使。根据《张说之文集》卷一七之《拨川郡王神道碑》记载,弓仁开元十一年(723年)逝,制赠拨川郡王。即自神龙三年(707年)直到开元十一年(723年)去世,他都在朔方军任职,并活动于受降城一带。那么,论弓仁所统的吐谷浑部落应该居于河套不远或陕北一带。这样,算上仪凤中降于凉州被安置于延州金明西的一批,论弓仁所统的部分吐谷浑人成为第二批到达该地区的吐谷浑人。论弓仁逝于开元年间,而前述灵州一支慕容曦光以

知部落使兼朔方军节度副使是在开元十八年（730年），即在开元年间，曾有两支吐谷浑部落军受领于朔方军。

### 三、700年吐谷浑十万人于河西五州入附

大约在武则天久视元年（700年）时，又有一次大规模的吐谷浑降唐事件，此事在吐鲁番地区出土的部分文书中有所反映。但是学术界对此有不同看法，综合多方意见，部分学者认为700年的吐谷浑入附河西事件是确实的，而且规模较大，有吐谷浑上层的参与。这批人可能是入附河西最多的一次，而且成为河西居民后，未曾大规模迁离。

### 四、715年慕容道奴部入附

唐玄宗开元三年（715年），"默啜屡击葛逻禄等，诏在所都护、总管椅角应援。其婿高丽莫离支高文简，与蹩跌都督思太，吐谷浑大酋慕容道奴，郁射施大酋鹊屈领斤、芬悉领力，高丽大酋高拱毅，合万余帐相踵款边，诏内之河南。引拜文简左卫大将军、辽西郡王，思太特进、右卫大将军兼蹩跌都督、楼烦郡公，道奴左武卫将军兼刺史、云中郡公，鹊屈领斤左晓卫将军兼刺史、阴山郡公，芬悉领力左武卫将军兼刺史、雁门郡公，拱毅左领军卫将军兼刺史、平城郡公，将军皆员外置，赐各有差"。从行文来看，该支吐谷浑似为突厥所属者。具体人数不详，可能不超过三千帐，纳之河南也可能是近河套一带的河南地。此后，这支吐谷浑人未见于史籍。

### 五、723年吐谷浑沙州入附

《新唐书》载："开元十一年九月，吐谷浑率其众诣沙州内属，诏张敬忠安存之，降书吐浑曰卿北被吐蕃收留，阻我声教，自弃沙塞，于今数年。彼蕃每肆侵凌百姓，闻甚辛苦。今远申诚款，朕甚嘉焉。"此事在《资治通鉴》卷二十二亦有记曰："先是，吐谷浑畏吐蕃之强，附之者数年。九月壬申，率众诣

沙州降，河西节度使张敬忠抚纳之。"从引文来看，这部分吐谷浑人应该是由吐谷浑上层领导，而且很可能是可汗。与700年吐谷浑内附河西诸州相似，只是此次安置于沙州一地，人数当亦不少。这样，沙州地区的吐谷浑又增一拨。

### 六、746年王忠嗣虏吐谷浑入唐

王忠嗣在天宝五载（746年）曾"与吐蕃战于青海、积石皆大捷。又讨吐谷浑于墨离军，虏其全部而归"。《新唐书·卷一三三·王忠嗣传》作："又讨吐谷浑于墨离，平其国。"此文献中的墨离大概是今青海西北之苏干诺尔，在今当金山之南。按史料来看，墨离地为吐谷浑巢穴，大量吐谷浑在此生聚，显然不是唐置墨离军治所。从"平其国""虏其全部而归"推测，此地为吐蕃属国吐谷浑的政治中心之一。至于忠嗣所虏这部分吐谷浑被安置于何地，史无明文。从"虏其全部而归"看，或安置于忠嗣治所一带。忠嗣时佩四将印控制万里，任河西、陇右节度使，兼知朔方、河东节度使，其治所当在陇右或河西。需要指出，无论墨离在敦煌西北还是在南，都不会影响这一判断。果如此，则这部分吐谷浑人被安置在河西凉州一带。也就是说，到了8世纪中叶以后，河西一带的吐谷浑人在原来基础上又增加了一拨。

### 七、安史之乱后的吐谷浑民族散播

安史之乱以后，陇右、河西、朔方等诸军调入关内，唐蕃边境力量对比失衡，战争局势随之突变。吐蕃迅速占领陇西及朔方西部之地，不仅使青海地区的羌、吐谷浑随吐蕃的军事东进而向东迁移，更引起了陇右、灵州以南地区的少数民族部落的多米诺骨牌效应。众多部落渐次东移，唐政府又在关内道盐、庆、夏、绥、延等诸州侨治羁縻州以安置这些部落。灵州地区的吐谷浑即这支迁徙大军中的一支。以后随着地区形势的变化，他们又有一些小规模的迁徙。

吐谷浑因之再次播散，这次播散使青海、陇右、河西走廊以东的吐谷浑人更加散化，弥漫于西到灵州、东到河东、北到近塞的广大地区。

（一）战争时期的吐谷浑内附。宁朔州吐谷浑很可能是吐谷浑诺曷钵部后裔。《旧唐书》卷一百九十八《吐谷浑传》在述及吐谷浑诺曷钵部时，有云："及吐蕃陷我安乐州，其部众又东徙，散在朔方、河东之境。今俗多谓之退浑。盖语急而然。"吐蕃陷安乐州在玄宗至德以后，由于吐蕃的东进，引起该部吐谷浑又向东徙。东徙是一个渐进的过程，首先应该是安乐州之东的盐庆州，继是夏延银绥诸州，后才能到河东之境。

上述诸州是"大朔方"，其后由于吐蕃进逼和仆固怀恩之乱继续东徙，一部分于代宗时期被安置于夏州朔方，此为朔方县，为小朔方一带。之后才有徙河东境。那么，上述所谓"散在朔方、河东之境"是诺曷钵部后裔又播散的历史过程。而且，在这一过程中，吐谷浑王族一支应该在侨治朔方之宁朔州。因为《旧唐书》又记："贞元十四年（798年）十二月，以朔方节度副使、左金吾卫大将军同正慕容复为袭长乐州都督、青海国王、乌地也拔勒豆可汗。未几，卒，其封遂绝。"朔方节度副使为实职，而后都督、国王显为虚职。因为此时吐蕃不仅据有青海还据有安乐、长乐等州。由此可见，诺曷钵王族至少在8世纪末还在朔方。慕容复为诺曷钵支系最后一个袭封者。

（二）836年，"二月天德军奏吐谷浑三千帐诣丰州降"。此支吐谷浑来于何地不清楚。但后来却在唐末代北成为一支重要的力量。891年，李克用攻云州赫连铎，"铎本吐谷浑部酋也，开成中，其父率种人三千帐自归，守云州十五年。至是，失其地"。此支部落于丰州内附以后，即于河套天德军一带安置。关于该支吐谷浑部活动情况，《册府元龟》卷九九四，外臣部备御七有载："四月，天德军使田牟奏，以回纥犯界，出军三千人拒之。中书条奏再请制置边上。其一曰：请速降中使宣谕生、熟退浑、党项，待天德交锋后，任随便出军讨逐，如有所获，一任自收，仍据杀戮，别行优赏。"

此举显然是让吐谷浑、党项等帮助唐军驱逐回纥。这些吐谷浑人生活在丰州不远、天德军一带，应该包括此前降附的赫连部落三千帐。而且，不仅如此，在赫连部落投附丰州之前，此地很可能已安置有吐谷浑人。因生、熟吐谷浑不应当仅指其一部。

877年，唐僖宗诏赫连铎与诸部落合兵攻讨沙陀李国昌父子于蔚州。赫连铎自西向东进军，878年攻下国昌西部据点振武，铎被拜以大同军节度使，此后守边云中。891年，李克用攻赫连铎，铎败走还吐谷浑部落。李克用据点在蔚州天成军一带，蔚州在云州之西，知李克用为自东往西攻铎，铎自然自云州向西奔退，此时铎之吐谷浑部落居云州西不远。

（三）唐武宗会昌年间以前，有吐谷浑李万江部徙居潞州津梁寺一带定居。潞州即今山西南部上党一带。《新唐书》卷二一四记其事谓："初，大将李万江者，本退浑部，李抱玉送回纥，道太原，举帐从至潞州，收津梁寺，地美水草，马如鸭而健，世所谓津梁种者，岁入马价数百万。子弟姻娅隶军者四十八人，从谏拨山东，俱其重迁且生变而子弟亦豪纵，少从谏，不甚礼，因诬其叛，夷三族，凡三百余家。"

此部吐谷浑为最早南迁山西东南部者。从引文来看，该部吐谷浑此前居太原一带，至9世纪前半叶之前，吐谷浑不仅散居在云州、蔚州以至丰州河套一带，还有迁居稍南太原一带的部落。《新唐书》有记："太原统退浑、契苾、沙陀三部难训制。"此记发生于9世纪中叶唐宣宗大中年间，可知此时的太原地区确有吐谷浑部落。这些部落很可能是自银盐等州渡河东来，及至李万江部迁到潞州，在今山西北部、中部、东南部皆有吐谷浑部落。迁居潞州的吐谷浑依然擅长养马，培育了当时有名的所谓"津梁种"马，并因养马起家，进入当时唐朝的军队系统。但其命运则是遭到了从谏的诬告而被灭族。此部兴于一时即告衰微，很快融入当地汉族。

此后，代北云、蔚、太原一带的吐谷浑与沙陀、室韦等往往成为唐朝对回纥战争防御的军事力量重要部分，动辄调拨，也因此，吐谷浑更加散化。唐懿宗咸通年间，庞勋反唐，唐王朝还曾征调吐谷浑兵到淮南一带讨伐庞勋。除了向东、向北播散之外，吐谷浑人自慕利延以后，因为其政权对于西域东部鄯善、且末等地的统治而渐播散于西域东部。较早的是《洛阳伽蓝记》记鄯善城为吐谷浑伏连筹第二子"总部落三千以御西胡",因该地区地位日渐重要,吐谷浑迁居者增多,吐蕃攻下西域之后曾经统治该地,并征发粮食和兵马,表明此地吐谷浑人有种植粮食者。吐蕃退出以后,仍然有不少吐谷浑人在该地活动的记录。

吐谷浑人的播散过程实际上是通过较为分散的迁徙来完成的。其灭国之后的迁徙与建国之前的始迁有着许多不同之处。首先是方向不同。始迁的吐谷浑部是自辽地西南迁青藏高原而灭,灭国后的迁徙是发散式的,主流方向是向内地的东向迁徙。西晋以后,北方少数民族的迁徙分为两个趋势,一是向中原内徙,如十六国的建立及其后果;二是向周边中原地区迁徙,吐谷浑即代表了这一方向。唐朝时期的少数民族迁徙,基本为向中原地区内徙。吐谷浑同样是内徙大军中的一支。

其次,原因和动机各不相同。始迁的吐谷浑部迁徙是主动的,目的很明确,即寻找一处可以独立建国,相对自由发展的地方;而灭国后的吐谷浑迁徙虽是主动,但基本动机是摆脱吐蕃的奴役和统治。在迁入唐境以后,特别是朔方、河东的吐谷浑,往往受到唐廷的调拨和安置而被动迁于某地。从迁徙结果来看,吐谷浑始迁的过程中,由于中原及周围地区动乱等种种原因,在其核心部落周围聚集了许多鲜卑部落成分,使其阵容日渐庞大,从而在到达青海东南部时成为举足轻重的力量,迅速降服诸羌部落,建立政权。始迁也标志着吐谷浑族的正式形成,而灭国后吐谷浑的迁徙则是其瓦解的开始。

吐蕃的进攻使得吐谷浑逐步走向消亡。自此以后,吐谷浑部落、百姓散布于中国北方的广大地区,与吐蕃人、党项人、汉人、沙陀人、室韦人、回纥人等杂居错处,虽然很长时期里保存着自己的部落建制,但日渐融合于其他民族。到了北宋以后,吐谷浑民族已经成为历史。留在青海故地的吐谷浑人则与吐蕃人杂居共处,渐融于其他民族。

灭国后的吐谷浑人播散于各地后,大部分在较长的时间里保持了自己的部落体制。但是,随着时间的推移其部落体制渐不稳固,或由于当时各种力量的冲击而渐趋散化。晚唐以后吐谷浑人活动的最主要地区是在河西走廊一带与代北塞内、塞外地区，这两部分吐谷浑人同样经历了这样一段部落解体历程，伴随着部落的渐趋解体，吐谷浑人出现了编民化的趋势。此后，徙入内地的吐谷浑渐淹没于其他民族的汪洋大海之中。也有少量的吐谷浑人进入塞北，成为契丹等北方民族的组成部分。

慕容智墓出土金银餐饮器具
（来源：《王国的背影——吐谷浑慕容智墓出土文物》）

## 第五节　归义军统治下的河西吐谷浑

自青海地区迁入河西一带的吐谷浑人，数量较多，他们被唐政府安置于河西诸州，其中尤以瓜、沙地区最多。吐蕃占领河西，该地吐谷浑处于吐蕃统治之下，基本保持了自己的部落制。与此同时，由于吐蕃人的入迁和吐蕃通过军事手段调配的吐谷浑士兵的入迁，既增加了该地吐谷浑人的数量，扩大了其分布范围，又在一定程度上打破了吐谷浑人原本的部落制，使得吐谷浑一定程度上出现了与吐蕃人混居的局面。蕃浑杂居的部落在河西地区屡见不鲜，这种格局一直到归义军政权统治时期仍然存在。唐宣宗大中二年（848年），张议潮沙州举事，推翻吐蕃近百年的统治。截至大中五年（851年），张氏以沙州为根据地，相继收复瓜、沙、伊、西、甘、肃、兰、鄯、河、岷、廓十一州，并建立和巩固了张氏归义军政权。

咸通二年（861年），张议潮攻克凉州，河西一带尽为归义军政权控制，此地的吐谷浑人同时被纳为归义军属民。其后，到10世纪初，曹氏归义军政权兴起以后，吐谷浑慕容归盈一支曾显赫一时。在归义军政权之下，河西地区政治统治的吐蕃化色彩得到改变，吐谷浑人虽然仍基本保持着自身的部落制生活方式，但随着游牧经济条件的失落和汉族统治影响的加深，他们出现了进一步散居化和编民化的趋势。

归义军政权统治下的吐谷浑人情况，主要反映在相关的敦煌文书中。在这些历史文书里面，吐谷浑人的社会组织形式已经由部落制转向了乡村（乡里制）。敦煌文书《左都押衙安怀恩并州，县僧俗官吏兼二州镇口老□□□退浑十部落三军蕃汉百姓一万人上表》记有敦煌地区有退浑（吐谷浑）、通颊十部落，设置两个部落使，之上设置部落大使。该表所记阎英达所任即部落大使。

根据敦煌文书《庚子十二月廿二日都师愿通沿常住破历》记载，敦煌地区有"慕容使君庄"，所谓慕容使君即曹氏归义军政权时期瓜州刺史慕容归盈，其为青海迁入的吐谷浑人。以人名命庄名、部落蜕变为村庄表明了吐谷浑聚落形式的变迁。

"退浑"是晚唐五代以后中原文献对吐谷浑人的称呼，《新唐书》主要指朔方、河东的吐谷浑残部"语谬为退浑"。在晚唐五代的敦煌地区，"退浑"的称呼比较普遍。敦煌地区吐谷浑人姓氏除慕容以外还有王、何、程等汉姓，可能是汉化程度较高的结果。除此以外，一些文书中还有"悉如没藏""他悉禄"等明显的吐蕃化名字。说明吐蕃人入籍吐谷浑部落后吐蕃化程度较深。这些有着浓重吐蕃化色彩名字的吐谷浑人可能是较晚迁至河西者或吐蕃统治时期蕃化较深的邑民，也反映出河西的吐谷浑人汉化或者吐蕃化程度的高低。

上述文书所共同反映的重要信息是河西的吐谷浑人在经历着散居化、编民化的迭变历程。一方面，吐谷浑人农业化趋势明显的一个重要结果就是归义军政权下的编民化。早在吐蕃时期，河西的吐谷浑被编为部落统治时，就已经是所谓"部落编民"了。到了归义军时期，这种趋势更加明显。另一方面，吐谷浑人仍然没有完全丢掉自己的擅长之业——牧业。但是，除自身小规模的经营以外，还有大量的吐谷浑人由于生活所迫，受雇于当地的寺院僧人等牧业主，出现了大量的吐谷浑佃民。吐谷浑人编民化和佃民化与其打破部落体制的散居化过程相辅相成，互为因果，促使吐谷浑人民族特性的褪失。

在曹氏归义军时期，慕容归盈一支显示了吐谷浑人在河西的势力。慕容归盈，是青海吐谷浑迁入河西的一支的后裔，大约自919年即在瓜州刺史任上，到940年去世时经历了曹仁贵、曹议金、曹元德曹氏政权三代。其任职多年，深受当地军民爱戴。归盈任瓜州刺史时，有正史多次记其单独朝贡中原的记载，因之许多学者认为当时的瓜州是独立于曹氏政权的。

即便这一观点不成立，但至少能说明慕容归盈的瓜州刺史本身有着独立行使权力的社会属性，也说明当时瓜州吐谷浑势力较盛。因此，曹氏政权才会给予足够的重视，对慕容归盈一支以联姻笼络。根据对莫高窟和榆林窟的题识研究，归盈曾娶曹议金姐十一娘子为妻。而且归盈子辈有嫁曹氏者，孙辈又有娶曹氏者，也有二孙女嫁与曹氏者。慕容氏与曹氏联姻可能至少有六次。

  吐蕃统治河西时期，河西地区佛教已经非常兴盛。这不仅有吐蕃倡佛的原因，也有瓜、沙河西一带本是东西文化交流重地的原因。到了归义军统治时期，这种佛教信仰潮流有增无减，通过敦煌莫高窟的发展略窥一斑。佛教信仰的趋势不仅仅影响吐蕃人、汉人，同样波及此地众多的少数民族移民，吐谷浑人亦在其中。而且，河西寺院经济很发达，吐谷浑人作为寺院畜牧业的雇佣者也能反映此种情况。敦煌地区的吐谷浑人似乎不仅信仰佛教，他们中还有许多人有着苯教的信仰。

## 第六节　五代宋辽等政权统治下的吐谷浑

唐末以后，在历史舞台上最为活跃的吐谷浑人当属代北、云、蔚诸州的吐谷浑。907年，唐朝灭亡，这一事件并未对代北地区（唐以后代州北部，今山西北部及河北西北部一带）吐谷浑的发展产生实质性的影响。自李克用击败赫连铎以后，赫连铎所统辖的吐谷浑部落即成为李克用的属部。虽然他们在初期并不愿顺服，但还是很快适应了这种局面，并作为李克用的一支重要力量参与到代北各种势力的角逐中，一度成为沙陀人"代北集团"武人政治势力的重要组成部分。五代期间，由于执行征伐戍守等任务，吐谷浑人向中原散徙。到了北宋时期，这些吐谷浑人编民化趋势明显，遂在北宋以后渐消失于史籍，融合于汉族之中。

10世纪代北地区的吐谷浑人，可以分为两大部分。其一是归属于契丹耶律阿保机政权的部分吐谷浑人，其二是归属于五代政权或云、代北地区沙陀势力的吐谷浑人。在历史的发展过程中，他们中有许多往往处于游离状态，或归附五代沙陀人，或归属契丹人。

### 一、后梁时期

自李克用攻灭赫连铎，代北吐谷浑遂为其所用，他们主要参与了李克用晋王政权扩张势力的行动。自911年史书记载吐谷浑人首次跟随李克用军攻打后梁，其后沙陀人的每一次较大规模军事行动，几乎都有吐谷浑军队参与。

与此同时，契丹统治下的吐谷浑人可能是新附不久或者为新兴的阿保机政权所控制，反叛无常。在908年"冬十月己亥，……辽太祖遣轻兵取吐谷浑入室韦者"。室韦自北朝以来，自嫩江流域向西向南迁徙，到唐末五代时，有一部分已经迁居近塞。其中黑车子室韦一支即在塞北不远，屡为阿保机所攻讨。此部吐谷浑可能就是叛入近塞的室韦，极大可能是黑车子室韦部落。其后，契丹政权拥有吐谷浑部落兵，并用为征伐。913年，阿保机追讨叛乱的刺葛（阿保机弟），即"先遣室韦及吐浑酋长拔剌、迪里姑等五人分兵伏其前路"。《中国通史》称："阿保机依靠他的心腹部侍卫军和被征服的邻族室韦、吐浑的兵力，展开反攻。四月，由审密部的敌鲁和阿古只率领侍卫军进攻刺葛，与室韦、吐浑兵配合作战，终于击溃了刺葛的叛军夺回了神帐。刺葛、辖底等被擒。"足见吐谷浑部落军队在阿保机政权中的地位。

916年，阿保机建立辽，同年七月，他又"亲征突厥、吐浑、党项、小蕃、沙陀诸部，皆平之"。此次征伐的背景是阿保机与李克用的晋政权在自代北到幽州的近塞地带展开角逐。征伐这些民族部落是进一步南攻的前奏。在同年的十一月，辽攻下李克用晋政权控制的蔚、新、武、妫、儒五州，即今山西北部和河北北部地区，号称"自代北至河曲逾阴山，尽有其地"。这些地区的吐谷浑人有相当部分也臣属于辽。

结合有关史料，918年晋王李克用曾大举攻后梁，"周德威将幽州步骑三万……及麟、胜、云、蔚、新、武等州诸部落奚、契丹、室韦、吐谷浑，皆以兵会之"。可知沙陀晋政权还可以调动蔚、新、武等州的民族部落。阴山、代北一带的吐谷浑人的相当一部分还是为沙陀控制，而塞外偏北的部分为辽所属。

## 二、后唐时期

923年，沙陀李氏后唐正式建立。在后唐建立的过程中，吐谷浑人功不可没，他们随沙陀李氏征战二十多年才有此成果。因此后唐建立之初，庄宗李存勖即行封授，"赐阴山府都督白承福于中山北石门为栅，号宁朔、奉化两府，以都督为节度使，赐姓李名绍鲁"。这样，白承福吐谷浑部落首先被安置于今河北的中山一带。次年，"吐浑白都督族帐移于代州东南"，驻牧地又移到今五台山一带。这次册封标志着和平时期后唐朝廷与吐谷浑属部之间的关系开始走向规范化和正常化，其主要的历史内容就是后唐朝廷封册拉拢吐谷浑属部按时朝贡。

关于后唐对李绍鲁部落的封册，见于记载的有四次。分别发生于923年、928年、930年和936年，趋势是一次比一次封授面广。自923年开始到936年后唐灭亡，短短十四年，吐谷浑部落朝贡后唐多达十四次。吐谷浑属部朝贡的方物主要是马和驼。

这些朝贡对吐谷浑而言，仍然是以获取贸易利益为主。为此，还曾引起后唐朝廷的一次争议。此次廷议以继续执行鼓励吐谷浑等部朝贡的政策而告结束，而且后唐还在朝贡问题上把吐谷浑属部归入"外藩"行列。这透露出两个信息，一是五代政权疆域局促，外蕃朝贡寥寥，声威难以远播，故把其境内所辖民族部落的朝贡亦称外蕃，实有夸大自欺欺人之嫌；二是吐谷浑部在五代，至少在后唐还是受到了一定的保护的，他们被划以畜牧之地，保持部落自行发展，朝廷基本不予过问。吐谷浑部极可能对后唐朝廷并没有赋税的义务，而只有军事上的任务，实际上保持着很大的独立性。不单是吐谷浑，其他苦奚、室韦等北族部落亦当属于此例。这种统治体制，实际上对于后唐朝廷的长久稳固极为不利，但其客观效果却使得吐谷浑得以更久地保持其民族特性。

与后唐的统治效果稍有差异的是，辽到了924年还在征讨其南边包括吐谷浑在内的诸部落。但是用兵的结果是与后唐一样建立了一种看似规范化的与吐谷浑属部的朝贡关系。截至939年《辽史》卷三、四《太宗纪》至少记录了六次吐谷浑的朝贡，说明最晚至太宗德光时期吐谷浑方才开始朝贡，表示归属。

在后唐时期，辽政权与后唐在争夺边地民族部落问题上，互有攻守。仅就吐谷浑人的去向来看，在930年，"七月，北京奏，吐浑千余帐内附，已于天池川、静乐县安置。八月，北京奏，吐浑内附，欲于岚州安族帐"。这些内附的吐谷浑人显然此前受北边的辽统治。935年"夏四月，吐谷浑酋长退欲德率众内附"。这支吐谷浑人可能是来自后唐统治区。这种攻守战争并不仅仅导致吐谷浑人的叛附无常，对于两国边地的吐谷浑人来说，更意味着残酷的被杀戮和生活的跌宕起伏。"长兴元年，云州奏掩杀契丹、吐浑、突厥等，斩首四十六，获契丹副行首尼列以下十人，牛羊驼马万计。"这一事件是当地吐谷浑人命运的极好写证。唐辽战争的结果是代北吐谷浑人进一步分散，并且大量破产、流离失所。在整个后唐时期吐谷浑白承福部落由于受到后唐朝廷笼络和扶植，势力渐渐变大。

### 三、后晋时期

936年，后唐亡，代之而起的是石氏后晋。后晋政权自始即决定了代北大多数吐谷浑人的命运，石敬瑭为了使辽太宗出兵襄助自己称帝开封府，以幽云十六州割与辽。于是雁门以北吐谷浑皆属辽，其中包括后唐时期显赫一时的代州白承福部落。

940年，石晋成德节度使安重荣由于反对石敬瑭称臣于辽，遂诱吐谷浑白承福等部入晋，欲与契丹开战。《通鉴》卷二八二记"吐谷浑率部千余帐，自五台来奔"，《旧五代史》卷九十八记安重荣在给石敬瑭的上表中称"臣昨据熟吐浑节度使白承福、赫连公德等，各领本族三万余帐，自应州地界奔归王化。续准生吐浑并浑、契苾两突厥三部落，南北将沙陀、安庆、九府等，各领部族老小，并牛羊、车帐、甲马，七八路慕化归奔，俱至五台及当府地界已来安泊"。此记数字有夸大之嫌，但是，它却较《通鉴》记载全面，至少告诉我们两点吐谷浑人的信息：一是吐谷浑白承福部在924年迁居"代州东南"以后又向北发展，到了此时，其主要力量在代州东北应州一带，也就是今天的山西应县一带。晋初，被一并割与辽管辖。此时受安重荣招诱，又向南迁，到达代州东南的五台一带后晋地界；二是安重荣招诱者不仅包括白承福部吐谷浑，还有吐谷浑其他部落，即"生吐浑"。

由于安重荣无视晋辽关系招诱辽地部落，"契丹大怒，遣使让帝以招纳叛人"。于是，941年春天石敬瑭"遣供奉官张澄等领兵二千，发并、镇、忻、代四州山谷吐浑，令还旧地"，可知安重荣招诱的吐谷浑已是散居四州山谷。实际上，石敬瑭的大索吐谷浑令还旧地多少只是一个姿态。在941年的四月，"辛巳，北京留守李德统遣牙校以吐谷浑酋长白承福入朝"。此后，实际上白承福部吐谷浑继续留居晋境，按《旧五代史》卷七十九记载他们可能被安置于镇州封部，离邢州不远，大体在今河北石家庄以南。后晋一定程度上继续执行后唐笼络白承福部的政策，允其朝贡。仅941年，白承福部入朝贡献三次，其中九月一次朝贡人数多达一百一十八人。

安重荣自主决裂契丹的行为受到后晋朝廷的讨伐。后晋北京留守、河东节度使沙陀人刘知远即后来的后汉高祖说服白承福部弃重荣而投知远，刘知远"处之太原东山及岚、石之间，表承福领大同节度使，收其精骑以隶麾下"。时值重荣起兵之际，承福降知远，而"鞑靼、契苾亦莫之赴，重荣势大沮"。于是该年冬，安重荣即为后晋将领杜重威袭斩。重荣败时还曾"拥吐浑数百，匿于牙城"。可见，吐谷浑为其收罗者为数不少。

白承福部降刘知远以后，又成为沙陀人的有生力量。该部兵曾经随知远击退进寇太原的契丹军。但是，不久之后的946年四月，吐谷浑白承福部"白可久奔归契丹"，造成"诸侯咸梢异志"。于是在八月，刘知远首先调遣白承福部落"千九百人，分置河阳及诸州"。然后"诱承福等入居太原城中""诛吐浑大首领白承福、白铁匮、赫连海龙等，并夷其族凡四百口，盖利其孳畜财宝也，人皆冤之"。这一事件使显赫一时的白承福吐谷浑部遭受严重打击，白姓、赫连姓贵族皆被诛灭。关于其原因，大概是因为吐谷浑的叛附无常，白可久一事即为明证，而且作了导火索。白可久逃入契丹以后，"为契丹云州观察使以诱承福"，引起刘知远的警觉，并加以预防。刘知远利其财宝，吐谷浑白承福部自后唐扶植以来，部落繁炽，财力充足。所谓"承福家甚富，饲马用银槽"，又引起刘知远军阀势力的觊觎。知远诛白承福五族以后，"得良马数千匹，财货百万计以资军"。

此外，吐谷浑人的秉性"惟利是嗜"。在刘知远劝降白承福时，知远即从其将郭威之言而用重赂吸引吐谷浑而来。这在刘知远是一个阴影，必然使他产生吐谷浑白承福终不可靠的印象。刘知远诛灭吐谷浑贵族，瓦解了吐谷浑白承福部的势力，虽然他又使吐谷浑"别部王义宗统其余众"，但由于遣散和诛杀，吐谷浑力量大不如前，史言"吐谷浑由是遂微"。自此以后，吐谷浑作为代北地区一支独立的势力再不能发挥其举足轻重的作用。在后晋时期，辽境内的吐谷浑人一方面朝贡不断，再一方面则是因为逃奔后晋的关系而屡遭诛杀，或叛附无常。

### 四、后汉及后周时期

946年，契丹灭后晋，却遭到中原人民的抵抗。次年刘知远进驻东京开封府，开始了后汉的统治。后汉甫建，刘知远即于同年三月和八月两度加封其扶植的吐浑节度使王义宗，体现了对吐谷浑力量的重视。但是，后汉政权极为短促。951年，邺都留守郭威即灭后汉称帝，国号周。后周建国，亦仅十年，到960年即为赵匡胤建立的北宋所取代。

后周十年之中，吐谷浑之事有两件值得关注。一是在951年春，后周"诏移生吐浑族帐于潞州长子县江猪岭"。这是吐谷浑人第二次入驻潞州，也是吐谷浑人迁徙到中原腹地的证据。此后，这支吐谷浑人似乎并没有离开过此地。二是后汉灭亡，契丹人扶立北汉政权对抗后周。北汉政权里有吐谷浑人执掌兵权，如白从晖即为吐谷浑人，任北汉副招讨使、义成节度使，曾经攻打后周晋州、潞州等地。而且还有专门的吐谷浑军队编制，如北汉卫铸即曾"专掌吐浑军"，离任时"吐浑数千人遮道乞留"。可见刘知远此前对于吐谷浑人的笼络还是卓有成效的。

据载，刘知远起家太原，与其大将吐谷浑人慕容彦超是同母兄弟，足可见当时太原地区沙陀与吐谷浑人的共生关系。这种关系也可以说明为何五代唐、汉、周朝廷吐谷浑士兵占据着重要的位置，而且这种情况延续至代周而起的北宋。

### 五、北宋时期

960年北宋代周，宣告了五代十国局面的结束，北宋治下的吐谷浑也进入到了具有划时代意义的转折时期，即吐谷浑人的编民化。

（一）吐谷浑人的布局。

在北宋太宗时期，曾经"徙云、应、寰、朔吏民及吐浑部族，分置河东、京西"。将吐谷浑置于京西，这是首次。吐谷浑由此进驻今开封地区以西河南地界。这是继后周迁吐谷浑于潞州江猪岭之后又一次更远的迁徙，恐怕也是吐谷浑人成批迁徙所到的最南地区。从后周到北宋，对于吐谷浑的安置有一个共同的趋势就是将之南迁中原，它似乎表达出当局者这样一种战略考虑：解散北族势力集团，使其不致再动辄成为边境的不稳定因素，具体措施是南迁汉族腹地以使其渐渐汉化。

（二）北宋朝廷的职官制度中，吐谷浑因素不可忽视。

北宋兵制"禁兵者，天子之卫兵也，殿前、侍卫二司总之。其最亲近扈从者，号诸班直。其次，总于御前忠佐军头司、皇城司、骐骥院。余皆以守京师、备征伐。其在外者，非屯驻、屯泊，则就粮军也"。吐谷浑人多为禁军。北宋专门设置的"吐浑"名称的禁军职官，为吐谷浑人专有。京师有"吐浑""吐浑十将""吐浑虞候"等，与所谓"契丹直""归明渤海""契丹归明神武"等属同例。驻外禁军就粮军如"太原府就粮吐浑、潞州就粮吐浑"，驻外屯驻如"吐浑小底"。"太平兴国四年，平太原，获吐浑子弟，又选监牧诸军中所有者充"。可能是禁军掌监牧者，"吐浑直"为各地屯军称呼，"太平兴国八年，太原迁云州及河界吐浑立，屯并、代州。雍熙三年，又得云、朔归明吐浑增立，屯潞州"。北宋兵种有三，即禁军、厢军和乡兵。后两者为地方招募兵。而吐谷浑士兵和契丹等族士兵一样，都被作为北宋禁军，可能是北宋前期统治者因其擅长军事而加以分类安置的结果。

吐浑禁军职官的制度化，实际上是北宋政府对其势力的一种规范化的确认。大量吐谷浑人被编入禁军，分散各地屯守执勤，也是北宋政府分化治之的一种策略。

（三）北宋时期吐谷浑人被有目的地强制编民化。

《宋会要辑稿·蕃夷一》记载："潘美等上言云、应、寰、朔州民五百户，及吐浑、突厥三部落，安落等族八百帐，久困戎虏，善接王师，愿移旧地，南居忻、代之境。诏美与河东转运使分置河东管内，计口给闲田为业，永兴租役如安置不尽，即分于次南州县不得扰动务使安居。"

可以看出，北宋政府一改唐五代时期划地安置、存其部落、允其畜牧、不收赋税的政策，开始有目的地逐次南迁吐谷浑，使之成为州县编民，并使其营农业、交租役。应该说，这是宋时吐谷浑人划时代的变革，是其民族消亡过程中具有重要意义的一步。从此，吐谷浑人开始脱离部落的生聚形态，抛弃旧业，学习当地汉族的生计和生活。也应看到，吐谷浑人经过几百年的汉区生活，他们越来越符合编民化的条件，这与河西地区吐谷浑人逐渐编民化的历程一样，北宋政府正是顺应潮流而加速了这一进程。吐谷浑人北宋时期的编民化，正是解开吐谷浑人消亡于北宋时期这一问题的一把关键钥匙。

吐谷浑族人的散播和融合在很大程度上是因为丧失了相对独立和固定的栖居地，不得不随着新的统治者对他们的安置而进行的被动迁移。这个过程延续了很长时间，一个总的趋势是他们原有的社会组织（部落、家族或两者联盟）形式随着迁入地的定居环境变化和新的统治者对他们的统治方式不同而遭到分化瓦解。如有的吐谷浑部落在整体迁移之后，因为不断地被役属，四处征战，人口凋零，渐渐融入了其他地区的民族之中。有的因为原来首领家族的政治斗争而被灭族之后失去了得以凝聚和团结部众的核心人物，四处漂泊并逐渐融入其他民族当中。有的是因为分处不同的统治集团之内（如唐、吐蕃、辽、宋等），由相对独立和间接的"羁縻"逐渐转变为"编户齐民"这种由国家政权直接统治的方式，并随之适应和习惯了农耕定居的生产生活方式，进而也就与当地的民族渐渐融合了。

地理环境、技术水平以及在此基础上形成的生产生活方式，连同政治与社会组织管理形式最终决定了吐谷浑族人的命运。而所有在中华大地上曾经生活过的众多民族，都在这样的历史进程和社会发展的强大力量影响下，经受了岁月的洗礼，最终融合到了中华民族大家庭当中。这是历史发展的磅礴力量，也是民族融合的必然趋势。

慕容智墓出土的笔、墨、纸

# 第四章 西北吐谷浑古道

终年积雪的祁连山南面，有一条与河西走廊平行的，经青海古羌人居住区通达今新疆至域外的路线，被历史学家称为"丝绸之路青海道"。古道起于汉，兴于南北朝，盛于唐宋，衰于元，前身是"羌中道"，早在秦汉时期就已经形成。在汉代，《史记》《汉书》等典籍中称为"羌中道"，经河湟地区、青海湖、柴达木盆地，翻越阿尔金山进入西域。青海道主要分三路，北路出西宁向西北行，渡大通河，越祁连山，进入武威天祝藏族自治县。中路出西宁经青海湖北岸，沿柴达木盆地北缘至大柴旦，北上经当金口至敦煌。南路自西宁过日月山，沿青海湖南岸、柴达木盆地南缘，经都兰、格尔木，西出阿尔金山至新疆若羌。中路和南路均横穿青海省全境，出省境后经河西走廊与新疆的丝绸之路合并，在历史的长河中曾发挥过非常重要的作用。从大范围讲，中国历史上长期盘踞于此的吐谷浑国北与丝绸之路主要通道河西走廊相连，西与西域诸国接壤。由于东晋南北朝时期的丝绸之路青海道横贯或局部穿过吐谷浑王国，且大多情况下由吐谷浑王国经营、掌控，所以近现代学术界将它称为"吐谷浑古道"。

## 第一节　丝绸之路上的吐谷浑道

### 一、吐谷浑道的历代状况

《汉书》载，张骞出使西域，"欲从羌中归"。那时河西走廊被匈奴控制，阻多通少，战乱颇多，极不安全。除了河西道，羌中道是通往西域的绝佳之道。为了实现西通西域，隔绝羌胡，以及抗击匈奴的目标，汉武帝元狩二年（前121年），霍去病"破匈奴，取河西地，开湟中"。湟中，即西宁市湟中区。汉宣帝时期，赵充国督兵西陲，留下万人屯田河湟。河湟地区指的是黄河与湟水流域肥沃的三角地带，位于青海省东部。汉朝军队沿着羌中道一路西征，在抗击匈奴的同时，西汉从青海获得"青海骢""河曲马"等名马和河湟地区的粮食，以及先进的冶铁技术。

西晋建兴元年（313年），前凉肇基者张轨任凉州刺史时，吐谷浑率众徙至西北，居于青海、甘南和川北地区。其全盛时疆域南北千里，东西三千里。在长达三百五十年的历史沿革中，吐谷浑以青海湖为中心，苦心经营、持续巩固了这一地区的统治。利用居中四联、辐射周边的地理交通优势，进一步造就了吐谷浑古道的繁荣。

吐谷浑古道在丝绸之路的贸易量并不突出，但占据的地理位置非常重要。此道既是可运送货物之路，又是可发兵控制经济命脉之路。沿青海道可渡大通河进攻凉州，出扁都口进击张掖，从当金山可攻击敦煌、从芒崖可直入西域丝绸之路南线。吐谷浑人充分认识和发挥了他们所拥有的地理交通优势，依托四通八达的道路网，在关键节点处设立关卡，筑城而不居，城中课取赋税、进行物资集散和贸易交换，青海道因此成为繁荣的贸易之路。吐谷浑也成为结交四邻、南通蜀汉、东通关陇、西通西域的重要中介者。

南北朝时期，中原大地处于南北政权割裂分立状态，东晋和南朝只拥有东南半壁江山，疆域最北只到达汉中、荆楚、两淮。河南、关中、河西走廊均被其他政权占领，无法通过丝绸之路河西道联系西域。当河西道时常阻塞不通时，东晋南朝即会通过青海道和西域联系。经济发达的南朝与欧洲、西域、柔然的贸易来往由四川进入青海，再经青海道至中西亚。青海道地处青藏高原，平均海拔在三千米以上，空气稀薄，生存颇为艰难。但在南北朝以及两宋的分裂时期，北面的河西走廊多为少数民族政权割据，阻断中原汉地与西域之间的往来，不得已而改行青海道。每逢战乱频仍之时，吐谷浑古道便成为客商及官府使者重要的来往通道。

隋王朝统一中国后，为控制丝绸之路贸易，曾出兵青海击溃吐谷浑，在青海设置西海、河源二郡，在青海道新疆界内设若羌、且末二郡。大唐贞观年间，吐谷浑接受唐太宗册封，丝绸之路的所有通道均被唐朝所控制。最便捷的河西走廊畅行无阻，吐谷浑古道在南北朝时期便捷的枢纽功能逐渐消失。唐以后，又开辟了青海河源地区至吐蕃的唐蕃古道，唐代西行求经的僧徒，很多取道河源、吐蕃、尼波罗进入天竺。青海省会西宁，唐朝称鄯城。安史之乱后，被吐蕃人控制，改名青唐城。西夏国兴起，来往商队为避免战乱及重税，改走青海道，青唐城也因此成为丝绸之路的重镇，青海道再次繁荣起来。

元朝之后，随着海上丝绸之路的兴起，贸易重心逐渐转移到海上，青海道由繁荣到衰落再到被遗忘，完成了其历史使命。

丝绸之路是古代中国与中亚、西亚、印度、北非、南欧等地、相互交往的通道。中西陆路交通主干道一般以今甘肃、青海两省与新疆维吾尔自治区的毗连处作为界线，划分为东段、西段。东、西段均有多条线路。东段大体可划分为中、北、南三条支线，青海道是主干道东段经过青海地区的通道，也就是南支线的主体，具体是指自东段起点西行经湟水流域、青海湖、柴达木盆地，与中西陆路交通主干道西段相衔接的道路。

《南齐书》等史籍中将吐谷浑道称为"河南道"，因此道的一部分的确绵延在黄河以南，吐谷浑国强盛时其王曾被北朝、南朝诸国封为"河南王"。吐谷浑道是对羌中道的继承，二者是不同历史时期由于民族兴亡变迁而发生变化以后的不同叫法，当然后者的具体内容又有新的拓展和变化。

丝绸之路青海道是古丝绸之路不可或缺的有机组成部分。不同历史时期对丝绸之路青海道有不同的叫法，如两汉时期为"羌中道"，南北朝前期至盛唐前期曾被称为"河南道"或"吐谷浑道"，两宋时期丝绸之路青海道曾被称为"黄头回纥道"或"青唐道"。丝绸之路吐谷浑道曾经使丝绸之路青海道一度十分繁盛，发挥了丝绸之路主道的作用。吐谷浑是东晋初至唐前期活动在青海高原上的游牧王国。在东晋南北朝时期，适时扮演沟通各方的纽带、桥梁角色，并顺应时代需要，加强中西交流，使丝绸之路青海道进入鼎盛期，一度取代河西走廊道成为中西陆路交通主干道东段的主道。

吐谷浑道的要冲处密布吐谷浑先后设置的"大戍"或所建的小城、都城，如洪和城（今甘肃临潭）、莫贺川城（今青海贵南）、清水川戍（今青海兴海）、赤水戍（今兴海县唐乃亥乡桑当村）、浇河戍（今青海贵德县河西镇黑古城）、吐屈真川戍（今青海湖西乌兰县茶卡滩一带）、曼头城（今青海兴海县河卡镇一带）、树敦城（今青海共和县恰卜恰镇）、贺真城（今青海共和县切吉乡伏俟城南十五公里石头城）、吐谷浑王城（今青海都兰县香日德镇）、伏俟城（今青海共和县铁卜加古城）等。这些古城迄今故址可寻，还有吐谷浑道沿线特别是海西州都兰县出土的大量中西丝绸、中西古钱币等等，都是吐谷浑道存在和一度兴盛的有力见证。

## 二、吐谷浑道的走向与具体线路

吐谷浑道总体上以吐谷浑都城为中心由向东南、向西、向东北三个区段构成。向东南区段起自吐谷浑城，又由中、北、南三条支线构成，均经龙涸，止于益州（今四川成都）。向西区段起自吐谷浑城，又由南支线、西南支线、西北支线构成。向东北区段起自吐谷浑城，又由东北支线、东支线构成。可见，吐谷浑道不但连通西域与南朝，而且连通西域与北朝的都城。青海向东南、向西、向西南、向北、向东、向东北，都有畅通的交通路线，丝绸之路青海道处于鼎盛时期。

（一）向东南区段

向东南区段的主线从今都兰县香日德镇吐谷浑城东行，经今乌兰县茶卡镇，过切吉旷原，到吐谷浑曼头城；或从伏俟城出发，经共和县恰卜恰镇到曼头城。然后从羊曲（又称尕毛羊曲或尕马羊曲）东渡黄河，到达吐谷浑早期的总部（都城）沙州莫贺川，即今贵南县茫拉川（今贵南穆格塘一带）。从444年魏晋王伏罗间道袭击吐谷浑至大母桥的路线推断，大母桥当在羊曲一带，它是吐谷浑在黄河上造的第二座桥，由莫贺川东行，经今泽库县、河南蒙古族自治县和今甘肃玛曲县及四川若尔盖、松潘前往益州。此线沿途多为草原，地势相对宽阔平坦，且全程在吐谷浑国的控制之下，行走相对方便，因而使用频率最高，是吐谷浑道的主线。

向东南区段的北支线从今都兰县香日德镇吐谷浑城或伏俟城出发东行，途经今共和县切吉草原或共和县恰卜恰镇，然后从龙羊峡过黄河，抵浇河、周屯（今贵德县东沟乡），东行经今同仁县兰采乡、保安镇、瓜什则乡，经甘肃夏河县甘家滩，至今甘南州府合作，再经甘肃临潭、四川松潘前往益州。此线沿途既有宽阔平衍的草原，也有山峦关隘，尤其是今贵德至甘肃夏河段山地较多，这一段后来是明代的驿传线路。吐谷浑国控制浇河郡时期，此段使用频率较高，后来失去对浇河郡的控制，尤其北周以后使用频率逐渐降低。

向东南区段的南支线从今都兰县香日德镇吐谷浑城出发，东南行，越扎梭拉山口，经今兴海县大河坝河流域。在今同德县巴沟乡班多村（兴海县曲什安河入黄河口稍北）一带过黄河，循阿尼玛卿山北麓东南行，过今四川若尔盖、松潘，前往益州。此线沿途草原高山相间，但全程在吐谷浑国的控制之下，行走也较方便。上述三条支线互相平行，但又不是互不相连的。恰好相反，根据需要串行的情况较为多见，三条支线附近吐谷浑国时期的古城较多。

## （二）向西区段

向西区段的主线起自都兰县香日德镇吐谷浑城或伏俟城，向西跨越柴达木盆地，经都兰县巴隆、格尔木市后，基本上沿祁漫塔格山北麓西北行。过乌图美仁、甘森、尕斯、茫崖镇，西入新疆鄯善、于阗，与今天经格尔木去茫崖的公路走向基本一致。这条路线就是北魏征吐谷浑时慕利延退却的路线。据史料记载，北魏太平真君六年（445 年），在魏军攻击下，吐谷浑主慕利延从曼头城"驱其部落西渡流沙""遂西入于阗"。所行即由青海湖南切吉草原往西经今都兰、格尔木，西入今新疆南部鄯善、且末，到达于阗（今新疆维吾尔自治区于田）。那时，许多求经讲法的僧人也大多由此道出入西域。此线沿途多为荒漠戈壁，间有小块草原，地势宽阔平坦，且全程在吐谷浑国的控制之下，行走相对方便，因而使用频率较高，是吐谷浑道向西区段的主线。但有时用水不太方便，间或需要提前预备饮用水。

向西区段的南支线从今都兰县香日德镇吐谷浑城或伏俟城出发南行，经黄河源头鄂陵湖、扎陵湖一带，与中原经青海前往西藏自治区，并经西藏自治区前往尼泊尔、印度等地的国际通道唐蕃古道衔接。此线沿途草原少，高山峻岭多，海拔高，比较难行。

向西区段的西南支线由伏俟城经今都兰县香日德镇，过格尔木，再向西南行，经布伦台，然后溯今楚拉克阿拉干河谷入新疆。此线沿途草原少，荒漠戈壁和高山峻岭多，比较难行，行人很少。

向西区段的西北支线如从今都兰县香日德镇吐谷浑城西行，约在诺木洪一带转向北行，经今大柴旦、马海到甘肃阳关（也可去敦煌），与河西走廊道衔接。如从伏俟城西行，则经今德令哈、大柴旦、马海去甘肃阳关或敦煌。此线沿途多为荒漠戈壁，间有小块草原、部分山地，总体上地势宽阔平坦，全程也在吐谷浑国的控制之下，行走相对方便，使用频率较高。

## （三）向东北区段

向东北区段的东北支线从今都兰县香日德镇吐谷浑城或伏俟城东北行，经大斗拔谷（今青海、甘肃交界之扁都口）过祁连山，到今甘肃张掖，与河西走廊相接，或去西域，或东行经凉州去北朝都城等。此线沿途多为高山峡谷，间有小块草原。

向东北区段东支线从今都兰县香日德镇吐谷浑城或伏俟城经青海湖南岸或北岸去西宁，再由西宁东行，去北朝都城等。此线沿途虽然多为高山峡谷，但城镇较多，人烟稠密，有时有驿传可资利用。以上只是大致而言，实际上"吐谷浑道"可走的线路非常多，线路之间相互连通、互相交错的现象很普遍。

天祝县祁连镇慕容智墓远景图（来源：《甘肃武周时期吐谷浑喜王慕容智墓发掘简报》）

## 第二节 吐谷浑对"古道"的开发利用

魏晋南北朝时，吐谷浑为了求得生存和发展，除了潜修内政以增强自身的实力外，还十分注意顺应时势，同周边各强国建立关系，进行贡赐交往活动，为自身发展营造安定的外部环境。特别在隋唐时期，吐谷浑国频频通使南朝、北朝、柔然和隋唐，为丝绸之路的畅达提供方便。吐谷浑古道既是对外交往的政治通道、军事行动的战略要道和商旅往来的贸易要道，也是佛教文化的流通之道。

### 一、对外交往的政治通道

早在吐谷浑第四代国王辟奚在位时，吐谷浑就与当时北方最强大的前秦政权建立了藩属关系，并开始了频繁的贡赐往来。仅371年，辟奚一次就向前秦贡马五千匹、金银五百斤。前秦除了对辟奚进行册封外，还赏赐了大量的物品。由于贡赐活动不仅可以使吐谷浑在政治上得到好处，获得安全，而且还可以用本国的畜产品从内地换回丝绸、铜铁制品、日用器皿等生产生活必需品，弥补畜牧业经济的不足。因此，辟奚以后的历代吐谷浑王都非常重视与内地的政权建立贡赐关系，经常派出贡使团，携带大量的畜牲产品前往南朝、北朝各国进贡，换回数量可观的赏赐品。由此，吐谷浑古道成了对外交往的重要通道。

南朝、北朝各政权的统治者，为了交好和笼络吐谷浑，也时常派使团到吐谷浑国晋封官爵、赏赐物品。吐谷浑王阿豺在位时，吐谷浑不仅在一段时间内臣服于强邻西秦，而且同时开始向南方的刘宋政权遣使通好。吐谷浑王慕璝在位时，吐谷浑国既与南朝的刘宋政权保持着密切的贡赐关系，还与统一了北方地区的北魏政权建立贡赐关系。慕璝以后的几代吐谷浑国王，基本上维持着同时与南、北方政权保持贡赐关系的局面。南方的刘宋政权灭亡后，吐谷浑国又先后与南齐、南梁建立了贡赐关系。北魏分裂为东魏、西魏以及北齐、北周取代东魏、西魏后，吐谷浑国仍然和这些政权保持着贡赐关系。吐谷浑国遣使南朝很频繁，见于宋、齐、梁书本纪记载者达三十七次之多。

吐谷浑与北朝来往更繁，仅北魏时，据《魏书·帝纪》帝纪所载即达六十四次，居边境少数民族地方政权朝贡次数之首。吐谷浑还曾向西魏和北周遣使九次，向东魏和北齐遣使约十次。在与南北朝各政权的贡赐交往中，吐谷浑的贡物除以马匹、牦牛、毛缨、皮张等畜产品为主外，还有从西域交换来的胡王金钏、乌丸帽、珊瑚、玳瑁、珍珠等异域珍奇。

此外，吐谷浑还时不时地进献能随音乐翩翩起舞的舞马（即会走对步的马），供宫廷娱乐。南北朝各政权的回赐物主要是丝绸、杂彩、日用器皿、茶叶及金、银、钱币等。作为"塞表小国"的吐谷浑，在向南朝、北朝各政权进贡方物时，常常会得到非常周到的接待和十分丰厚的回赐。而且，南朝、北朝各政权还允许吐谷浑国贡使团携带一部分土特产品，在内地进行自由贸易。

因此，吐谷浑贡使团每次进贡时除了携带一定数量的贡品外，还携带着大量的土特产品，在内地进行交换。贡赐贸易的规模是非常可观的。隋朝建立初期，吐谷浑经常骚扰隋的边境，隋文帝多次派兵进行反击，双方的关系一度比较紧张，因而一直没有建立起正常的贡赐贸易关系。隋朝统一江南后，国势日盛，而吐谷浑国也无力进犯隋朝边境，于是双方开始进入和平交往的时期。

开皇十年（590年）、十一年（591年）、十五年（595年），吐谷浑先后多次派使者向隋朝进贡，隋朝也于开皇十一年（591年）、十二年（592年）派使者出使吐谷浑国。开皇十六年（596年），隋文帝将宗室女光化公主嫁给了吐谷浑王世伏，双方的关系更加密切。世伏死后，他的弟弟伏允按吐谷浑"兄死妻嫂"的风俗，娶光化公主为妻。从此以后，吐谷浑每年向隋朝进贡，双方保持着密切的贡赐贸易关系。隋炀帝继位后，一改与吐谷浑国友好共处的政策，发动了对吐谷浑国的战争，双方的贡赐关系随之停止。唐朝建立后，吐谷浑国一方面派遣使者向唐朝进贡，从武德二年到贞观八年（619—634），先后遣使朝贡十四次；一方面又乘唐朝巩固政权之机，频繁侵扰唐朝的西部边境。从贞观八年开始，唐朝对吐谷浑的侵扰进行了大规模的反击。

战争结束后，双方又恢复了贡赐关系。从贞观十六年到二十三年（642—649），吐谷浑国每年都派使者向唐朝进贡牛、马及其他方物，唐朝也给予吐谷浑非常丰厚的回赐，双方的贡赐贸易进入了快速发展的时期。唐高宗继位后，双方的关系更趋亲密，贡赐贸易得到了更大发展。直到吐蕃灭吐谷浑国，双方的贡赐贸易关系也随之结束。频繁的贡赐往来和互通有无的贸易形式带来了经济的繁荣，同时也促进了吐谷浑古道的发展。吐谷浑国频繁通使南朝、北朝、柔然和隋、唐的做法，使其在这一历史时期的舞台上充分展现了自己的建树。这不但促进了本国的繁荣发展与中西贸易的发展，而且加快了丝绸之路青海道成为中西孔道的步伐。

**二、繁荣的商贸要道**

魏晋南北朝隋唐时期，吐谷浑国和西域各国的众多商队在吐谷浑道上的往返是十分频繁的，某些时段可以说是前后相继，不绝于途，使吐谷浑道的使用频率得到提高。

吐谷浑国重视商业的发展，积极参与东西方贸易。吐谷浑国对各种商业经营活动不设常税，只有到需要时，才从商人和富裕的大户手中征收一定的赋税。正如《晋书》卷九七《吐谷浑传》所记，吐谷浑"国用不足，辄敛富室商人"。在吐谷浑国，商人受到重视和尊敬，在政治上有比较高的地位，各种商业活动也受到国家的积极支持和有力保护。来吐谷浑国从事商贸交易的西域和内地商人，也受到优厚的待遇。官方不仅为他们提供食宿和各种方便，而且还经常派出向导和翻译，为他们指引道路，提供翻译，沟通信息；甚而为大型商队派军队，提供安全保护。

为了方便南来北往的使团商队，5世纪上半叶，吐谷浑人在清水川（今青海兴海曲什安河入黄河口附近）黄河上建河厉桥，该桥长150步，宽3丈。此外还有大母桥（约在今兴海县羊曲）等，大大方便了过往的行人，促进了吐谷浑境内商贸活动的进一步发展。吐谷浑人常常由数十人或上百人结成伙，随吐谷浑国向南朝、北朝派出的官方贡使团结伴同行，沿途进行交易。《宋书》卷九六《鲜卑吐谷浑传》载："徒以商译往来，故礼同北面。……虽复苞篚（指贡物）岁臻，事惟贾道。"《梁书》卷五四《西北诸戎·河南传》云："其使或岁再三至，或再岁一至。"随贡使从事商贸的队伍来往频繁，有时一年两三次，贸易之繁盛可想而知。

吐谷浑人的商业活动以中西国际贸易为主。6世纪前后，西域各国对南朝丝绸的需求量增大，因南朝地区是高级丝绸的主要产地，这里贸易条件又优于北朝，西域地区的许多商人，包括远在中亚、西亚的滑国、波斯、安息等国家和地区的商人，也不辞艰辛，千里迢迢来到东西方商贸集散中心吐谷浑。要么定居于吐谷浑国，在当地开展贸易活动；要么在吐谷浑人的帮助下，凭借吐谷浑的向导，赴建康（今江苏南京）通商。

在此前后，商人们也常赴柔然、北朝，从事商业贸易，因而诸多商人络绎于吐谷浑道上。吐谷浑从西域交换来的物资有西域药材、金银玉器皿、织锦等，还有胡王金钏、乌丸帽、珊瑚、玳瑁、珍珠等异域珍奇。从中原输往西域的商品有丝绸、茶叶、瓷器、牲畜、毛皮等。《北史》卷九六《吐谷浑传》记："吐谷浑尝得波斯草马，放入海，因生骢驹，能日行千里，世所传青海骢是也。"可见吐谷浑还从波斯引进过良马。

丝绸之路是繁荣的商道，也是充满艰苦危险的商道。路程遥远，沿途免不了经受酷热、苦寒、风沙、冰雪、雨雹等的折磨。法显在《佛国记》中描述，他西行求经通过沙漠地带时，常有"上无飞鸟，下无走兽""路无居民，涉行艰难……唯以死人枯骨为标志"的情景。除了恶劣的自然条件，漫长的旅途中更有匪徒出没，商人是最招引灾祸的目标，所以单帮行商危险太大，而组成商队，有武装戒备的话，安全性会增强一些。在频繁的贸易往来中，结伴而行的商队应运而生。

商队的组成通常由某贸易国的商团组合同行路线的商侣，推举首领，向政府缴纳税金，领取护照，而后称该贸易国的商队。商队首领经政府的认可和任命后，即成为政府的代表，具有政府官员的身份，管理全队的一应事务，可以批准奖惩、收留或开除队员，甚至有决定队员生命财产的生死予夺大权，是全队的安全和财富的寄托。商队有取得政府保护和支援的权利。商队的成员，一般根据商品价值，要付给首领一定的报酬，作为入队费。

商队在通过有友好关系的国度时，须奉送礼品，交验护照，取得准予通行、贸易和相关供给的权利，有时也兼行使某些政治使命。商队通过没有关系的国度时，则须重新组织商队，纳税领照，成为过境国的商队。商队在旅途中，可不断吸收请求附行的商人，扩大队伍。因而商队的成员，经常由众多不同国籍的商贾构成，甚至有的中亚商队内，包括欧洲商人。商队的出现，使各国的贸易往来有了很强的组织性和安全性。从553年发生的西魏凉州刺史史宁在赤泉袭击吐谷浑商队，截获商胡二百四十人、驼骡六百峰（头）、杂彩丝绢数以万计的事件可以知道，吐谷浑商队规模很大。

5世纪至7世纪初，吐谷浑不失时机地控制青海道，充分利用所拥有的交通设施、牲畜运力、安全保卫、居中通译等优越条件，引导、护送西域商使往来。在维护和提高东西方国际贸易中继站地位的同时，也使青海道在这一时期渐渐繁荣起来。这一时期，吐谷浑道上的吐谷浑都城、西平（今青海西宁）等人口集中、交通便利的城镇，逐渐成了来往商人驻足休息、转运商品、开展交易的重要地点，吐谷浑道沿途的众多小城同时发挥着储存商品的功用。波斯银币、罗马金币等西方货币以及中西丝绸等在吐谷浑道沿途各地大量出土也能说明这一史实。

在官方贡使贸易和商队往返贸易兴盛的同时，吐谷浑民间与邻国的互市也比较活跃。如与吐谷浑相邻的益州，和吐谷浑的商业往来非常频繁。益州的老百姓为了获得比较可观的利润，到吐谷浑境内做生意者不少。隋唐时期，赤岭（今青海日月山）等处曾是吐谷浑国与隋、唐朝廷之间开展互市的地方。由于积极参与丝路贸易，吐谷浑人积累了数目可观的财富，特别是吐谷浑国的富裕阶层、贵族，通过经商获取了许多金银财宝。吐谷浑的富有，一度引起周边国家统治者们的垂涎和觊觎，如北魏、西魏、北周和突厥的统治者多次发动对吐谷浑的战争，主要动机也是为了掠夺吐谷浑的财富。

### 三、宗教交流的信仰之路

魏晋南北朝时期是中国历史上人口移动和民族迁徙空前频繁的时代，也是佛教得到较快传播的时代。随着佛教的兴盛，魏晋南北朝时期僧人西行求法也渐成潮流。其中，东晋末年游历西土回国的佛教高僧法显是西行求经成功的典范，另外，途经河南国的昙无竭一行、释慧览一行，途经吐谷浑国的宋云一行、阇那崛多一行等众多西行求法、求经僧侣，都有一定成就，均为吐谷浑道的利用提供了证明。

（一）途经傉檀国的法显一行。

法显，俗姓龚，平阳郡武阳（今山西临汾）人。晋安帝隆安三年（南凉太初三年，399年），法显约慧景、道整、慧应、慧嵬等人结伴西行求经。据法显所撰回忆录《法显传》记载："初发迹长安。度陇至乾归国夏坐。夏坐讫前至傉檀国。度养楼山至张掖镇。"可知法显一行从长安出发，翻越陇山，先到了乾归国，即国都在金城（今甘肃兰州西固）的乞伏乾归为王的西秦国。在西秦"夏坐"（又称"夏安居""雨安居"，是从印度传来的佛家规矩，就是夏季禁止僧侣外出，要待在寺内坐禅修学）一段时间后，来到傉檀国。此处傉檀国即南凉。399年八月，南凉王秃发乌孤去世，弟秃发利鹿孤继位，南凉王国由乐都迁都西宁。但当时南凉的实际掌权者为利鹿孤之弟秃发傉檀，所以法显将南凉记载为傉檀国。"养楼山"可能是对养女山和土楼山的合称，即今青海大通境内的达坂山。翻过达坂山，出大斗拔谷即可到达北凉首都张掖。法显一行实际上是由丝绸之路古羌中道的支线河湟道至西平，再转西平张掖道去河西走廊的。也可以说基本上是变通的吐谷浑道向东、向东北的支线。法显一行后来经鄯善国、于阗国，越葱岭（今帕米尔高原），历尽千辛万苦，到达印度，学习梵文梵语，搜求抄录佛教经律，十余年后，法显由海路归国。

（二）途经河南国的昙无竭一行。

东晋末年，受法显影响，西行求法者络绎不绝，如康法朗、慧睿、智猛等。南北朝时西行求法者更为盛行，有昙无竭、昙朗一行二十五人，法力等三人，宝暹一行八人，以及道普、道泰、法盛、慧览、道药、法献、惠生、云启等。其中较有成就者，以法勇（昙无竭）为代表。据《高僧传》卷三《释昙无竭传》记载，北燕僧人昙无竭俗姓李，幽州黄龙（今北京西南朝阳一带）人，他听说僧人法显等躬践佛国，从古印度取回真经，便立下誓言，决心亲赴西天取经。南朝宋永初元年（北燕太平十二年，西秦建弘元年，420年），昙无竭召集志同道合的和尚僧猛、昙朗等，共计二十五人同行，他们携带供养佛、菩萨的幡盖和法器、衣钵等物，从龙城出发，"初至河南国，仍出海西郡"。与《法显传》相比，《释昙无竭传》对赴西天取经途经道路的记载显得非常简略。上引"河南国"，指二十一年前法显曾"夏坐"过的陇右鲜卑建立的乾归国——西秦，此时西秦的都城已由金城迁至枹罕（今甘肃临夏），其王也已由乞伏乾归换成了他的儿子乞伏炽磐。乞伏乾归和乞伏炽磐都曾自称"河南王"，所以《释昙无竭传》称西秦为"河南国"。昙无竭一行先到西秦，之后基本沿着二十一年前法显一行走过的路线西行，即经过原来的傉檀国——南凉（此时南凉被西秦攻占已六年，其故都在今青海乐都），又越过养楼山，出大斗拔谷到张掖，再继续西行，"仍出海西郡"。学界普遍认为此处"海西"为"西海"之误，治所在今内蒙古自治区阿拉善盟额济纳旗北部居延海的"西海郡"。

据《释昙无竭传》记载，出居延海后，昙无竭一行过今新疆吐鲁番东，从高昌郡沿塔里木盆地北缘向西行，来到印度。后来在印度各地礼拜佛陀圣迹，寻访名师，学习梵文经典，取回梵文《观世音授记经》一部。昙无竭一行历时二十余年，经历千难万险，有二十人在途中罹难，最终仅有五人功成正果，搭乘商船，漂洋过海回到广州。

（三）途经河南国的释慧览、法献一行。

刘宋元嘉二十二年（北魏太平真君六年，吐谷浑慕利延十年，445年），在北魏军队攻击下，吐谷浑主慕利延从曼头城"驱其部落西渡流沙"，"遂西入于阗"，所行即由青海湖南切吉草原往西经今都兰、格尔木、花土沟、茫崖镇，西入今新疆南部鄯善、且末，到达于阗。许多求经讲法的僧人也从此道出入西域。如据《高僧传》记载："释慧览，姓成，酒泉人。……曾游西域顶戴佛钵，仍于罽宾从达摩比丘谘受禅要……览还至于填，……后乃归，路由河南。河南吐谷浑慕延世子琼等敬览德问，遣使并资财令于蜀立左军寺。览即居之。"引文中"罽宾"是今克什米尔地区。"于填"即于阗（一作于寘，王治西城，今新疆和田）。"河南"指吐谷浑国。"慕延"即吐谷浑王慕利延。"路由河南"即取道河南道，也就是取道吐谷浑道。释慧览一行哪一年走了此道呢？这从上面引文中提到吐谷浑王慕利延可推测出来。慕利延西入于阗是445年的事，于阗是信佛教的国家，那时慕利延滥杀无辜，表明慕利延那时还未开始信仰佛教。释慧览一行到河南吐谷浑国时，慕利延"世子琼等敬览德问"，并遣使资财，资助释慧览在蜀国成都修建了左军寺。表明吐谷浑国开始接受佛教。那时慕利延还健在。慕利延卒于452年，那么，释慧览一行到达河南国即吐谷浑国的时间应在445年至452年之间。

（四）途经吐谷浑国的宋云一行。

南朝梁天监十七年（北魏神龟元年，吐谷浑伏连筹二十九年，518年），北魏笃信佛教的胡太后为了表示对佛祖的虔诚，巩固自己的地位，选派已是洛阳崇立寺高僧的宋云和惠生等到天竺（今印度）取经。宋云，敦煌人，从小受佛教影响，崇慕佛法，不辞辛劳游学于当时寺院林立、高僧云集的北魏都城洛阳，后又皈依佛门，专心修行。宋云、惠生等高僧奉胡太后命从洛阳出发后，西行四十天达"国之西疆""赤岭"；再越"赤岭"西行二十三天，到达吐谷浑国；又沿柴达木盆地北缘继续西行，越阿尔金山到达鄯善国，过且末、于阗，经塔什库尔干，越葱岭进入嚈哒国（在今阿富汗北）；又经其西南越兴都库什山进入天竺，遍游佛迹，取得真经。宋云、惠生等前后历时五年，过雪山、涉流沙，克服千难万险，足迹踏遍西域诸国，于522年从天竺带回佛经一百七十部,均为"大乘妙典"。北魏名著《洛阳伽蓝记》卷五《宋云惠生行纪》是杨衒之综合《宋云行纪》《惠生行纪》和《道药传》三篇而写成的,此卷较为详细地记载了宋云一行所走路线和沿途见闻及各国风土人情。据此卷记载,宋云一行由洛阳出发后,"西行四十日,至赤岭,即国之西疆也,皇魏关防正在于此。赤岭者不生草木,因以为名。……发赤岭西行二十三日,渡流沙,至吐谷浑国。路中甚寒,多饶风雪,飞沙走砾,举目皆满,唯吐谷浑城左右暖于余处。……从吐谷浑西行三千五百里,至鄯善城。其城自立王为吐谷浑所吞。今城内主是吐谷浑第二息宁西将军总部落三千以御西胡"。文中的"土谷浑国"即吐谷浑国,据学界考证,吐谷浑国都城在今青海都兰县香日德镇(一说诺木洪古城)。

(五)途经吐谷浑国的阇那崛多一行。

南朝陈永定三年(北周明帝武成元年,吐谷浑夸吕二十五年,559年),印度乾陀罗人阇那崛多(智藏、智密)一行十人东来长安。据《续高僧传》记载,阇那崛多"将事巡历,便逾大雪山西足……又经渴啰盘陀及于阗等国,屡遭夏雨寒雪,暂时停住。……又达吐谷浑国,便至鄯州。于时即西魏后元年也。""周明帝武成年初届长安"。引文中"渴啰盘陀"又称朅盘陀国、喝盘陀国、渴啰盘陀国、大石国,约在今新疆喀什地区塔什库尔干塔吉克自治县,是来往经葱岭的要冲。可见阇那崛多所经的路线是由今新疆和田,经过青海柴达木盆地而达今青海都兰县香日德镇、共和县石乃亥乡伏俟城(均为吐谷浑国都所在地),之后走丝绸之路吐谷浑道东支线,经今西宁、鄯州治所(今乐都),然后东行赴长安。此外,魏晋南北朝时期曾取道吐谷浑道的僧人还有单道开、昙弘、慧睿、法秀(昙摩迷多)等。

上述这些大德高僧是往来于丝绸之路吐谷浑道上的代表,在史书上留下了记载。这些僧侣们不辞辛苦,在传播佛教的同时,也使丝绸之路吐谷浑道的路线更趋稳固。各色人等在丝绸之路吐谷浑道上络绎不绝往来行走,使青海道更加呈现出一片繁忙景象。

## 四、军事行动的战略要道

除了政权之间的贡赐往来、商旅贸易以及西行求经僧侣往来之外，利用吐谷浑道更多的是军事行动。军事行动中，数以万计的人、马、车辆行走在丝绸之路吐谷浑道上，也进一步凸显了它的重要性。

东晋十六国时期，南凉、北凉或用兵，或拜谒西王母，曾率数万军队先后到柴达木盆地、青海湖环湖地区，他们分别行走过吐谷浑道向东、向东北的支线，从而提高了丝绸之路青海道局部的使用率。北魏多次讨伐吐谷浑，迫使吐谷浑王慕利延带领数以万计的部落向西域迁徙，促成吐谷浑对丝绸之路南道的成功管控，同时也加大了对吐谷浑道的使用。

西魏讨伐吐谷浑的多次战事，特别是梁太平元年（北齐天保七年，西魏恭帝三年，吐谷浑夸吕二十二年，556年），西魏联合突厥人不仅抢掠吐谷浑国财富，而且掳掠吐谷浑人口。迫使吐谷浑强行迁往西域，使之遭受重创，同时加大了对吐谷浑道尤其是其东北支线的使用。

唐太宗贞观九年（吐谷浑伏允三十九年，635年），唐五路大军在环青海湖地区、柴达木盆地、黄河源头等地大战吐谷浑，使吐谷浑国遭受灭顶之灾。双方作战过程中，数以万计的人、马、车辆行走在丝绸之路吐谷浑道。隋炀帝是古代封建皇帝中唯一到过青海的。隋炀帝西巡既是军事行动又是政治行为。隋大业五年（609年），炀帝率几十万人走丝绸之路，遇山路狭窄处便加宽，逢河流无桥处则架桥，使丝绸之路青海道的路况大为改善。隋炀帝的西巡，将丝绸之路的管辖权、经营权从吐谷浑和突厥手中收归隋朝，保证了丝绸之路的畅通，密切了内地和西域的关系，从而也促进了中国和西亚、欧洲各国的经济文化交流。

此外，隋唐时期在河湟地区从事屯田的人以驻军为主，驻军兵员从全国各地征发。随着驻军、从事屯田的人数一时间大大增多，使吐谷浑道更加繁荣兴盛，也更加凸显其军事要道作用。

## 第三节　吐谷浑古道的历史意义

吐谷浑道对于吐谷浑政权而言，特别是在其稳固青海地区统治之后的中后期发展中具有重要而特殊的意义。它不仅是吐谷浑与周边各种势力进行友好往来和各种博弈及资源交换的重要地理通道，也是其纵横捭阖、闪转腾挪的战略空间屏障。从利益交换角度看，吐谷浑道为吐谷浑人带来了东西双向的丰厚利益，他们居间引接，建立起了以商贸为主线的服务业产业链。一方面为来往的各路人马提供武装护卫、翻译中介、货物集散、住宿餐饮服务，另一方面自己也进行官商结合的商贸活动，为统治阶层和少数权贵赚取超额利润。从文化交流角度看，吐谷浑道进一步丰富和扩展了东西方之间的人文交流，客观上延续和加强了沿线各个政权与势力之间的交流交融，是中西交往、北方和西南民族交往中不可或缺的重要通道。

从历史的最终走向来看，因为坐拥四通八达、联结各方的地理交通要道而引起了其他势力对吐谷浑的觊觎，那些有实力的政治势力一直没有放弃对吐谷浑的征伐与控制，其突出表现就是对丝绸之路的战略重要性和现实利益的独家垄断。而丝绸之路上的反复争夺与频繁易主，也在很大程度上塑造了中国历史上的政治版图。吐谷浑的强盛与繁荣离不开吐谷浑道，而它的衰弱与灭亡同样是因为吐谷浑道，正如历史上反复上演的迭起兴衰所证明的"君以此兴，必以此亡"。

吐谷浑道和河南道南线的建立和畅通，使得远在青藏高原西南端的吐蕃开始觊觎吐谷浑，通过课税、导引、护卫繁忙的商贾往来所获得巨大经济利益。吐蕃一方面开始借助吐谷浑提供的商道密切地与西域诸国进行贸易往来，另一方面强烈地意识到吐谷浑已经成为吐蕃与中原交往的最大障碍。

吐蕃最终借由丝绸之路形成的通道占据青海东向长安，以十分显著的区域性丰富了吐蕃文化。吐蕃文化、古羌文化延伸到川西高原，从此，川滇地区的藏康彝走廊的民族构成和民族属性濡染浓郁的古羌文化、古藏文化的特色，成为六江流域各民族的源头文化。由于吐谷浑的勃兴，使得氐羌等族的人口逐渐迁往六江流域，从此该区域各民族在族源追溯、历史记忆、文化变迁、族群界限等方面都与青藏高原发生着十分密切而深刻的联系。

丝绸不仅成为东西方贸易的最大宗商品，且成为主要实物货币，最后将西方的金银货币引入西北地区。丝绸之路发育完全，使中原地区与西域等地通过丝绸等贸易往来，结成了以贸易为主体的利益共同体。古代青海地区的民族战争与和平，都以这些利益关系的调整为动因，青海与南疆成为沟通东西方最大的贸易、文化、政治中转站。尤其是当北方、中原地区动荡的重大历史时期，丝绸贸易将西南与西北地区相沟通，且从未发生中断，直到宋元海上丝绸之路兴起才渐次沉寂。

吐谷浑道的畅通，使丝绸之路从此进入国际化交往的历史进程当中，吐谷浑政治的稳定是中西交往的保证。同时，吐谷浑立国之所以能长达三百余年，亦有赖于其国策，即除强化畜牧业根本外，强调贸易强国的交往政策，这一点也是一个鲜明的特征。

吐谷浑古道的畅通，宽容和迎纳其他宗教的特性，为佛教的东传与西进提供了便利。从此，佛教成为青藏高原各族融合、统一的文化纽带，从而加速了中华民族的一体化和多元化形成的进程。

# 第五章 吐谷浑政权经略与文化影响

吐谷浑与十六国时期的"五凉"各国以及北朝、南朝、隋、唐、五代诸政权及周边国家和民族的经济联系十分紧密，其经济类型主要有游牧业、狩猎业、手工业、农业和商业等。由于社会生产力水平、自然环境、地理条件、与周边关系等多种因素的影响，各种经济类型在吐谷浑不同历史阶段的发展程度不同。吐谷浑作为慕容鲜卑，自然保留了大量鲜卑的生活习俗。但早在吐谷浑与慕容廆分背之前，慕容鲜卑的汉化程度已经相对较高，故而吐谷浑的生活习俗中有不少汉文化的因素。同时，由于吐谷浑建国于群羌之地，羌、氐等族的文化习俗对吐谷浑也产生了重要影响。此外，吐谷浑从慕利延时期开始经略西域，在南北分裂的大背景下，吐谷浑成为东西方贸易和南北交往的十字路口，南朝、西域的文化对吐谷浑的原有文化产生了冲击，使得吐谷浑的文化呈现出明显的多元化特征。在多种经济类型及文化的共同影响下，吐谷浑逐渐形成了独具特色的经济文化面貌。

## 第一节　游牧为主的社会生活

由于社会生产力水平、自然环境、地理条件、与周边关系等多种因素的影响，各种经济类型在吐谷浑不同历史阶段的发展程度不一，游牧业是吐谷浑的主要经济类型。吐谷浑人大都以庐帐为屋、肉酪为粮，过着"有城郭而不居"，逐水草畜牧的游牧生活。从西晋至北宋长达七个世纪的历史时期里，游牧业在其经济结构中始终占有主导地位，其他经济类型则是游牧业的辅助和补充。

史料所载，吐谷浑"有城郭而不居"的现象，应根据具体时代的差异予以区别对待。吐谷浑人于4世纪初迁徙至甘肃南部、四川西北及青海等地时，居住于这些地区的羌、氐等部族的农耕经济已经有了一定程度的发展，部分人居住于房屋和城郭之中，过上了定居生活。而初迁至此的吐谷浑人皆为游牧民，需要逐水草迁徙畜牧，故"有城郭而不居，恒处穹庐"。5世纪晚期以后，吐谷浑人开始营建宫室。据周伟洲考证，吐谷浑人修筑的城郭有西㵎城、浇河城、曼头城、洪和城、伏俟城、吐谷浑城、树墩城、贺真城、鸣鹤城、镇念城、三足城、当夷县等。但是，这些城郭多为王公贵族、商人及军队所居，大多数吐谷浑部众依旧过着以穹庐毡帐为居的生活。

吐谷浑人畜养的牲畜主要有马、牦牛、羊、骆驼、骡等。在吐谷浑的游牧业中，以养马业最为发达，史称"其国多善马""出良马"。吐谷浑人养马、驯马技术高超，培育了不少优良马种，见诸史册的主要有"龙种""青海骢""蜀马"等。所谓"龙种"，事实上是对产于青海湖一带良马的泛称，而"青海骢"则系"龙种"之中最为著名的一个品种。骢，"马青白杂毛也"。"青海骢"即一种青白杂毛的马。对于"龙种"和"青海骢"，《北史》有详细记载："青海周回千余里，海内有小山。每冬冰合后，以良牝马置此山，至来春收之，马皆有孕，所生得驹，号为龙种，必多骏异。吐谷浑尝得波斯草马，放入海，因生骢驹，能日行千里，世传青海骢者也。"文献记载，"龙种"是对由精选的良种母马与当地种马交配而产生的良种马的泛称，"青海骢"则是由波斯母马与当地种马杂交而产生的优良马种。这段近乎传说的记载实际上体现了吐谷浑人高超的马匹选种与育种技术。

史载，大业五年（609年）隋炀帝亲征吐谷浑时曾于秋七月"置马牧於青海，纵牝马二千匹於川谷以求龙种"，但结果却是"无效而止"。可见，在不掌握吐谷浑人马匹选种与育种技术的情况下，仅仅将母马置于青海湖中是不可能获得"龙种"的。"蜀马"是出产于青藏高原的一种良马，这种马"短小精悍，俯仰便捷"，善走山地，耐高寒。因内地汉族最早从四川西北看见这种马，故称之为蜀马。

此外吐谷浑还曾向刘宋进献过"善舞马"，向南梁进献过"赤舞龙驹"，向西魏进献过"能舞马"。所谓"善舞马""能舞马"或"赤舞龙驹"，即训练有素，能够伴随乐曲舞蹈的良马，能够将马匹训练得随乐起舞，可见吐谷浑驯马技术之高超。凭借着高超的养马、驯马技术，吐谷浑人不仅培育出了优良马种，拥有的马匹数量亦十分可观。北魏和平元年（460年），阳平王新成、建安王穆六头、南郡公李惠、给事中公孙拔及安等分南北两道合击吐谷浑，"获驼马二十余万"，足见其马匹数量之多。马匹是游牧民族重要的生产工具和交通工具，更是重要的军事资源，大量优质的马匹使得吐谷浑拥有了一支强大的骑兵，史称吐谷浑"士马桓桓，控弦数万""自曼头至树敦，甲骑不绝"。

牦牛是吐谷浑人畜养的主要牲畜之一，其特殊的体质，能够让它生存于高寒且氧气稀薄的环境。在其他草食动物找不到牧草的高寒地带，它仍能依赖冻原的苔类植物为生。牦牛为吐谷浑人提供了肉、奶和毛皮，是其衣食之源。此外，在大雪封了山道时，成群的牦牛作为前驱，可以为其他牲畜及牧民开路。因此，牦牛还是吐谷浑人在高海拔地区必需的交通工具。

羊、骆驼和骡也是吐谷浑人畜养的主要牲畜，《旧唐书》记载唐将李君羡击败吐谷浑后,"虏牛羊二万余头而还"。《新唐书》称"诺曷钵身入谢,遂请婚,献马牛羊万"。羊常与马、牛并称,可见其数量较大,亦是吐谷浑人重要的衣食来源。并且羊毛还是制作穹庐毡帐的重要原料,因此养羊业亦是吐谷浑游牧业的重要门类。吐谷浑向西拓展势力后,"地兼鄯善、且末。西北有流沙数百里",作为"沙漠之舟"的骆驼是这一区域的主要交通工具,故亦被大量蓄养。骡为马和驴杂交而成的大型牲畜,力大,负重能力强,耐疲劳,持久性好,常被用来拉车和驮物。早在曹魏时期,生活在天水、南安一带的氐人便已经蓄养了"豕牛马驴骡",吐谷浑人西迁到这一区域并征服当地的氐人后,自然也学会了骡的繁殖培育技术,故而骡也成了吐谷浑人畜养的主要牲畜之一。

从吐谷浑人所处的地理环境来看,甘肃南部、四川西北及青海地区历史上栖息着大量的藏羚羊、野牦牛、野驴、岩羊及种类众多的鹿科动物,野兔、鼠兔、野鸡等小型动物更是随处可见,为吐谷浑人提供了丰富的狩猎资源。由于游牧本身的移动性与季节性强,因此这些辅助性生计需与游牧季节奏密切配合。汉文文献记载和考古资料表明,狩猎业是吐谷浑游牧经济的重要补充。《魏书》《北史》皆载,"好射猎,以肉酪为粮",说明吐谷浑人确实从事狩猎活动。

狩猎是东胡系民族的传统生活方式,史称乌桓"俗善骑射,弋猎禽兽为事",鲜卑"其言语习俗与乌桓同……又禽兽异于中国者,野马、原羊、角端牛,以角为弓,俗谓之角端弓者。又有貂、豽、鼲子,皮毛柔软,故天下以为名裘",可知,鲜卑能够制作良弓,且同乌桓一样,善于骑射。而其特产貂皮、豽皮、鼲子皮皆需通过狩猎获取,故鲜卑人善于狩猎。吐谷浑人作为鲜卑后裔,有着悠久的狩猎传统,射猎技艺高超,与"好射猎"的记载相吻合。

青海省德令哈市郭里木乡出土的吐谷浑墓葬棺板画,生动描绘了墓主人生前的狩猎活动,表明了狩猎是吐谷浑人的重要生产活动。棺板画从左向右展开。第一组为狩猎图。画面左下方绘有一名骑马的年轻猎人,正在弯弓射鹿,三只鹿在猎人前方飞快奔跑,最下方的一头鹿已经中箭,欲倒未倒。左上方为三位骑马的猎人追逐两头野牦牛的场景，右边的一头野牦牛已被射中要害，牛头呈反顾之状，一只猎犬从旁跃起，拦在了伤牛的前方。此外，吐延有"生与麋鹿同群，死作毡裘之鬼"的慷慨之语。阿豺曾"田于西彊山"，结合上下文的意思，这里的"田"通"畋"，为狩猎之意。表明狩猎麋鹿是他们生活中的一项重要活动。当然，吐延和阿豺作为贵族首领，其进行狩猎可能更多是出于娱乐和军事演习的目的，与普通牧民单纯的经济需求不同。

吐谷浑统治下的鲜卑乙弗部还从事渔业活动。据《北史》记载："吐谷浑北有乙弗勿敌国，国有屈海，海周回千余里。众有万落，风俗与吐谷浑同。然不识五谷，唯食鱼及苏子。苏子状若中国枸杞子，或赤或黑。"据白鸟库吉考证，屈海即青海湖。青海湖及其周边的大小入湖河流中盛产裸鲤等鱼类，渔业资源丰富，为鲜卑乙弗人开展渔业活动提供了有利条件。

黄地大象纹锦荒帷
（来源：《王国的背影——吐谷浑慕容智墓出土文物》）

## 第二节　发达的手工业

手工业与游牧生活的衣食住行密切相关，是游牧经济的辅助行业。同其他以游牧业为主要生产方式的民族一样，游牧经济所需的各类辅助性手工业也同样在吐谷浑社会中存在。汉文文献记载和考古资料证明，吐谷浑的手工业较为发达，主要有毛皮加工、毛纺、制毡、木器制造、采矿、金属冶炼、兵器制作、金银器加工、装饰品制作、制盐、建筑等。吐谷浑人早年以游牧为主，手工业在其经济生活中所占比重不大。立国后，吐谷浑在与中原地区长期往来交流的基础上，民族手工业也得到较大发展。吐谷浑境内多盐，产金、铜、铁。因此吐谷浑有采盐、采矿业及相应的铁木手工业。能制造一部分铁木用具、刀矛、铠甲，能用皮革制造甲胄衣服、鞍鞯及各类生活用品。大量的资料表明，吐谷浑立国之后，其手工业生产水平比之群羌互不统属之时代有了很大的提高和发展。

### 一、皮毛加工技术

皮毛加工是以畜牧业为主的游牧民族最普遍的传统手工业。据考证，在青海诺木洪文化遗址中，就有塔里他里哈出土的牛皮靴履。靴履的鞋底是用较厚的原牛皮制成，鞋面则是质地较软的牛皮，靴底用骨锥或金属锥钻孔打眼，再用牛皮绳连缀缝合，非常实用。都兰热水古墓中亦出土了不少皮靴、皮件等皮制品。其中皮靴在制作款式上更是与众不同，即在原生牛皮制成的靴底上，为"L"形筒面一体对称裁制靴身，从比较柔软的靴底和整体的靴身看，应当是少数贵族穿着的，与今天海西地区藏族缝制的筒靴相像，不同的是今天的海西藏靴靴底更加厚实，是由多层生牛皮制成的。

吐谷浑等许多游牧民族使用的各式皮靴，常常被匠人们特意制作成左右脚皆宜的款式，以适合由于行走偏差所形成的固定磨损，靴子被经常性、习惯性地调换使用，使原有的使用期限被这种设计和使用方法巧妙地加以延长。

从青海、新疆交界地带出土的陶靴上，可以看到定居于青藏高原的吐谷浑人制靴的一些工艺技术。例如，辛店文化中出土的一双可能是用于祭祀的陶靴，它由多块皮革连缀，靴筒为整块围成，靴帮和靴面为多块缀合，靴底为整块裁剪，与靴帮、靴面连缀缝合，连缀的针脚及其走向纹路亦被真实地刻画出来。总之，吐谷浑人在皮革鞣制、用料裁剪、针法拼贴、款式要求、缝制方法等方面都已形成完备而严格的制靴工艺程序。出土的皮靴做工讲究，皮质柔软，色泽光亮，反映出吐谷浑人高超的皮毛加工技术。另外，还有各种皮革服饰如皮裘、皮裤、皮帽、皮靴及皮制用具如皮袋、皮筏、皮鼓等。

**二、冶炼技术**

文献记载，吐谷浑的手工业如采掘、冶炼、兵器及金银制作等较为发达。史称吐谷浑"饶铜、铁、朱砂"，其统治的白兰山"土出黄金、铜、铁"。因此，吐谷浑国内采掘和冶炼金、银、铜、铁等的手工业是较为普遍的。由吐谷浑统治达百年之久的鄯善地区，自汉代以来，就是一个"山有铁，自作兵"的小国。出金、铜、铁的白兰，曾向北周"献犀甲、铁铠"。《北史·吐谷浑传》记载："吐谷浑兵器有弓、刀、甲。"这些铁制兵器有一部分就是吐谷浑人自己制造的。

吐谷浑族是在对青藏高原古羌族的融合、征服的基础上形成的新的民族共同体。吐谷浑科技水平在立国后有了很大的提高，原因之一就是甘青地区的古羌族本身就有冶铁、锻造的优良技术和较高水平。随着考古工作的日渐深入，先秦时期古羌人冶炼的青铜器实物在马家窑文化遗址、卡约文化遗址、齐家文化遗址以及诺木洪文化遗址相继出土，如马家窑文化遗址出土的完好无损的青铜刀、铜凿、铜锥、铜环；诺木洪文化遗址出土的铜刀、铜斧、铜钺等，这些都反映了古羌人在冶铜技术方面的巨大进步。

《汉书》卷九十六上《西域传》载，位于青海西北部地区的婼羌国"山有铁，自作兵，兵有弓、矛、刀、剑、甲"。近年来青海省相继发现了不少汉代的铁制器具，例如陶家寨汉墓遗址、西宁山陕台东汉墓葬、上孙家寨墓地等，都出土了许多铁刀、铁剑等器物。据统计，在青海省已探明的五种黑色金属矿产中，仅铁矿产地就多达四百三十余处，这说明甘青地区吐谷浑冶铁技术的发展从历史上看是有其资源保证的。故《北史》卷九十六《吐谷浑传》载，青海"多牦牛、马、骡，多鹦鹉，饶铜、铁、朱砂"。而《隋书》卷八十三《吐谷浑传》及《新唐书》卷二百二十一上《吐谷浑传》亦有相同的记载。

吐谷浑自西晋末起开始入居青海地区，到唐龙朔三年（663年）为吐蕃所灭，在三百五十年的漫长岁月里，为开拓青海的经济、科技和文化事业做出了积极贡献。如在吐谷浑治理青海期间，青海道一直是沟通中原与西域各国经济贸易的主干路段之一，而地处此干道上的伏俟城（今青海省共和县石乃亥）、都兰（即吐谷浑城）都是商贾云集的商贸重镇，人们在都兰古墓中发掘出东罗马金币、波斯银币及三百五十多件珍贵丝绸物品，即可证明。

为了保证"吐谷浑商路"的畅通，吐谷浑甚至动用军队来护送经吐谷浑道的中外商贾。如《周书》卷五十《吐谷浑传》载："魏废帝二年（553年）……夸吕又通使于齐氏。凉州刺史史宁觇知其还，率轻骑袭之于州西赤川，获其仆射乞伏触扳、将军翟潘密、商胡二百四十人，驼骡六百头，杂彩丝绢以万计。"后来许多地区也延续了吐谷浑的这种做法，积极为经过当地的中外商人提供"援送"服务。

随着铁器的广泛应用和吐谷浑在历史发展过程中对冶铁技术经验积累的日益丰富，铁器在唐代中后期已经成为吐谷浑人的重要殉葬物，它充分显示了铁器对于吐谷浑人生活的重要性。史书记载，吐谷浑甲士都"著全装重甲"，且甲片坚利。我们可以想象，在这样的装备条件下，一旦两军对战，全装重甲较之"马甲"自然占据优势。正因为掌握了高超的制甲技术，吐谷浑才能"控弦之士数万"，"兵器有弓、刀、甲"，从而形成了比较强大的军事力量，统一了广大的羌区，控制了数千里之地，并且维持了三百余年的统治，吐谷浑以其先进的冶炼锻造技术所制作的精良兵器，不仅保证了本国的军需，而且还向军事力量强大的北周"献犀甲、铁铠"。

综上所述，吐谷浑时期的冷锻制甲技术，既是吐谷浑匠人在长期冶铁实践经验与文化积累的基础上所创造的一项优秀的物质文化成果，同时又是各民族经济文化相互交流的一种文明产物，作为一种在当时比较先进的锻造技术，不仅有力地推动了吐谷浑军事装备的发展，而且也从整体上为吐谷浑科学技术的进步做出了积极的历史贡献。

### 三、金银饰品制造技术

吐谷浑地出金银，故其金银器皿及装饰品制作工艺也较发达。其旧部树敦城"多储珍藏"，在其向内地政权朝贡的物品中，也有一部分是吐谷浑人自己制作的，这类产品的特点是用料贵重、制作精细、技艺高超，一般能代表一个地区手工业生产的最高水平。

南凉与吐谷浑这两个王朝仪仗器物的制作，主要还是境内工匠制作的。都兰热水大墓中出土的金银饰品有：鎏金银质鸟形饰片、金箔与鎏金银饰片、鎏金银带饰、六瓣花形铜饰、铜钩形饰、铜带扣、卷草纹镶嵌绿松石金牌饰、狮纹镶嵌绿松石包金银饰物、三狮纹镶嵌包金银饰物、十字花金箔饰、圆角方形银指环、铜铃、珍珠地卷纹银管饰等。饰品的造型与用途较为稳定，体积小而轻盈，在装饰方面大多以精小的点缀形式装饰，如金花饰，花瓣分六至十二片不等，花的边沿一周垂饰有点状纹，点状纹路以花瓣茎叶为走向，花的中间垂饰一圈花蕊纹，中心一小孔做固定之用。尽管花形不大，但十分注意装饰性，使得饰品非常精美、贵重。

因此，史载吐谷浑妇女多"以金花为首饰""缀以珠贝"，可汗妻恪尊则"衣织成裙，披锦大袍，辫发于后，首戴金花冠"。在吐谷浑向内地政权朝贡的物品中，也有金银或金银器皿。

早在三千年前，古人已认识并使用了黄金，发明了包金技术，春秋兴起错金银工艺，战国时出现了鎏金，它是古代表面饰金技术领域的重大进步。表面饰金技术包括包金、贴金、嵌金、鎏金等，吴坤仪通过对多件鎏金文物的研究以及进行的模拟实验表明，用金汞齐法鎏金，残留的汞均匀分布在金层面中。因此，汞的存在是分辨鎏金与其他表面镀金方法的重要依据。都兰热水大墓中出土的镀金银花条、镀金银饰片的样品成分分析中没有发现汞的存在。表明镀金花条、镀金银饰片并没有采用汞鎏金工艺，其制作工艺则采用了传统的包金技术。包金技术是指将金薄片用机械方法贴于器物表面，金薄片的边缘卷曲到胎内相应位置起固定作用。

由于金及其合金良好的延展性，可嵌进胎上的凹凸花纹上，这也起到固定金层的作用。银胎呈等轴晶结构，是通过热加工使其成型；金层为枝晶结构，没有受到热加工。这也表明其并非鎏金，而是在银胎成型后，将金层包于器表。在出土的银胎及铜胎金饰品中，有一件表面覆金的银饰品，银胎正面有一立体的狮子头，狮子头四周下凹处有金层，金层很薄，与基体结合紧密，未见金边卷曲现象，可见采用了鎏金技术；其余的均发现有金薄片边缘卷曲固定金层的现象，可见采用的是包金技术。在吐谷浑时期，包金银这种表面饰金技术颇为普遍。同时，更为先进、经济的鎏金技术也已开始出现并被吐谷浑匠人所使用。

通过对都兰出土金属器物抽样分析可知，铜丝由纯铜所制，呈等轴多变形组织，这种成分及组织结构符合铜丝饰品对于柔韧性的需求。薄壁铜饰物由铅青铜铸造而成，铅青在铜中的加入满足了薄壁铜器对良好的流动性和满流率的需求。当时吐谷浑人已掌握了纯铜及其合金的不同性能，并能根据所制器物的用途合理选择不同的材质及制作技术。

另外，从都兰热水大墓出土了许多小件铜器，有铜丝、铜铃铛、铜带扣、彩绘铜饰品、铜构件等。其中铜带扣经鉴定是铜锌合金。X线检验表明铜带扣由四部分组成，即扣环、扣舌、扣身、带圈。鉴定表明扣环、扣舌、扣身、带圈是分别铸成零件进行组装的。先组装扣身、扣环，其次将扣舌装在扣环上，再次将带圈套入扣身，最后用铆钉将带子固定在扣身上，这样，铜带扣的组装便完成了。从中我们不难看出，吐谷浑金银制作工艺已达到相当高的水平。总之，从都兰热水大墓的出土文物来看，当时吐谷浑人已完全掌握了沙坯制模、冶炼浇铸、热铸冷锻、组合焊接、打磨抛光及新型的镀金工艺等技术。

**四、木器制作技术**

木器制作包括车、舟等交通工具及犁、耱、耙、叉等生产工具，还有漆器、木制饰品等。木器在吐谷浑人日常生活中亦较为普及，有木梳、木碗、木盒及木质箭等。有专门为陪葬制作的用品，如彩绘木质车马、木俑、木兽。还有大量的木制饰品，如都兰99DRNM3古墓出土的木制饰品有人头俑、鸡头木俑、骑马木俑、武士骑马俑，99DRNM2出土的木制鞍等。其中一件贴金箔彩绘木鸡，堪称极品，出土时鸡头已残，胸腹贴金，腿与身相接处刻出两个平行的楔槽，长3厘米、宽0.6厘米、深0.5厘米，用以插鸡翅；鸡背用红彩勾出两个心形图案，内填红彩。鸡下腹除贴金处外，也有红绿彩；鸡翅反正面皆有彩绘，图案基本一致，两翅图案也一样，用红、绿、黑、白、黄五色彩绘，反映出吐谷浑人高超的技术和水平。出土的武士骑马俑木质坚硬，武士的颈部断面很平滑。武士前颈、后颈、前胸、后背均有墨绘鱼鳞甲；双手执缰，双臂残留红彩。马的络、缰均由墨线勾出，马的后臀有墨绘的鞴带。可看出吐谷浑人木工技术的精湛。

另外，值得注意的是出土木制器物上的彩绘技术，都兰出土的彩绘木箱状木器反映出吐谷浑彩绘技术水平较高。东侧第一块木板表面用五块小木板构成壶门，厚约1.1厘米；木板彩绘时都以白颜料作底，然后在上面勾勒绘彩；壶门上绘有门框，内框用点线勾勒。外框用红线勾勒，中间添绿彩；门框宽约0.8厘米，门框添红彩。左侧壶门内绘有一头雌鹿，作卧状、头朝左、神态安详，鹿用蓝线勾勒，内添绿彩，其他部分添以蓝彩。右侧壸门内绘有一人，作蹲状，身体前倾，头侧面朝左，左手前伸持弓，右手往后拉弦扣箭，箭头为钝面，似欲射左侧之鹿。

人物用墨线勾勒其形体，再添以青蓝色彩，其余部分再涂上一层蓝彩。吐谷浑人使用的白色颜料主要是石膏、方解石。都兰地区的土壤中碳酸盐、石膏含量都比较高。因此，吐谷浑画师因地制宜，大量使用石膏作为白色颜料。由于天然矿物颜料有着特殊的稳定性，因此色泽保持至今，仍然光彩夺目，这不能不说是吐谷浑人的智慧所在。

**五、建筑工程技术**

吐谷浑诸传中对于其居住情况做了如下记载："虽有城郭而不居，恒处穹庐，随逐水草畜牧。"随着丝路的畅通、经济的发展，以及军事战略等新形势的需要，吐谷浑的居住形式发生了改变。

慕容拾寅当政时，"起城池，筑宫殿，其小王并立宅"，逐步开始定居。关于吐谷浑所建城镇，周伟洲《吐谷浑史》中考证有十余座。其中青海境内有曼头城、树敦城（今兴海县境内）、浇河城（今贵德县境内）、伏俟城（今共和县境内）、吐谷浑城（今都兰县境内）、贺真城（今茶卡盐池附近）等。甘肃境内的有西漒城（今迭部县境内）、洪和城、鸣鹤城、镇念城、三足城（今临潭县一带）等。这些城镇有的是纯军事防御堡垒，有的是不同时期的国都，有的是经营盐池所需，有的则集政治、文化、交通于一体。

吐谷浑人引进汉地先进的造桥技术，曾在今循化清水地区建筑了技术含量颇高、美观坚固的铁木结构的河厉桥一座，"长百五十步。两岸垒石作基陛，节节相次，大木从（纵）横，更镇压，两边俱平，相去三丈，并大材以板横次之，施钩栏，甚严饰，桥在清水川东也"。这是一座无墩柱伸臂木梁结构的实体桥，是木、铁加工技术综合运用的成果，显示出了当时吐谷浑手工业者很高的工程技术水平。

从现有资料来看，吐谷浑所造桥梁有河厉桥和大母桥。史地专家们认为，河厉桥建于约东晋义熙七年（411年）前后，是黄河上游建造的第一座桥。大母桥建于太平真君五年（444年）前后，桥址在今龙羊峡一带，是吐谷浑在黄河上修建的第二座桥梁。这两座桥是吐谷浑人聪明智慧的体现，是青海境内最早的以木质材料建造跨越黄河的桥梁，在保证丝绸之路畅通、促进东西方文化交流等方面发挥了不可低估的作用。

**六、酿造与制盐业**

据《青海通史》载："青海的酿酒业由来已久，早在齐家文化和卡约文化时期就有陶酒器。两晋南北朝时以饮酒为时尚。"由于青藏高原高寒气候，人们认为饮酒可驱寒，避疫瘴，活血脉。所以酒就成了人们日常生活中不可缺少的东西。再则，吐谷浑时期青海交通闭塞，经济、文化生活较为落后，在这样的人文环境下，酒不仅仅是一种饮品，也是人情礼仪社交活动的一个重要载体。吐谷浑时期盛行以本土出产的青稞、燕麦为原料，土法酿造而成的酪醯酒和曲酒。酪醯酒是低度白酒，香甜的酒味中透出特有的辣味。

德令哈市出土的郭里木墓葬棺板画第三组为宴乐图，此图位居画之中心，场面宏大，气势如虹，以明快逼真的手法，再现了墓主人生前的一个生活场景。此组画中共有十七个人像，分三组饮酒作乐。其中有吐谷浑王、巨商及墓主人夫妇。左有七位贵族或富商，随意盘坐在锦垫之上，开怀畅饮。其中的一位已不胜酒力，开始呕吐，第三人投以责怪的目光，其前有一个人高举大单巢仰天吹奏。紧挨着饮酒画面是两顶相连的百子大帐，大帐绣帘高卷，帐内一男士头戴螺形高帽，神态持重，正与一位穿戴华贵、气度淑雅的女子亲切对酌，此二位应为墓主人夫妇。帐门右侧，有一男士正在拥袖试衣，大概是帐中主人赐予了他一件新的长袍。帐门左侧，一妇女执坛侍酒。帐门前一男士正举巨觥与人对饮。整个画面气氛热烈，突出了吐谷浑人在蓝天白云之下、芳草无涯的原野上宴饮游乐的景象。关于吐谷浑人宴饮习俗，在史料中少有记载，而这幅画正好弥补史料之不足。

从地理环境来看，吐谷浑控制的青海地区盐池遍布，盐业资源丰富，《宋书》称吐谷浑境内的"屈真川有盐池"，可见吐谷浑人开发利用了这些资源，制盐业有了一定程度的发展。《后汉书·西羌传》载："羌乃去湟中，依西海、盐池左右。"唐李贤注曰："金城郡临羌县有盐池也。"新莽时期，王莽曾强迫当地羌人"献鲜水海、允谷盐池"，设"西海郡"。青海境内盐池很多，羌人早就开发青海的食盐资源了。吐谷浑人立国青海后，对当地丰富的食盐资源继续开发、利用。南朝刘宋段国《沙州记》，吐谷浑境内"自大岭北乙佛界屈海，海西南三百里有盐，从（纵）阔半寸，形似石，味甚甜美"，指的就是今海西州茶卡盐场。吐谷浑人赖其之便，基本能够满足生活所需。

吐谷浑乙弗部作为环湖地区的居民，向有鱼盐之利。青海湖是我国最大的咸水湖，盛产无鳞裸鲤，今称为"湟鱼"。当地羌人不喜食鱼，鲜卑人早在东北辽河地区时，就常以鱼为食。从某种意义上讲，吐谷浑乙弗人的到来，开创了青海湖渔产品开发利用的先河。吐谷浑乙弗人食鱼的情况在《北史》中有记载，从青海湖西岸十五里、吐谷浑占据环湖地区后建立的都城——伏俟城出土大量鱼骨也可得到印证。吐谷浑人乙弗部南部，即今共和盆地西部和今海西乌兰县河谷地带盛产"苏子"，即今"枸子"。枸子系产于山岩之间的一种植物，紫花红果，类为枸杞，果形稍圆。它与蒺藜科之"白刺"以及属于胡颓子科的"黑刺"——沙棘，均为当地所产落叶灌木，果实都含有丰富的维生素 C 等，既可鲜食，亦可晒干磨粉食用。在一千六百多年前，吐谷浑人就发现了沙棘植物的营养价值，广为食用。沙棘已成为今人时尚营养品的重要原料之一，其最早的发现者则是吐谷浑人。

## 第三节　种植业及商事活动

### 一、种植业

农业在吐谷浑的经济结构中占有一定比例。汉文史料中有大量关于吐谷浑农业的记载。《晋书》称吐谷浑"地宜大麦，而多蔓菁，颇有菽粟"，《北史》称"亦知种田，有大麦、粟、豆。然其北界气候多寒，唯得芜菁、大麦，故其俗贫多富少"。《梁书》称"其地有麦无谷"，《周书》称"亦知种田，然其北界，气候多寒，唯得芜菁、大麦。故其俗贫多富少"。《隋书》称"有大麦、粟、豆"，《通典》称"有麦，无谷"。《旧唐书》称"气候多寒，土宜大麦、蔓菁，颇有菽粟"，《新唐书》称"地多寒，宜麦、菽、粟、芜菁"。通观诸史，可知吐谷浑的农作物主要有大麦、菽（豆）、粟、芜菁（蔓菁）。至于《梁书》《通典》所谓的"有麦无谷"，其缘由即《北史》《周书》中记载的"然其北界气候多寒，唯得芜菁、大麦"。

从农业地理的角度来看，吐谷浑北部的青海湖周围地区及西北的柴达木盆地是不宜种植粟和豆类的，只适合种植对高寒气候适应性较强的芜菁（蔓菁）和大麦。而河湟地区是青藏高原东缘的主要种植业分布区，汉代以来，羌人便在这一地区从事农业生产，过着半农半牧的生活。吐谷浑征服这一地区后，并没有改变当地羌人的生产生活方式，仍继续让其从事农业生产。故这一地区的农作物品种远比其他地区丰富，其中以大小榆谷的农业最为发达。

大小榆谷的地形为冲积平原以及黄土丘陵，土地肥沃，适宜农耕，"只要有这种肥沃而又用之不尽的土壤，加上足够的湿度或灌溉，简单的轮种及汉式施肥就能够保证年年有好的收成，无需休耕"，自汉代以来便是羌人的农耕中心。

由此可知，吐谷浑确实存在农业，但是从事农业生产的人群主要为其统治下的羌人，农业区域也大多集中于日月山以东的河湟谷地，而这一地区是各政权激烈争夺的地带，在大多数历史时期内并不受吐谷浑控制，难以成为其稳定的粮食生产基地。因此，农业虽为吐谷浑的经济类型之一，但并不是吐谷浑人主要的生产方式，在整个经济结构中所占的比重较低。值得注意的是，农业不仅是一种生产方式，也是一种生活方式，其定居生活的方式与5世纪晚期以后吐谷浑城郭的出现或许有一定的关联性。

**二、以丝路贸易为主的商业**

同其他游牧民族一样，为了满足生产和生活需求，吐谷浑人同样热衷于同外界开展商业贸易。按照商业贸易的性质划分，吐谷浑的商业贸易可分为朝贡贸易和丝路中介贸易。

吐谷浑立国后的大部分时间都处于战乱频仍、政权林立的南北朝时期，为了维持生存与发展，其将朝贡贸易作为外交手段，游刃于南北各政权之间，以求实现自身利益的最大化。据史料记载，吐谷浑与西秦、刘宋、北魏、南齐、南梁、东魏、西魏、北齐、北周及之后的隋、唐诸政权皆建立过朝贡贸易关系，用"舞马""蜀马""白龙驹"等良马及牦牛、羊、金银等各种特产换取丝帛彩绢等丝织品及牵车等珍宝玩物。

吐谷浑灭国后，内徙并散居于朔方、河东、代北等地的族人仍然与晚唐、辽及五代诸政权保持着朝贡贸易关系，史称吐谷浑"羊马生息，入市中土，朝廷常存恤之"。在这类朝贡贸易中，吐谷浑所得赏赐的价值通常会远远大于其所献贡品的价值，但是这些赏赐是供上层贵族享用的奢侈品，数量也不会很多，故这类朝贡贸易的政治意义远远大于经济意义。

真正使吐谷浑获得巨大经济利益的是丝路中介贸易。5世纪40年代，慕利延西征于阗、南征罽宾，势力进入西域。伏连筹时，吐谷浑已经地兼鄯善、且末，控制了西域东部的贸易枢纽。此时南北对峙的局面已经形成。鉴于从江南通向漠北及西域的通道均被北魏政权控制，南方政权想同漠北及西域进行联系和贸易便只能从益州出发，借道吐谷浑。此即《梁书·河南传》所称"其地与益州邻，常通商贾，民慕其利，多往从之"。由此，吐谷浑控制下的漠北抵益州的"河南道"，由祁连山南麓一线沿湟水至青海湖，经柴达木盆地至塔里木盆地南缘绿洲城邦的青海道便空前兴盛起来。

在5世纪中叶至7世纪初，"吐谷浑所据之青海地区事实上成了中西交通的中心之一。从青海向北、向东、向东南、向西、向西南，都有着畅通的交通路线"。凭借得天独厚的地理位置，吐谷浑同南朝、北朝、柔然、突厥、西域各国、中亚地区、嚈哒、波斯、印度乃至东罗马都有了直接或间接的贸易往来，并成为东西方贸易的中介商。当时往来于西域与南朝之间的西域各国商人和使者，通常都经由吐谷浑控制下的青海道、河南道进入蜀地，前往南朝贸易和朝贡，在此期间，还往往聘用吐谷浑人作为向导和翻译。比如当时的西域滑国在与梁朝的交往中，其语言便是"待河南人译，然后通"。

在大规模的中介贸易中，吐谷浑获取了巨额财富，"多诸珍藏"。从汉文文献记载的吐谷浑向刘宋贡献的乌丸帽、女国金酒器、胡王金钏等异域珍宝和青海西宁出土的波斯萨珊朝银币，都兰热水古墓中出土的大量汉地丝绸、漆器、粟特金银器、玛瑙珠、波斯织锦以及"开元通宝"铜钱等便可窥知其获利之丰。巨额的贸易收入使得吐谷浑的统治者在大多数情况下不需要征税便可维持其政权的运转，因此"国无常赋"。即使遇到特殊情况需要征税时也只需"税富商人以充用焉"。

可见商业在吐谷浑经济结构中占有重要地位，使其游牧经济呈现出了浓重的商业化色彩。但是吐谷浑东西方贸易中介商的地位是在南北分裂的大背景下形成的，并不稳固。一旦南北重新统一，其贸易优势便会迅速丧失。因此，当北周占据益州，切断其与南朝的贸易通道后，吐谷浑的商业便迅速衰落，其政权亦由盛转衰，到了隋唐时期，便走向了灭亡的道路。

由是可知，吐谷浑的经济类型包括游牧业、狩猎业、手工业、农业和商业。各经济类型在不同的历史时期发展程度不一，有着各自的变迁轨迹。总体而言，游牧业为吐谷浑人提供了基本的生产资料和生活资料，始终是吐谷浑最主要的经济类型，在其经济结构中占有支配地位，是其政治、军事、社会文化生活的基础。

狩猎业在吐谷浑人的生产生活中有着特殊的地位和作用，在补充衣食之外，还具有娱乐和军事训练的功能。手工业是游牧业的辅助行业，为吐谷浑人提供了生产工具、生活用品和军事装备。农业亦是吐谷浑的经济类型之一，但并不是吐谷浑人主要的经济生产方式，在整个经济结构中所占的比重较低。商业在吐谷浑经济结构中占有重要地位。随着生产力的发展，游牧业、手工业和商业在吐谷浑汗国时期皆呈现出较好的发展态势，尤其是商业，一度使吐谷浑成为当时东西方贸易的中心。因此，吐谷浑的经济类型具有以游牧经济为主，多种经济类型并存的特点。

武氏墓出土莲花纹银碗
（来源：《武威文物精品图集》）

## 第四节　政权统辖

**一、官吏制度**

政治制度和社会组织管理形式都是根植于自然地理条件和生产力发展水平之上的"上层建筑"。换言之，生产力发展水平和自然地理条件从根本上决定了一个国家或政权所能采取的政治制度和统治方式。吐谷浑的政治制度演进一方面是根据自身不同发展阶段的客观条件变化进行的适应性调整，一方面其以游牧为主的经济发展模式决定了它不可能采用中原地区实行已久的"郡县制"等适用于农耕定居生活的政治和社会组织管理模式。即便在某些历史时期，吐谷浑可能在形式上模仿了中原政权的官制，但实质上还是以游牧民族惯常采用的部落（联盟）制和"行国"制度为主。这种"名实分离"的政治制度是吐谷浑屡屡面临亡国之险而又能不断转危为安的重要制度因素，但同时也是其在广大疆域范围内自始至终并未完全建立直接有效统治的重要原因。

吐谷浑自叶延起正式建立政权，此后就由部落联盟进入国家的阶段，设置了一套国家机器，并逐渐趋于完善。《晋书·吐谷浑传》记其初期官制时说："其官置长史、司马、将军。"《旧唐书·吐谷浑传》亦记："其官初有长史、司马、将军。近代以来，有王、公、仆射、尚书、郎中。"吐谷浑初期或后期的官制，多与内地政权的官名相同，显然是受内地影响，仿照设置的。这一点，史籍记载甚明，如《通典》卷一八九云其"建官多效中国"，《新唐书·吐谷浑传》亦云其官"盖慕诸华为之"。这也是吐谷浑统治者大力吸收汉族先进文化的结果。

关于吐谷浑前期的长史、司马、将军的官号，在《晋书》《魏书》的《吐谷浑传》里，记有"司马薄洛邻""长史钟恶地""司马乞宿云""长史曾和""长史鸦鸠黎"等。《魏书·吐谷浑传》自记载"长史鸦鸠黎"之后，再未见记长史、司马的官名。而"长史鸦鸠黎"是在慕利延时。由此，可推测吐谷浑变革前期的官制，大致是在慕利延至拾寅之时。在慕利延之前，除上述官名外，还见有"博士骞苞""侍郎谢大宁"，此两种官号也当为吐谷浑仿内地政权同名官员所置。

吐谷浑"王"的封号出现较迟，《梁书·河南传》云拾寅时，为"小王并立宅"，此"小王"当指拾寅子弟，封为王者。正式出现王号是在夸吕称可汗之后，《周书·史宁传》记史宁与突厥木杆可汗击吐谷浑时，有其"婆周国王""征南王""贺罗拔王"等。以后，吐谷浑王号记载就越来越多，计有：广定王、钟留王、龙涸王莫昌、洮王、赵王他娄屯（以上均在北周时）；定城王钟利房、高宁王移兹裒、觉王诃（太子）、名王拓跋木弥、大宝王尼乐周、仙头王（以上隋时）；尊王、天柱王、大宁王慕容顺、高（南）昌王慕容孝隽、名王梁屈葱、丞相宣王、威信王、燕王诺曷钵（以上在唐代）等。

此外，史籍还多次提到北周、隋、唐等政权击吐谷浑，俘获或归降的吐谷浑王多达二十余人。可见到了后期，吐谷浑封王之滥。从上述已知的姓氏来分析，封王者大多为吐谷浑王族慕容氏，特别是可汗子弟，也有国内羌、党项、宕昌等部落的首领。

至于王以下的公、仆射、尚书、郎中之号，见于记载的不多。《隋书·吐谷浑传》记开皇元年元谐击吐谷浑，有"公侯十三人"降隋。又《旧唐书·吐谷浑传》云唐太宗即位后，"伏允遣其洛阳公来朝"。北周凉州刺史史宁曾俘获吐谷浑的"仆射乞伏触板（拔）"。此外，史籍还记有吐谷浑的"丞相宣王""别驾康盘龙""侍郎时真"等。

史称吐谷浑拾寅"居止出入，窃拟王者"，伏连筹"准拟天朝，树置百官，称制诸国"。可见其政治制度几乎全是仿照内地政权。上述官名仅见于记载的，史籍漏记或阙载的一定还不少。

根据上述官制及其他资料，大致可将吐谷浑的政治制度轮廓及其演变的历史勾画出来。在吐谷浑未建立政权之前，它仅是一个部落联盟，最高首领称

"可汗"。这一可汗，仅是鲜卑族对首领或官家的称号。其余部署首领或称"大将"，或称"部大"（主要是羌族首领）、"别帅"等。那时吐谷浑的可汗仅相当于一个部落联盟的首领。

到叶延正式建立政权后，吐谷浑进一步吸收汉族文化，"建官多效中国"，置长史、司马、将军等官职，形成了国家的统治机构。但其统治下的各部首领仍以部大、酋豪、别帅等称呼。叶延以后，吐谷浑与内地的前秦、西秦、南凉、北魏等政权先后发生关系。至树洛干时，始自称为"大都督、车骑大将军、大单于、吐谷浑王"，"号为戊寅可汗"。这些称号表明，树洛干不仅仿内地政权称"大都督、车骑大将军、吐谷浑王"；而且又采用漠北原匈奴最高首领"大单于"的称号；还保留了本民族"戊寅可汗"的称号。这三种类型的称号中，以"吐谷浑王"为主，而与内地政权封树洛干以后诸吐谷浑王为"河南王""陇西王""西平王"等号一致。

吐谷浑政治制度的重大变革，大致开始于慕利延，最后完成于夸吕之时。从慕利延到拾寅时，国内长史，司马等官职逐渐为王、公、仆射、尚书、郎中等较为齐全的官制所代替，其封王者较少。至夸吕时，吐谷浑政治制度基本定型。最高首领称"可汗"，这一可汗的意义与前期的可汗不同。它是吐谷浑接受了漠北柔然政权"可汗"称号的结果，意思已变为"皇帝""君主"，吐谷浑可汗的妻称"恪尊"，此名同样来自柔然可汗妻"可贺敦"，意为"皇后"。恪尊、可敦、可孙、可贺敦，均为一字，译写不同之故。可汗以下，设丞相，藏文史料称为"大尚论"，总揽国内外大事。此外，还有王、公、仆射、尚书、侍郎、郎中、别驾等官。诸王一般由王室子弟充任，也有其他民族部落的首领。

吐谷浑国内除可汗直接统辖的青海湖地区以外，其余各地则由可汗分封子弟或其他民族首领管理。《南齐书·河南传》在记述了吐谷浑四大戍地后，说"皆子弟所治"。518年，北魏宋云、惠生一行经过鄯善时，见其城内主是吐谷浑"第二息（子）宁西将军总部落三千，以御西胡"。按此年是伏连筹在位之时，管理鄯善者为伏连筹的第二子，宁西将军之号可能是北魏所封。又如吐谷浑所辖之龙涸，由其所封之"龙涸王莫昌"所管理。566 年，莫昌降北周，周以此地置扶州。

在吐谷浑可汗直接统治的地区，似乎也仿内地政权实行郡县制，《资治通鉴》卷一二二记：宋文帝元嘉八年（431 年）慕璝遣"益州刺史慕利延、宁州刺史拾虔率骑三万"击赫连定。只是吐谷浑的益州、宁州不知设于何处，此两州刺史均为慕璝子弟。又《隋书·吐谷浑传》记吐谷浑有"河西总管、定城王钟利房"。此"河西总管"当为管理河西的军政首脑，钟利房原为钟姓羌族。这些记载似乎说明吐谷浑曾实行过内地的郡县制度。

**二、刑律和军队**

吐谷浑从辽东向西迁徙，直到甘、青一带立国，在各个时期融合了许多其他的氏族、部落。到叶延时，吐谷浑正式建立国家政权，有一套完整的属家机器，简单的刑律，国家也征收赋税。

《魏书·吐谷浑传》记其"国无常赋，须则税富室、商人充用焉"。史籍还记载了吐谷浑简单的刑律，其刑罚"杀人及盗马者死，余则征物以赎罪，亦量事决杖；刑人必以毡蒙头，持石从高击之。""杀人及盗马者死罪"，说明吐谷浑国内私有财产得到法律的保护，盗马与杀人同罪，反映了吐谷浑国内对马匹的重视，这在古代游牧民族中是少见的。除死罪外，还有"征物以赎罪"和"量事决杖"；前者即所谓"罚款"，可能用牲畜来计算，后者即"杖刑"。可惜文献记载太简约，详细规定不可得知。所谓"刑人必以毡蒙头，持石从高击之"，可能是对判死刑的人行刑的方式，与其信仰巫术有关。

吐谷浑军队的编制和数目。《晋书·吐谷浑传》记树洛干语云，有"控弦之士二万"，这可能是吐谷浑早期军队的数目。吐谷浑为了控制所统治的羌、氐等族人民，及防止外敌的侵扰，还在一些重要的城郭置戍，派兵驻守。如鄯善有吐谷浑可汗第二子宁西将军，总兵三千，以御西胡（指于阗等）。还有洪和、洮阳戍,《南齐书》所记赤水、浇河、清水川、吐屈真川等四大戍地等。

军队的武器主要有"弓、刀、甲、矟"等。此外,按照一般古代游牧民族的情况,他们的军队是与其部落、氏族组织一致的,军队的战士,平时放牧牲畜,是部落的牧民,一旦战争或需要戍卫,则骑上马为战士。军队兵士的家属及牲畜、财产是随军一起行动的,故其战败,往往失去大量的人口、牲畜。以游牧为主的吐谷浑与内地政权战争失败后,大批人口和牲畜为敌国所俘获的情况推测,大体也应如此。

吐谷浑在统治甘南、四川西北及青海等地之前,这些地区的羌族社会情况如何?据《后汉书·西羌传》记:当时羌族"不立君臣,无相长一,强则分种为酋豪,弱则为人附落,更相抄暴,以力为雄。杀人偿死,无它禁令",这些情况,正是原始社会末期的特点。北周末兴起的党项各部,其分布地区大部分原在吐谷浑的统治之下。《隋书·党项传》云:党项"每姓别为部落,大者五千余骑,小者千余骑。……俗尚武力,无法令,各为生业,有战阵则电聚。无徭赋,不相往来"。显然,党项与东汉以来的羌族一样,仍然处于原始社会的末期。吐谷浑统治这些地区的时间,在东汉羌族之后,党项之前,即在吐谷浑统治这些地区的时期,当地的羌民仍处于原始社会末期的阶段。

综观而言,吐谷浑整个社会生产水平不高,而且发展不平衡。吐谷浑国内阶级分化显著,王公贵族、官吏及富室、商人等构成了社会的统治阶级,广大农牧民、小手工业者等构成了社会的被统治阶级。社会的主要生产资料是牲畜、牧场。前者大部分为统治阶级所占有,后者在国内虽有分界,但基本上还是以氏族、部落所有的形式出现。这些都是中国古代游牧民族所建国家生产关系的一般特征。

## 第五节 文化与风俗变迁

吐谷浑作为慕容鲜卑一支,其饮食、服饰、婚俗和丧葬习俗都有着浓郁的鲜卑色彩,但早在吐谷浑与慕容廆分背之前,慕容鲜卑的汉化程度已经相对较高,故而吐谷浑的生活习俗中有不少汉文化的因素。同时,在吐谷浑人生活的各个方面也吸纳接收了众多民族的习俗与生活习惯。总体而言,占据主导地位和强势地位的文化具有强大的影响力和渗透力,上层和统治阶层追求的生活方式、文化习俗对广大部民有不可忽视的引领作用。

在吐谷浑政权存续的中后期,特别是在唐、吐蕃勃兴时期,吐谷浑上层通过入质、通婚、职贡等方式接受了这些大帝国的文化感染。这些"异质文化"经由上层的仰慕崇尚与追求传播也渐渐渗入了吐谷浑人生活的各个方面,体现在制度、器物和习俗等层面,构成了吐谷浑多元化的文化生活习俗。

### 一、饮食习惯和服饰

人类的饮食文化与其所处的自然环境及生产生活方式密切相关,并随着自然环境及生产生活方式的变化而变化。在长达七个世纪的漫长岁月中,无论是汗国时期的吐谷浑人还是亡国后内迁的吐谷浑人,其居住地都是适宜游牧的地区,游牧业也始终是其最主要的生产生活方式,在其经济结构中占有支配地位。因此,以牛、羊、马、驼等牲畜加工制成的肉食品和奶食品始终是吐谷浑人赖以生存的主要食物,从南北朝至宋代的史书都反复提及吐谷浑人"以肉酪为粮"便是对其饮食结构的如实记载。同时,如前所述,吐谷浑人还从事狩猎活动,其治下的羌人从事农业,种植大麦、菽(豆)、粟、芜菁(蔓菁)等农作物,鲜卑乙弗部还从事渔业。故而鹿肉、野牦牛肉等兽肉,大麦、粟、豆等粮食以及鱼肉在吐谷浑人尤其是统治阶层的饮食结构中亦占有一定的比重。

吐谷浑人的服饰属于鲜卑服饰范畴。因此，考察吐谷浑人的服饰，首先对鲜卑服饰的风貌要有个基本的认知。通过多年来对石窟壁画、陪葬陶俑、墓室壁画、佛教造像等鲜卑遗存的深入研究，学界在对鲜卑服饰形制和特征的认知上已经达成了一些基本共识。但因鲜卑没有文字传世，如何用语言和文字准确地描述这些形制和特征就成了问题。所幸传世汉文文献对于鲜卑服饰不乏记载。

《晋书》《魏书》《北史》等史籍对于鲜卑服饰的描述，以首服最为常见，即以"垂裙皂帽""垂裙覆带"为特征的鲜卑帽。所谓"垂裙"，即帽后垂有披幅。因此，"垂裙""覆带""皂帽""黑冒"之帽式，可以作为判断鲜卑服饰的重要标志，"而与之配套者为长度及膝的窄袖上衣，男子下为长裤，女子下为及地长裙，不分性别脚皆着靴子"。魏晋南北朝时期的汉人以首服作为鲜卑服饰的主要特征，一则表明当时汉人对于冠服制度的重视，二则说明鲜卑的首服与当时的汉人冠服有着明显不同。

《晋书》《梁书》《魏书》《周书》《隋书》《北史》《通典》对吐谷浑人的服饰皆有记载，大体可分为两类。第一类源于《晋书》，《晋书·吐谷浑传》作"其男子通服长裙帽，或戴幂䍦。妇人以金花为首饰，辫发萦后，缀以珠贝"，《旧唐书》《新唐书》皆沿袭了《晋书》的说法。第二类源于魏收书，但因魏收书散佚，可以《北史》所载为准。《北史·吐谷浑传》作"夸吕椎髻、毦珠，以皂为帽""号其妻为母尊，衣织成裙，披锦大袍，辫发于后，首戴金花冠""丈夫衣服略同于华夏，多以罗幂为冠，亦以缯为帽；妇人皆贯珠贝，束发，以多为贵"，《周书》《隋书》《北史》《通典》皆沿袭了魏收书的说法。第三类为《梁书》所独载，作"着小袖袍，小口袴，大头长裙帽。女子披发为辫"。

史籍中对吐谷浑人服饰的描述，多以男子首服最为常见，且有贵贱之分。普通民众头戴"长裙帽"，王公贵人多戴"幂䍦"，可汗夸吕则"椎髻、毦珠，以皂为帽"。"长裙帽""大头长裙帽""以皂为帽""长裙缯帽""黑冒"皆符合鲜卑帽"垂裙皂帽""垂裙覆带"的特征，所指应皆属鲜卑帽。宁夏固原雷祖庙北魏漆棺画中人物所戴帽子即为鲜卑帽，此帽造型十分符合"大头长裙帽"的特征，吐谷浑人所戴鲜卑帽的造型应与此类似。

鲜卑帽虽为吐谷浑男子的常见首服，但是根据材质的不同，亦有贵贱之分。尊贵者通常以"缯"为帽，"缯"是丝织品的统称，以"缯为帽"表明吐谷浑人中的上层阶级所戴鲜卑帽是用丝绸制成的，夸吕的"黑冒"应当属于此类，故诸书所载"亦以缯为帽""长裙缯帽"应皆指上层阶级所戴之帽。

对于广大牧民来说，出于防风沙、抗雨雪等实用目的以及经济能力所限，其能够拥有的鲜卑帽应当是以毛皮、毛织品等制成。"羃䍠"（也作"罗羃"或"羃羅"）为吐谷浑王公贵人常戴的一种帽子。对于此帽的形制，史书有明确记载。《旧唐书·舆服志》云："武德、贞观之时，宫人骑马者，依齐、隋旧制，多著羃䍠。虽发自戎夷，而全身障蔽，不欲途路窥之。王公之家，亦同此制"。可见，"羃䍠"是一种在帽檐周围垂以织物以遮蔽全身的帽子，一般于骑马时佩戴。

"罗羃"则表明这种帽子用罗、纱等质地轻薄的丝织品制作而成。隋唐时流行于妇女中的"羃䍠"可能就源于吐谷浑人所佩戴的"羃䍠"。吐谷浑王公贵人多戴"羃䍠"则可能与其境内多风沙有关。其二，吐谷浑人的体衣，男装为小袖袍，小口袴；女装为襦裙，恪尊还有披锦大袍。小袖袍、小口袴为典型的鲜卑服装。小袖袍也被称为窄袖袍，利于骑射。小口袴便于着靴，利于骑马。吐谷浑人着小袖袍、小口袴既是对鲜卑传统服饰的沿袭，也是对游牧生活的适应。

需要加以强调的是，现存史料中并无吐谷浑人种麻、养蚕的记载，其境内气候也不适宜于种麻、养蚕。虽然5世纪中叶后，吐谷浑成为东西方贸易的中介商，从内地运来的大量丝绸进入了吐谷浑汗国，并经由其境内的青海道、河南道运往漠北和西域各地。但是丝绸昂贵的价格使其只能作为王公贵族的服饰原料，比如夸吕恪尊的披锦大袍应当就是由蜀锦之类丝绸制成。至于普通吐谷浑人的服装，应主要还是以皮革及毛织品制作而成。

吐谷浑人的发式为男子椎髻，女子辫发。所谓"椎髻"，即将头发挽束头顶做髻如椎状。吐谷浑男子椎髻的发俗，应当承袭自鲜卑族。史称吐谷浑曾祖莫护跋"敛发袭冠"，可知慕容鲜卑男子的发式自莫护跋时期开始已经变为了椎髻，吐谷浑西迁后，对于这一发式一直沿袭，未曾更改。吐谷浑女子则于辫发之上冠以珠贝作为装饰，且"以多为贵"，表明其发辫不是单一的一条大辫子，而是分成了很多条小辫子，发辫上装饰的珠贝越多，其身份亦越高贵。"这种发式在今天甘南、青海的藏族妇女中颇为流行，也可能是吐谷浑的遗风"。此外，夸吕之妻还戴有金花冠，这种金花冠极有可能是金步摇。

吐谷浑汗国灭亡后，其人或内徙入唐，或成为吐蕃治下的属民。内徙入唐的吐谷浑人服饰逐渐与汉人趋同，留在故地的吐谷浑人服饰则逐渐吐蕃化，成为吐蕃服饰文化的一部分。

## 二、婚俗和丧葬

### （一）婚姻习俗

吐谷浑人的婚姻习俗主要有窃婚、聘婚和收继婚三种类型。其中，初婚一般采用窃婚或聘婚的方式，收继婚则发生于女方再婚之时。《北史》载："至于婚，贫不能备财者，辄盗女去。"《晋书》也载："其婚姻，富家厚出聘财，窃女而去。"结合《旧唐书》《新唐书》的记载："其婚姻，富家厚出聘财，贫人窃女而去。"吐谷浑人中富家采用聘婚的方式，男方在结婚时要赠予女方大量的财物，作为聘礼。

从吐谷浑人以游牧业为主要生产生活方式的历史事实来看，其聘礼应该以马、牛、羊等牲畜为主。这种在结婚中赠予聘礼的习俗自周代起便在中原地区广泛存在，并成为婚姻"六礼"之一，一直为后世所沿袭。吐谷浑人的聘婚习俗应当与涉归时期慕容鲜卑的"渐变胡风，遵循华俗"有关。与富家不同的是，贫者婚姻采用"盗女""窃女"的方式。"盗女""窃女"显然属于抢夺婚，是原始抢婚习俗的孑遗，虽称"盗""窃"，其行为似乎并不暴力，可能是在征得女方同意的情况下实施的。只是没有赠予女方父母聘礼，不同于聘婚制度而已。

从鲜卑的婚俗传统上进行审视，吐谷浑的窃婚是鲜卑传统婚俗的遗留。《后汉书·乌桓鲜卑列传》记载，鲜卑人"唯婚姻先髡头，以季春月大会于饶乐水上，饮讌毕，然后配合"。可知，东汉时期的鲜卑人在婚姻习俗方面仍采用野合的方式，男女参加宴饮，宴饮结束后，便可以和中意的人见面。慕容鲜卑作为鲜卑的一支，其婚姻方式自然也属于此类。自莫护跋入塞后，慕容鲜卑在与汉人的接触中开始逐渐汉化，至涉归时期已经"渐变胡风，遵循华俗"，婚姻习俗也相应地发生了变化，可能就是在这时，其上层阶级仿照汉族礼仪逐渐确立了聘婚的制度。

吐谷浑西迁立国后，上层阶级继续沿袭自慕容涉归时代确立的聘婚制度，但是下层民众仍然遵守鲜卑旧俗，实行私奔野合的婚俗。当然，下层民众由于普遍贫穷，无法承担聘礼，也是其不接受聘婚制度的重要原因。但是在已经采用了聘婚制度的上层阶级看来，吐谷浑下层民众的这种私奔野合行为与"盗女""窃女"无异。因此，吐谷浑人的婚俗便呈现出了富家（上层阶级）厚出聘财，贫人（下层民众）窃女而去的奇特景象。

在窃婚和聘婚之外，收继婚也是吐谷浑人的一种重要婚俗。所谓收继婚，是指女子在其丈夫死后转嫁给亡夫的兄弟或非亲生儿子的婚姻形式。对于吐谷浑的收继婚制，《晋书》《北史》《周书》《旧唐书》《新唐书》《通典》等史书亦有所载。从吐谷浑可汗世系的传承上，亦可以证明这种婚姻习俗确实存在，且被其统治阶层所遵循。在吐谷浑可汗家族中，曾经发生过两次报嫂事件。第一次发生于视罴死后，其弟乌纥堤妻视罴之妻念氏，第二次发生于世伏被杀后，其弟伏允继位，依俗尚世伏之妻隋光化公主。从伏允上表隋文帝"且请依俗尚主"的记载来看，报嫂为吐谷浑之习俗，与《晋书》《北史》所载吐谷浑婚俗情况一致，说明收继婚现象在吐谷浑社会中是普遍存在的。而史家之所以刻意记载了这两起收继婚，是因为这两次婚姻都属于关系吐谷浑汗国生死存亡的重大历史事件。

从人类社会发展的整体进程来看，婚姻制度本就是社会生产力发展到一定阶段的产物，属于上层建筑范畴，随着经济基础的变化而发生变化。就吐谷浑所处的古代游牧社会而言，聘婚、收继婚等婚姻习俗都是为遵循这些习俗的游牧社会的经济基础服务的。在以家庭为基本生产单位的古代游牧社会，劳动力是最为宝贵的社会财富，长期处于短缺状态。女子离开父母嫁往男方家对于男方家庭而言属于劳动力的增加，对于女方家庭而言却属于劳动力的损失。因此，聘礼其实是男方家庭对于女方家庭劳动力损失的一种补偿，是适应当时的生产力发展水平的，属于先进的文化习俗。而男方在其父兄去世后娶其后母和寡嫂也是为了避免己方家庭劳动力的流失而采取的必要措施，其根本目的在于维持家族的兴旺发达。

从吐谷浑人的经济社会发展状况来看，占其人口绝大多数的普通民众较为贫穷，因此，绝大多数人是没有能力支付聘礼的，再加上鲜卑传统习惯的影响，大多数吐谷浑人的婚姻形式都应该是窃婚。而收继婚发生于女子丈夫死后再嫁之时，并不是每个女子婚嫁时都会遇到的情况，不可能成为主导的婚姻形式。因此，吐谷浑人的婚姻形式是以窃婚为主的。

（二）丧葬习俗

《周书》载："死者亦皆埋殡，其服制，葬讫则除之。"《隋书》的记载则较之为简，曰："丧有服制，葬讫而除。"《旧唐书·吐谷浑传》与《新唐书·吐谷浑传》皆沿袭了《隋书·吐谷浑传》的说法。"埋殡"即土葬，表明从南北朝时期开始，吐谷浑人就保持着土葬习俗。其丧葬习俗与内地的汉族既有相同之处又有不同之处，相同之处是都实行土葬，不同之处是其待死者下葬后便不再服孝，这一点可能与其游牧生活有关，毕竟，长期服孝会给其游牧生活带来不便。

武威市凉州区的南营青咀喇嘛湾的吐谷浑王族陵墓、青海省海西蒙古族藏族自治州都兰县察汗乌苏镇东南热水沟的墓葬群、乌兰县茶卡镇茶卡乡乌兰哈达村的茶卡墓葬、乌兰县东部铜普乡察汗诺村的大南湾墓葬皆属于吐谷浑人的墓葬遗存。均清晰地表明从南北朝至隋唐时期的吐谷浑人的丧葬形式主要为土葬。在这些墓葬中，以热水一号大墓（又名血渭一号大墓）最为典型，所反映的丧葬习俗与西藏地区的吐蕃有着明显不同。"其中最为明显的差别就是较多地使用木质葬具""热水一号大墓中室用长方木叠砌而成。而其他陪葬墓中也在木石结构墓内部，用柏木圆木搭建成椁，有的椁内又用柏木板拼为四方形棺，而西藏境内的吐蕃墓基本不见葬具"。这种与吐蕃葬具迥然不同的木质葬具清楚地表明，吐谷浑人的墓葬形式受到了中原的影响。这种影响可以上溯到慕容鲜卑时期，考古资料表明，早在辽东时期，汉化程度较高的慕容鲜卑已实行了土葬，吐谷浑与慕容鲜卑分离西迁后，吐谷浑人应是继承了这一丧葬传统，形成了以土葬为主的丧葬习俗。

由是可知，在历史传统、自然环境、经济生产方式及周边文化的影响下，吐谷浑人形成了以肉酪为主、杂以其他食物的多样化的饮食习惯，典型的鲜卑特色的服饰文化，以窃婚为主的婚姻习俗、以土葬为主的丧葬习俗等。

（三）宗教信仰

根据现有资料及研究成果，吐谷浑人的宗教信仰主要有原始萨满教、佛教、狮子崇拜等。从其宗教发展的整体趋势来看，其主要宗教信仰经历了一个从原始萨满教向原始萨满教与佛教长期并存局面的演变的过程。

原始萨满教是中国古代北方游牧民族的普遍信仰。吐谷浑作为发源于慕容鲜卑的中国古代北方游牧民族，其最初的信仰亦为原始萨满教。在现存史料当中，至少有三处记载可以表明吐谷浑人确实有着原始萨满教信仰。

其一，吐谷浑率部西迁之时，曾谓慕容廆长史乙那楼冯曰："我乃祖以来，树德辽右，先公之世，卜筮之言云：'有二子，当享福祚，并流子孙。'""卜筮"是占卜凶吉的一种巫术，是原始萨满教的一项重要仪式。慕容涉归曾用卜筮的方式询问子孙吉凶，而吐谷浑及其后的历代可汗对此次卜筮的结果深信不疑，直至视连传位于视罴时，还曾言道："我高祖吐谷浑常言子孙必有兴者，永为中国之西藩，庆流百世"。可见"卜筮"对吐谷浑人的影响之大。

其二，吐延被姜聪所害后，其子叶延"缚草为人，号曰姜聪，每旦辄射之，射中则喜，不中则号叫泣涕"。这种缚草为人并射之的行为可能也是萨满教的仪式之一，与吐谷浑同属东胡后裔的契丹人亦有类似习俗，被称为"射鬼箭"，《辽史·国语解》曰："凡帝亲征，服介胄，祭诸先帝，出则取死囚一人，置所向之方，乱矢射之，名'射鬼箭'，以被不祥。及班师，则射所俘。后因为刑法之用。"契丹皇帝在处死叛乱者及俘虏时经常使用"射鬼箭"的方式。可见，契丹人的"射鬼箭"仪式与叶延缚草人而射之的仪式基本相同，其目的除了发泄对敌人的仇恨外，还具有祭祖、被不祥的功能。只是契丹人用的是活人，而叶延用的是草人。叶延之所以用草人是因为其杀父仇人姜聪已经被诸将屠脍，如果姜聪没有被杀而是被俘，叶延所射的就不是草人而是姜聪了。

其三，吐谷浑丞相宣王以祭山神为名，阴谋袭击弘化公主。吐谷浑人祭山神之时，可汗诺曷钵及弘化公主都要参加，可见在吐谷浑人心目中，祭祀山神是一项极为重要的祭祀活动。而在原始萨满教的观念里，山川是有灵性的，祭山亦是一项重要的祭祀活动。

佛教是一种普世性的宗教，大约在东汉时期传入中国。吐谷浑所处的魏晋南北朝至隋唐时期，正是佛教的兴盛时期。因此，佛教在吐谷浑境内也有了一定的发展。根据现存史料的记载，吐谷浑人最晚于慕利延统治后期已经开始信奉佛教。

《高僧传·宋京师中兴寺释慧览传》云："览还至于阗，复以戒法授彼方诸僧，后乃归。路由河南。河南吐谷浑慕延世子琼等，敬览德问，遣使并资财，令于蜀立左军寺，览即居之。"可知，刘宋高僧释慧览路经吐谷浑之时，受到了慕利延世子琼的热情款待，并出资为其在蜀地建立了寺庙。世子琼等敬览德问，表明其人已信奉了佛教。吐谷浑人于此时开始信奉佛教，可能与慕利延西征于阗，经略西域有关。拾寅继位后，史料中关于吐谷浑信仰佛教的记录逐渐增多。《高僧传·齐蜀齐后山释玄畅传》云："释玄畅，姓赵，河西金城人。以南齐建元元年四月二十三日建刹立寺，名曰齐兴。齐骠骑豫章王嶷作镇荆、陕，遣使征请。河南吐谷浑主，遥心敬慕，乃驰骑数百，迎于齐山。值已东赴，遂不相及。"可知，释玄畅因精通佛法，其贤名远播吐谷浑，令吐谷浑可汗颇为倾慕，竟至驰骑数百迎之。此事发生于南齐太祖即位后不久，当时在位的吐谷浑可汗为拾寅或是度易侯，表明其时吐谷浑的统治阶层对于佛教已经十分崇信，《梁书·河南传》亦称其"国中有佛法"。

伏连筹继位后，由于彼时梁朝的统治者梁武帝极度崇佛，吐谷浑与南梁之间的佛教交流已经成为两个政权之间的官方行为。据史书记载，"天监十三年，（伏连筹）遣使献金装马脑钟二口，又表于益州立九层佛寺，诏许焉"。伏连筹不仅向梁武帝进献金装玛瑙钟，还在益州修建了九层佛寺。进献金装玛瑙钟主要是为了投其所好，迎合梁武帝，借此增进与梁朝的关系。在益州修建佛寺则有着政治、经济、文化多方面的考量。益州是南朝通往吐谷浑的门户，也是西域、漠北商人及使者进入南朝的第一站，商贾云集，贸易发达，是当时重要的贸易据点和商业中心，佛教在当地十分流行，并发挥外交和商业据点的功能，同时，也能够扩大自己的文化影响力。

夸吕时期，吐谷浑的佛教进一步发展，与南朝之间的佛教交流也朝着更深层次迈进，开始向南朝寻求佛教经典。据《南史·梁本纪中》记载，梁武帝大同六年，夸吕遣使至梁，求"释迦像并经论十四条。敕付像并《制旨涅槃》《般若》《金光明讲疏》一百三卷"。这条记载表明，南朝佛教已经深度影响到了吐谷浑佛教的发展，成为其佛教来源地之一。

虽然吐谷浑人最晚于慕利延统治后期已经开始信奉佛教，但是萨满教一直在其社会当中广泛存在，唐太宗时期的诺曷钵祭山事件即表明至唐代吐谷浑人仍然信奉原始萨满教，呈现出了原始萨满教与佛教长期并存的局面。

《北史》载"夸吕椎髻毦珠，以皂为帽，坐金狮子床"，可见吐谷浑人的信仰里还有狮子崇拜。王座是君主权威的象征，将王座制作成狮子造型说明吐谷浑人认为狮子象征着最高权威和力量，对狮子是崇拜的，可知吐谷人确有狮子崇拜。但是吐谷浑境内并不产狮子，故金狮子床这种造型的王座应系外来文化传入。据现存文献记载，南北朝至隋唐时期的西域诸国多有金狮子床。《北史·龟兹传》曰："其王头系彩带，垂之于后，坐金师子床。"

《洛阳伽蓝记》云："十月之初至嚈哒国……王著锦衣，坐金床，以四金凤凰为床脚……王妃出则舆之，入坐金床，以六牙白象四狮子为床。"《隋书·龟兹传》载："王头系彩带，垂之於后，坐金师子座。"《隋书·波斯传》记："王著金花冠，坐金师子座，傅金屑於须上以为饰。"《旧唐书·泥婆罗国传》："其王那陵提婆，身著真珠、玻璃、车渠、珊瑚、琥珀、璎珞，耳垂金钩玉珰，佩宝装伏突，坐狮子床，其堂内散花燃香。"《旧唐书·波斯国传》："其王冠金花冠，坐狮子床，服锦袍，加以璎珞。"

蔡鸿生在《唐代九姓胡与突厥文化》一书中指出："西域是狮崇拜的流行区。从印度到波斯，被涂上浓重的神话色彩。因此，吐谷浑在益州建立佛寺不仅可以迎合当地的佛教氛围，增进两国之间的佛教化色彩，享誉僧俗两界，成为神力和王权的象征。"故而吐谷浑的这种狮子崇拜应当自西域传入，属于受西域文化的影响的产物。自慕利延攻入于阗，伏连筹兼并鄯善、且末后，吐谷浑成为丝绸之路上重要的节点和中介，大量西域文化随着贸易的繁荣纷至沓来，对吐谷浑的文化必然会造成冲击与影响，受西域文化的浸染，并不产狮子的吐谷浑却有着狮子崇拜便不足为奇。

综上所述，吐谷浑人在长期的生产生活实践中，逐渐形成了适应自身社会发展的具有鲜明特色的经济文化面貌，创造了辉煌灿烂的文明成果。形成了以游牧经济为主，狩猎业、手工业、农业和商业多种经济生产方式并存为特点的经济类型；以肉酪为主、杂以其他食物的多样化的饮食习惯；典型的鲜卑特色的服饰文化；以窃婚为主的婚姻习俗；以土葬为主的丧葬习俗和以原始萨满教、佛教、狮子崇拜等为主要类别的宗教信仰。而且随着内外环境和时代的变化，其经济文化面貌也在不断地发展变化，与时俱进，不仅为自身的生存与发展提供了坚实的保障，也是中华文明的重要组成部分，对中国文明史产生了深远影响。

## 第六节 民族文化变迁

由于吐谷浑民族在迁徙、发展过程中不断地与诸多民族交流、融合，不断地吸收其他民族的优秀文化，才能够不断壮大，立足于青藏高原三百多年。由于其所处的独特地理文化、众多的民族文化和不断更迭的政权统治，加之"丝绸之路"的震荡和辐射，使得这个地区在东西方文化、多民族文化碰撞、交融、整合的背景下，成为多种文化冲突的焦点和融合的聚集地，吐谷浑民族在保留鲜卑文化元素的基础上也发生了变迁，整体上呈现出多元、开放的文化特质。

### 一、鲜卑族文化元素

吐谷浑和其他古代民族一样，早期都盛行自然崇拜、灵魂崇拜、祖先崇拜和天神崇拜，经常对天地日月山川风雨和祖神进行祭祀。吐谷浑的传统信仰属于鲜卑族的萨满教。萨满巫师法通神明，无论狩猎、治病、征伐、婚嫁、生殖，萨满巫师都要预做法事，用专用的法器作法祈祷，诸事才能胜意。敦煌石窟题记中关于吐谷浑人的职业中就有从事巫师这一传统职业的记载。萨满巫师在吐谷浑中始终存在，这也反映出吐谷浑始终保留鲜卑族文化的遗迹。

吐谷浑民族在迁徙后，由于受当地自然环境和社会环境的影响，其本身的宗教信仰发生了不同程度的变化。吐谷浑所处的时代正值佛教在中国广泛传播和迅速发展时期，其周边政权无不深受佛教的影响和渗透。由于南北对峙，中西交通孔道上的河西走廊因被北方政权据有而阻塞，吐谷浑所控制的地区成为东晋、南朝与西域交往的要道，西域与中原的使者、商人、僧侣也往来其间。随着僧侣和信徒的经过，吐谷浑或多或少要受到佛教文化的影响。

吐谷浑王慕利延在位的后期，自西域与中原同时传入了佛教，《梁书·河南传》记拾寅时，"国内有佛法"，又记梁天监十三年（514年），"表于益州（成都）立九层佛寺，诏许焉"。说明当时汉地佛教在吐谷浑地区已经开始普遍流传，这是多民族文化交流的结果。

近年来，随着青海考古的不断发现，尤其是海西郭里木棺板彩绘的出土，丰富的画面内容为我们提供了观察生活在丝绸之路青海道沿线民族社会生活的真实资料。2006年第3期的《中国国家地理》杂志公布了青海省考古所柳春诚对部分棺板彩绘的临摹图，青海省学者程起骏从棺板彩绘中的人物服饰及狩猎、行商、野合、祭祀等推断，棺板上画的是吐谷浑人的生活场景。为我们了解吐谷浑的文化生活提供了最好的证据。

吐谷浑文化是在继承鲜卑族文化的基础上发展而来的。20世纪70年代宁夏固原发现的北魏鲜卑墓葬中，也发现了类似彩绘漆棺。山西大同智家堡北魏墓发现的三块彩绘木棺板，形制也是前宽后窄，木棺板上绘制车马出行、宴饮图、狩猎图、孝子故事及忍冬纹、三角纹等装饰图案。郭里墓出土的这批棺板彩绘与鲜卑民族系统出土的棺板彩绘，两者在形制以及绘制的内容上具有许多共同之处，应该受到鲜卑文化影响。

另外，在棺板画中显示鲜卑族文化元素的还有：头戴"垂裙皂帽"和"山"字形帽饰两类较为特殊的帽饰的诸多人物形象。吕一飞根据文献记载对鲜卑服饰考证，认为《魏书·辛绍先传》中"垂裙皂帽"即《御览》卷九七五引《北齐书》所一记之"鲜卑帽"，其典型特征为垂裙、覆带、黑色。

考古发现，山西大同市智家堡北魏墓葬中的出土的彩绘棺板上的人物"头戴垂裙皂帽，着交领衣，额头、脸颊及唇部涂红色"。山西大同沙岭北魏砖石壁画墓中出土的彩绘漆皮及壁画中，绘有鲜卑人物形象，其中男子多"冠以垂裙皂帽"，这种"垂裙皂帽"的形制符合文献记载中鲜卑民族帽饰的特点，其式样与海西州郭里木棺板彩绘中的垂裙皂帽相一致，这类的人物形象应与鲜卑系统民族有很大的关系。这类"山字形"帽饰来源应当是鲜卑民族的服饰，说明吐谷浑民族保留了鲜卑文化的元素。

## 二、羌族文化元素

在吐谷浑进入青海之前，青藏高原的广大地区，为羌族所据，社会文化经济形态十分落后，吐谷浑入驻之后，改变了羌人传统意识与习俗。居住在青藏高原上的羌人，有不同于其他民族的生活习俗，如战国时期的重要文献《礼记·王制》："西方曰戎，被发衣皮，有不粒食者矣。"此文献说明，羌人以游牧为主，着皮衣，还保持着原始的散发习惯。而此时的鲜卑人已经辫发，随着吐谷浑民族与各民族的不断融合，吐谷浑习俗也发生了变化。如鲜卑人兀头，而吐谷浑"妇人以金花为首饰，辫发萦后，缀以珠贝"，以多为贵。其主"椎吉耗珠，以皂为帽"。"男子通服长裙，帽或戴罗羃"，"衣服略同于华夏，多以罗羃为冠，亦以缯为帽。"吐谷浑迁来后，受其辫发习俗的影响，羌族妇女由披发而变为辫发，至今甘南、青海的藏族妇女的辫发也可能是这种习俗的遗留。

吐谷浑经济基本上是以游牧、狩猎为主，因而其饮食也是"以肉酪为粮"。但河湟一带的羌族在汉代就有了农业生产，吐谷浑迁徙到这里后，受到当地羌族农业定居生活的影响，《北史·吐谷浑传》记："亦知种田，有大麦、粟、豆。"《梁书·河南传》亦云："其地有麦无谷。"其主要粮食是大麦，因为这里"气候多寒，唯得芜菁、大麦"。农业的发展为吐谷浑提供了较多的食物来源，促使吐谷浑的饮食结构逐渐发生变化，由单纯的食肉酪变为以肉酪为主兼食粮食。饮食结构的改变为其以后迁徙到农业区并很快适应当地的生产、生活，并逐渐融合到其他民族中创造了条件。吐谷浑人因军事、商业需要和受当地羌民族定居农业的影响，也有了城居的情况。《南齐书·河南传》云："多畜，逐水草，无城郭。后稍为宫屋，而人民犹毡庐百子帐为行屋。"羌人是农业定居和游牧迁徙并存的社会经济。羌人居住主要是土屋和帐幕两种，河湟羌人以农业为主，定居生活对吐谷浑影响很大，即吐谷浑从纯游牧民族到定居生活是受到羌人的影响，而吐谷浑统治河湟羌人后，羌人受吐谷浑影响颇大，羌人披发左衽，"女披大华毡,以为盛饰"。《南史·夷貊传》称吐谷浑的服饰为"著小袖袍,小口袴,大头长裙帽,女子披发为辫"。估计当时羌人的装饰也与吐谷浑类似。羌族文化习俗与吐谷浑民族相互影响,融为一体。

### 三、汉族文化元素

吐谷浑慕容部在辽东时,其上层人物"倾慕华风",成为鲜卑族文化的一大特征。吐谷浑进入甘青地区后,在长期的民族融合过程中积极学习和接受汉文化和儒学思想,吐谷浑民族和吐谷浑政权受汉文化影响程度较深。吐谷浑王叶延开始,便已设置了司马、长史等官职,他们还先后和前秦、西秦、南凉、北魏、北周及南朝宋、萧梁通贡使,接受封号,并由南朝引入佛教。

史籍中有吐谷浑王"颇识文字""颇识书记";"其国有文字,况同魏";在吐谷浑王左右,有不少汉族大臣参赞军政,例如司马薄、司马乞、骞苞等,他们给吐谷浑统治者教以汉文,并用汉字书写文书。此外,吐谷浑王左右还有许多氐、羌大臣,这些人一般汉化程度很高,"特别是前秦、后秦、后凉政权亡后,大批臣僚逃入吐谷浑,成为吐谷浑王的各级官员,这些人也是在吐谷浑人中推行汉文化和汉字的重要力量。"在都兰出土的郭里木棺板画上还发现了汉文化的典型元素:青龙、白虎、朱雀、玄武四灵。

四灵在汉墓中屡见不鲜,棺板上所绘的金乌玉兔,其历史更为久远。中国远古的神话中就有"日中有乌,月中有兔"的传说,合称日月为乌兔。而郭里木棺板画的绘制者,将中原汉地的民俗文化与本民族文化有机地融为一体,但是所绘制的四灵、乌兔均有新的创意,并不是汉地四灵、乌兔,具有十分明显的民族地域特色。郭里木墓主人用四灵、乌兔来守护亡灵,或做灵魂到达彼岸的引导,都充分反映了墓主人与汉文化的深刻渊源。

自魏晋南北朝以来,由于受到汉文化的影响,北方鲜卑贵族开始采用在木棺上加以彩绘的装饰传统,并将其吸收为本民族丧葬习俗的一部分,保留原来鲜卑萨满教色彩的原始信仰的同时,宽容地迎纳其他宗教。各种宗教在历史发展中，互相影响、互相吸纳，维护了吐谷浑国社会稳定，促进了社会和谐，也成为各民族融合、统一的文化纽带。正如崔永红先生指出："吐谷浑从最初建立政权起，就大量吸收汉族文化，从政治、经济、文化各方面以内地汉王朝政权为模式，来建制自己的政权。与中原诸王朝、中原以汉族为主的各民族人民进行了密切的政治经济交往与文化交流，增进了相互间的了解，丰富了统一的多民族国家的历史内涵。"

### 四、吐蕃文化元素

唐朝建立的同时，吐蕃统一了今天的西藏地区，并建立起强大的吐蕃政权。吐蕃不断北上入侵吐谷浑，唐龙朔三年（663年），吐蕃吞并了吐谷浑，使吐谷浑完全处于吐蕃统治之下，吐蕃在吐谷浑境内推行吐蕃化政策，吐谷浑以及大量羌族、汉族及其他少数民族被吐蕃化。吐蕃统治下青海地区的人口流动和民族迁徙，是这一时期文化多样性形成的一个重要因素。吐蕃势力进入到青海地区后，使得各民族"杂居共处"的格局发生了激烈的动荡和重构，吐蕃势力的渗透客观上促使了吐蕃及其统治之下的各属国如苏毗人、象雄人、吐谷浑人以及吐蕃民族之间的往来，为吐蕃与其他民族错居杂处创造了优越的地理环境，民族之间的文化交流也达到了一个空前的程度。随着民族之间的迁徙往来、融合，各民族也将自己的文化移植到这里，并与其他民族文化之间相互吸收、相互影响。作为该地区统治阶层的吐蕃政权，也为其统治的青海地区文化增添了许多新的内容。

吐谷浑民族的文化特征是以鲜卑文化为主，融入了羌族、汉族、吐蕃的文化成分。而沦为吐蕃属国后，文化上仍然保存了多元化的特征，但吐蕃文化的分量有所增加。《纪年》第41行载：可汗喜得小王子后，"将礼品一齐赠送给韦氏族人，不分主仆，属父方亲属全部得到赏赐"。古墓群的形制和出土文物又佐证了吐谷浑多元文化的丰富内涵。如古藏文木简、木牍；汉文"谨封"铜印、书写有汉字的建筑构件、织锦残片、汉地织锦、摩崖石刻、佛图残片及汉地制造的漆器杯、盘、碗等；即吐谷浑失国后的两个多世纪里，吐蕃以重建吐谷浑国、妻以公主等形式，形成了吐蕃、吐谷浑民族间密切的融合与交往关系。

**五、中西亚文化元素**

在 5 世纪中至 7 世纪初，吐谷浑所据之青海地区事实上成了中西交通的中心之一。"从青海西达葱岭北诸国"的吐谷浑之路，在中西交通史和中外文化交流史上始终占据着不容忽视的地位。北魏神龟元年（518 年），北魏使者宋一行西去西域求经就是从洛阳出发，西行四十日到赤岭（今青海日月山），"发赤岭西行二十三日，渡流沙，至吐谷浑国……从吐谷浑西行三千五百里，至鄯善城"。由此看出，东西僧人、商人大多经过吐谷浑境内，他们在沿途传播了自己的文化，使东西方的文化习俗以吐谷浑为中介得到了广泛的传播，与此同时，吐谷浑兼习东西方文化，使二者首先在吐谷浑处得以融合，《梁书·诸夷传》载"滑国言语待河南人译然后通"，说明当时的贸易需要通过吐谷浑引导和充当翻译才能顺利交往。

20 世纪 80 年代以来，都兰吐谷浑古墓群中出土了大批来自中原汉地、中西亚、波斯的丝绸制品，大宗的粟特银器、金玉制品，来自中西亚、欧洲的铜器、珠宝首饰等。其中丝织物居多，品种有锦、绫、罗、缂丝等，几乎包括了目前已知的唐代所有的丝织品种，以及中亚粟特人的"波斯锦"，大批工艺奇崛的奇特动物形银器及金银牌饰；来自欧洲的铜器皿、珠宝；属不同王朝的东罗马帝国金币，及 20 世纪 50 年代出土于西宁的七十七枚萨珊银币等；还有史书记载的吐谷浑可汗的金狮子床、胡王金钏、玛瑙金钟，进贡南朝的赤龙舞马等等，无不体现了西亚文化的元素。如出土的郭里木棺板画上朱雀的形式具有浓厚的中亚、西亚的特征，与中亚、西亚的凤鸟纹图形较为接近，应直接取法自中原。出土金银器物中还有来自西亚的粟特造型四十余件，有粟特银羊、银马、银鹿、银牛等，其形制、纹样具有独特的艺术风格和异域色彩，经过比对看出这类金银器同中亚粟特人所使用的金属器纹样非常近似，在其造型与纹饰上大量吸收了萨珊、粟特等外来文化，明显地看出其受粟特、波斯等多种文化因素的相互影响和交融的痕迹。

　　从另一个角度也证明该地区与西方国家在经济、文化方面有着紧密的联系或贸易往来。由于吐谷浑地处东西文化的交汇处，棺板彩绘中出现的手持胡瓶及高脚杯的人物形象，就是当时极具特色的文化景观的考古资料证明，在青海路沿途出土的波斯萨珊王朝时代银币、罗马金币、波斯银壶，以及大量的中亚风格的丝绸，就是当时青海路兴盛、吐谷浑成为中西方贸易集散地的可靠历史见证。吐谷浑人吸收西域文化，创造了灿烂辉煌的本民族文化。青海路的兴盛不仅带来了吐谷浑经济的繁荣，同时对沟通中西经济和文化交流，传播人类古代文明产生了深远的影响。

　　文化的形式与民族的迁徙和民族交融有着直接的联系，多样性文化正是在这个复杂的历史背景、激烈动荡的历史时期里，各民族文化之间碰撞、交流的一个缩影。吐谷浑是中华民族发展史上血缘相融、文化共融、追求统一的伟大范例，吐谷浑广纳百川，沟通东西，积极吸纳来自各地的文化精英和各族移民加入其部族。吐谷浑民族在发展进化的过程中，不仅形成了文化上的民族性、地域性，而且形成了文化上的多元性。

慕容智墓出土漆盘
(来源:《王国的背影——吐谷浑慕容智墓出土文物》)

武氏墓出土镶螺钿绿松石八宝纹骨梳
(来源:《武威文物精品图集》)

# 第六章 吐谷浑历史文化遗存

从叶延建国至唐龙朔三年（663年）被吐蕃攻灭，吐谷浑生活蕃息于青海、凉州及灵州等地，经过数百年的迁徙演进最终融入中华民族大家庭。在发展壮大过程中，吐谷浑广泛吸收外来文化，将本民族文化播撒各地，在西北地区产生了重要影响，在武威一带留下大量珍贵的历史文化遗存。对于研究吐谷浑民族的产生、发展、消亡过程，具有极为重要的意义。

清朝同治年间开始，在甘肃武威青咀湾、喇嘛湾一带相继发现弘化公主等唐代吐谷浑王族成员墓葬文物遗存，考古学、史学界经过整理研究，这个尘封千年的古代王国开始走进人们的视野。吐谷浑王族墓葬群位于武威南山冰沟河与大水河中下游北岸的山岗之上。民国以来，凉州南山一带先后出土了丰富而又珍贵的吐谷浑文物。其中有墓志铭十通，按刻碑时间顺序排列为弘化公主、青海国王慕容忠、政乐王慕容煞鬼（宣昌）、安乐王慕容神威（宣彻）、元王慕容若夫人李氏、慕容忠夫人金城县主李氏、燕王慕容曦光夫人武氏、代乐王慕容明、燕王慕容曦光、喜王慕容智。武威是国内保存最完整、最权威的吐谷浑历史实物资料和文献资料基地之一。一大批墓志等文物的出土，揭开了吐谷浑从小到大、由弱变强、由强而亡，以及逐渐融入中华文明体系的历史史实，再现了古代丝绸之路沿线多民族交流融合的历史进程。

## 第一节　吐谷浑王族墓葬群

**一、弘化公主墓**

清同治年间，在武威城南十五公里处的南营乡一带有逶迤的山岭相连环合形成一处山湾地带。据传早年有藏僧在此开窟修禅，故称"喇嘛湾"。避难的乡民在这里挖掘窑洞以遮风挡雨并贮存食物，有一个梁姓人家在挖洞时掘开一座古墓。但见墓室金碧辉煌，壁画艳丽，随葬器物琳琅满目。除彩绘的木马、木牛、木骆驼及木俑等大批木器外，还有不少金银珠宝和玉、铜、铁、陶器。梁氏遂将金玉珠宝私藏起来，发了一笔大财。墓葬藏有宝物的消息逐渐传开，人们始知这里有一座古墓，但墓主是谁无从得知。

五十多年后，这座古墓与大唐弘化公主、吐谷浑王族这些名字有了联系。

民国四年（1915 年），武威知县康敷镕听到祁连山下金塔河畔的一座古墓被当地民众打开的消息，赶紧派人前往视察，发现打开的墓葬正是同治年间梁姓人家发现的墓室，墓室从东侧被人掘开，墓志及大量随葬物品已被掘墓者盗走。康敷镕，清末举人，字陶然，学识渊博，曾任青海丹噶尔厅同知，著有《青海志》等作品。听闻下属汇报墓室情况后，康敷镕认为凉州为西陲重镇，必有先朝石刻遗世，遂嘱县商会会长贾坛寻访。

贾坛酷爱金石，经多方寻访，终在民间找到墓志碑载回保存于武威文庙。通过碑文知道，此墓是吐谷浑青海国王慕容诺曷钵王后弘化公主之墓。弘化公主墓志碑俗称弘化公主碑，刻于武周圣历二年（699 年）三月。志盖呈正方形，边长 68 厘米，厚 6 厘米，篆书刻有三行九字"大周故西平公主墓志"，四周镌刻连枝卷叶花卉图案。碑文全称《大周故弘化公主李氏赐姓曰武改封西平大长公主墓志铭并序》，简称为《弘化公主墓志》，铭文如下：

## 弘化公主墓志

大周故弘化大长公主李氏赐姓曰武改封西平大长公主墓志铭并序

成均进士云骑尉吴兴姚畧撰

公主陇西成纪人也，即大唐太宗文武圣皇帝之女也。家声祖德，造天地而运阴阳；履翼握衮，礼神祇而悬日月。大长公主，诞灵帝女，秀奇质于莲波；托体王姬，湛清仪于桂魄。公宫禀训，沐胎教之宸猷；姒帷承规，挺璇闱之睿敏。以贞观十七年出降于青海国王勒豆可汗慕容诺曷钵。其人也，帝文命之灵苗，斟寻氏之洪胤；同日䃅之入侍，献款归诚；类去病之辞家，怀忠奋节。我大周以曾沙纽地，练石张天，万物于是惟新，三光以之再朗。主乃赐同圣族，改号西平，光宠盛于厘妫，徽猷高于乙妹。岂谓巽风清急，驰隙驷之晨光；阅水分流，徒藏舟之夜壑。以圣历元年五月三日寝疾，薨于灵州东衙之私第，春秋七十有六。既而延平水竭，惜龙剑之孤飞；秦氏楼倾，随凤萧而长往。以圣历二年三月十八日，葬于凉州南阳晖谷冶城之山岗，礼也。

吾王亦先时启殡，主乃别建陵垣。异周公合葬之仪，非诗人同穴之咏。嗣第五子右鹰扬卫大将军、宣王万等，痛深栾棘，愿宅兆而斯安；情切蓼莪，惭陟屺而无逮。抚幽埏而掩洒，更益充穷；奉遗泽而增哀，弥深眷恋。以为德音无沬，思载笔而垂荣；兰桂有芬，资纪言而方远。庶乎千秋万岁，无惭节女之陵；九原三壤，不谢贞姬之墓。

其铭曰：瑶水诞德，巫山挺神。帝女爰降，王姬下姻。燕筐含玉，门牖题银。珈珩楴为，轩佩庄鳞。其一。

与善乖验，竟欺遐寿。返魂无征，神香徒有。婺彩潜翳，电光非久。睑碎芙蓉，茄凄杨柳。其二。

牛岗辟壤，马鬣开坟。黛柏含雾，苍松起云。立言载笔，纪德垂熏。愿承荣于不朽，庶传芳于未闻。其三。

碑文系唐武周圣历年间的进士、国子监生员姚晷撰写。姚晷是浙江吴兴郡人，考中进士后在河西节度使幕府帐下任云骑尉一职，对凉州边关事务颇为熟知。碑文简述弘化公主生平事迹及嫁与吐谷浑青海国王慕容诺曷钵之事，称公主和亲是"同日碑之入侍，献款归诚。类去病之辞家，怀忠奋节"的宏伟之举，高度评价了弘化公主的风范懿德。弘化公主又名弘化大长公主，武则天时赐姓武，并改封为西平大长公主。唐高祖武德五年（622年）生于李唐宗室之家，于太宗贞观十七年（643年），在淮阳王李道明、大将军慕容宝等护送下，远离长安，到数千里之外的青海，与青海国王慕容诺曷钵成婚。武周圣历元年（698年）五月逝于灵州（今宁夏吴忠），终年七十六岁。次年三月，归葬于凉州南山阳晖谷冶城之山岗，即今武威市凉州区新华镇青咀湾。

弘化公主墓是武威发现的第一座吐谷浑王族成员墓葬，弘化公主墓志碑是武威出土的第一通吐谷浑王族成员墓志碑，从此开启了长达一百多年的吐谷浑王族墓葬与墓志在武威集中连续发现的历史。

## 二、吐谷浑代乐王慕容明墓志

弘化公主墓志碑发现后不久，金塔河畔的村落里又发现了第二通吐谷浑王族成员墓志，全称《吐谷浑代乐王慕容明墓志》，简称《慕容明墓志》，墓志碑辗转保存于武威文庙。墓志碑刻制于唐玄宗开元二十六年（738年）十二月，作者不详。盖志各一方，边长46厘米。志盖篆书"大唐故代乐王上柱国慕容明墓志之铭"4行共16字。志文共19行，满行23字，正书。下部有残字，四边镌石榴纹。墓志简记吐谷浑代乐王慕容明生平事迹，尤其突出其各个时期的职务升迁，赞扬其"久职戎旃，勤效既深"的业绩和"志性敦质，淳和孝友"的品质。志内记其行状及所任官职、所得封号等，是研究唐代吐谷浑历史的珍贵实物资料，可考吐谷浑王族与唐朝的关系。墓志铭文如下：

## 慕容明墓志

押浑副使忠武将军右监门卫中郎将员外置同正员检校阇甄府都督摄左威卫将军借紫金鱼袋代乐王上柱国慕容明墓志铭

王讳明，字坦，昌黎鲜卑人也。粤以唐永隆元年岁次庚辰七月廿七日，生于灵州之南衙。年五岁，以本蕃号代乐王。至唐祚再兴，神龙二年四月五日，制云：沙朔雄姿，穹庐贵种；远暨声教，式被恩荣。可左屯卫翊府左郎将，员外置同正员。至景云二年三月卅日，敕摄左屯卫将军、借紫金鱼袋，仍充押浑副使。至开元元年十二月廿一日，制云：凤柱驰声，兽贲标袟；赤墀近侍，紫极分晖；既覃邦惠，宜峻戎章。可上柱国。至开元十年正月十一日，制云：夙申诚款，久职戎旃；勤效既深，授兹戎宠。可右监门卫中郎将，员外置同正员，余如故。以大唐开元廿六年十一月十三日，薨于本衙，春秋五十有九，归葬于凉州先茔。

志性敦质，淳和孝友。能简能易，勿□勿亲。宗族推嘘，是称名行。呜呼哀哉！以名铭记。

大唐开元廿六年岁次戊寅十二日甲子朔七日庚午功就。

慕容明，字坦，昌黎鲜卑人。唐永隆元年（680年）生于灵州，年五岁时即赐封代乐王，曾任忠武将军、右监门卫中郎将、上柱国等。开元二十六年（738年）去世，终年五十九岁，归葬于凉州南山吐谷浑王族先茔，即今武威市凉州区新华镇青咀湾。

关于慕容明的生平经历，因正史无传，墓志记述也极简约。因墓志未叙及慕容明的其他关系，难以断定其在王族成员中的关系和辈分。1945年，著名考古学者夏鼐在武威南山喇嘛湾吐谷浑王族墓地进行考古发掘，发现了《燕王慕容曦光墓志》。夏鼐根据《燕王慕容曦光墓志》推定，慕容曦光、慕容明或为袭封"青海国王"的慕容曦皓之昆仲。另有学者根据二人的生卒年月，进一步认定为慕容明是慕容曦光的族兄。随着武威吐谷浑王族墓葬及墓志的不断出土及研究的深入，这些疑惑最终可能会揭开谜底。

### 三、慕容忠、慕容宣彻墓志

1927年5月，武威发生里氏8级强烈地震，位于武威县南营乡喇嘛湾一带（今凉州区新华镇南营喇嘛湾）的多座古墓被震塌。之后，当地民众在清理挖掘当中出土了两通墓志，即《青海国王慕容忠墓志》《辅国王慕容宣彻墓志》，这是武威县南营乡第三次发现慕容氏王族墓志。两通墓志后来被保存于武威文庙，今存武威市博物馆。

青海国王慕容忠墓志简称《慕容忠墓志》，刻于武周圣历二年（699年）三月，作者不详。慕容忠与其母弘化公主同年同月同日去世，又同时归葬武威南山并立碑。墓志盖、志各一方，正方形，边长59厘米。志盖书三行九字，篆书"大周故青海王墓志铭"；四周装饰缠枝卷叶纹图案。志文凡23行，满行24字，正书。志文中有武则天所造新字，如国、人、地、日、月等，为便于排版和今人阅读，摘录时已与今字替换。墓志铭文如下：

慕容忠墓志

周故镇军大将军行左豹韬卫大将军青海国王乌地也拔勒豆可汗墓志铭并序

王讳忠，阴山人也。自云雷降霆，开大国之王基；日月成文，握中原之帝业。天启斗马，率众西迁；地据伏龙，称孤南面。祖，特丽度许符别可汗。父，诺曷钵，青海国王、驸马都尉、乌地也拔勒豆可汗；并军国爪牙，乾坤柱石，忠勤克著，异姓封王，宠渥弥隆，和亲尚主。

王丕承显烈，特禀英奇。至若兰台芸阁之微言，丘山泉海；豹略龙韬之秘策，长短纵横。莫不披卷而究五车，运筹而决千里。逸才天假,休德日新。接物尽君子之心,事亲备文王之道。年十八,授左威卫将军。咸承银榜,弱岁求郎,宠溢金貂,童年入侍。后加镇军大将军、行左豹韬卫大将军,袭青海国王、乌地也拔勒豆可汗。象贤开国,策固誓河,拜将登坛,任隆分阃。坐金方而作镇,出玉塞而临军;朝廷无西顾之忧,猃狁罢南郊之祭。将军有勇,期胜气于千年;壮士云亡,惜寒风之一去。粤圣历元年五月三日,薨于灵州城南浑牙之私第,春秋五十有一。

栋梁折矣,远近凄然。以圣历二年三月十八日归葬于凉州城南之山岗,礼也。孤子等痛昊天之莫诉,恐离岸之行迁;冀披文而颂德,刊翠石于黄泉。其铭曰:

寿丘茂绪,黎邑雄藩。龙兴北盛,马斗西奔。代传龟纽,邸降鱼轩。积庆隆矣,生贤在焉。其一。

自家形国,资孝为忠。爰辞柳塞,入卫兰宫。青海纂业,西隅毕通。玄郊坐镇,北漠恒空。其二。

夷夏经安,搢绅之望。树善无忒,辅仁何旷!营罢真军,日亡上将。义深悼往,恩隆洽葬。其三。

青乌克兆,辑驾言回。坟崇马鬣,地据垄堆。云愁垄树,月钓泉台。式刊翠琬,永播清埃。其四。

慕容忠,阴山人,吐谷浑青海国王慕容诺曷钵与弘化公主长子,曾授左威卫将军、镇军大将军、驸马都尉,袭封青海国王、乌地也拔勒豆可汗,尚大唐金城县主;与母亲弘化公主同年同月同日死去世于灵州私第,又同年同月同日归葬于凉州南山。不同的是弘化公主"寝疾薨于灵州东衙之私第","归葬于凉州南阳晖谷冶城之山岗",即今南营青咀湾;而慕容忠"薨于灵州城南浑牙之私第","归葬于凉州城南之山岗",即今南营喇嘛湾。青咀湾与喇嘛湾两地相隔约五公里。

《辅国王慕容宣彻墓志》简称《慕容宣彻墓志》，刻于唐中宗景龙三年（709年）四月，作者不详。盖、志各一方，皆为正方形，边长55厘米。志盖3行9字，篆书"大唐故辅国王慕容志"，四刹镌牡丹花纹。志文19行，满行20字，正书。据载，慕容宣彻是慕容诺曷钵与弘化公主之孙，青海国王慕容忠次子。曾任左领军大将军，赐封辅国王，袭父爵乌地也拔勒豆可汗。生卒时间不详，于唐中宗景龙三年由其子安乐王慕容神威迁奉于凉州南山神鸟县吐谷浑王族先茔。墓志铭文如下：

慕容宣彻墓志

河东阴山郡安乐王慕容神威迁奉墓志并序

若夫劳喜休悲，孰免归天之魄？浮形幻影，谁蠲瘗地之魂？真金玉之可消，况英奇之能久？降年不永，遽逝东流；寂寂山丘，怆怆垄路。

祖，驸马都尉、青海国王乌地可汗，讳诺曷钵。武苞七德，业冠三冬；开颖不羁，神谋独断；谥从风烛，早迁奉毕。

祖婆，唐姑光化公主，陇西李氏。孕彩椒房，含辉兰闱；入洛川而回雪，溯巫岭以行云；不为修短悬天，芳姿掩彩，早定安厝，又迁奉毕。父，忠，德比贞崐，诞侔惟岳，落落耸长与之干，汪汪澄叔度之陂；追远慎终，早迁奉毕。

左领军大将军慕容讳宣彻，擢秀清流，风尘不杂；光五侯之封，传万石之荣；凤奉忠贞，承芳帝戚；朝参鸾驾，夕卫丹墀；不为蕈起，两楹梁摧。奄及，以景龙三年四月十一日奉于凉州神鸟县界。吉辰择兆，丧礼具仪。呜呼哀哉！式为铭曰：

朝露旋晞，夜台何酷。九泉幽壤，埋兹盛德。不朽飞声，昭章望族。讵勒燕岑，流芳圣腴。古之遗爱，方斯令则。何以铭勋，树兹镌勒。

景龙三年岁次己酉四月丁亥朔十一日丁酉

民国时期，随着弘化公主等唐代吐谷浑王族成员墓葬及墓志在武威县南营乡青咀喇嘛湾一带的相继发现，古代王国吐谷浑的历史之谜也逐渐被揭开，人们这才知道，武威南山曾经是唐代吐谷浑王族的先茔之地。

墓志简记慕容宣彻去世后其灵柩迁奉凉州神鸟县祖茔之事，并上溯其世系，回顾当年祖父慕容诺曷钵"早迁奉毕"、祖婆光化公主"又迁奉毕"、父亲慕容忠"早迁奉毕"之事，以确切的史料说明吐谷浑王室成员去世后迁奉凉州祖茔的历史，是研究吐谷浑王室成员与凉州密切关系的第一手资料。

**四、金城县主李季英、燕王慕容曦光墓志**

民国时期以甘肃河西走廊为中心，展开了重要的文化、艺术、科学、实业等考古考察活动。从1940年起，当时的学人先后组建了西北艺术文物考察团、西北史地考察团、西北建设考察团、西北科学考察团等，吸引了许多著名专家学者、艺术家、实业家和科学家的参与，催生了许多考古成果、考察报告、学术思想和文艺作品。这些考古考察活动，对西北史地及简牍、碑刻、敦煌学等研究贡献颇大。著名学者向达、夏鼐也因考察活动而两次到武威，对弘化公主及吐谷浑王族墓葬、天梯山石窟、大云寺、西夏碑等作了考察，提出了独到见解。

1944年4月，以向达、夏鼐、阎文儒等北京大学文科研究所学者为主体组成的西北科学考察团，由兰州至敦煌，开始历时两年的考察活动。在武威文庙考察时，看到数通吐谷浑王族成员的墓志铭，便询问陪同的武威名士段永新。当得知这些慕容氏墓志碑出土于武威南山的青咀喇嘛湾，引起了考察团的格外关注。1945年10月，西北科学考察团即将结束考察活动之际，夏鼐与阎文儒又从兰州返回武威。他们决定亲自考察散布于武威大地的吐谷浑王族遗址。征得武威当地政府同意后，两人前往武威南营青咀喇嘛湾吐谷浑王族墓地。夏鼐一行对两座墓葬进行细致的考古发掘，新获两通墓志及大量文物。

夏鼐新发现的两通墓志碑是《金城县主李季英墓志》和《燕王慕容曦光墓志》。发掘金城县主李季英墓时，起先仅发现碎砖和红、黑色画花纹的碎木片等。发掘至三公尺三寸时，露出砌砖，这些墓砖由于地震而摆放凌乱。再下至四公尺三寸时，仍未及底。第二天扩大发掘，由四周取土凡墓内虚土俱掘出，发掘至第十二天时至墓底。墓室四周围墙，由于被盗的原因，墓砖均被拆除，仅仅有几行平砖。由地面至墓底，为八公尺，四面各长四公尺三寸。木棺也已拆毁。共十五天发掘完毕。墓室四面各长四公尺三寸，墓室的北壁前方有石砖堆砌的棺床。南北宽一公尺八寸，高约五公寸五分，其上有棺板由于被盗，所以散置于棺床上。有三层棺板，三层木板中发现许多陪葬品，但未发现墓主头骨，仅有肋骨在第三层板上。棺床的南部底下有小平台，在墓室中心，可能是一个祭台，在祭台上发现许多陪葬品。在祭台南部正中有一方墓志，分为两块，上面一块为墓志盖，下面一块为墓志铭，志盖上有篆文。再向南方的东南角下，有金平脱文马鞍等随葬品。

慕容曦光墓与金城县主墓中间隔有一道沟壑，位于金城县主墓东面的山顶上，1927年的地震引起墓室前部坍塌，但其他部分较为完整。发掘至置棺之棺床上，发现此墓的墓葬形制与敦煌唐墓相同。木棺两端被盗，其余较完整。木棺外涂以漆，人骨散乱，头骨则扔置棺外棺床下。中为墓志放置处。其他殉葬品，俱凌乱散置棺床两旁，墓门朝南，堵门者以砖，因未从墓道掘入，故未开启。

此次考古发掘是第一次由中国考古专家主持的对武威唐代吐谷浑王族墓葬进行的一次科学考古与发掘。1948年，夏鼐在《中央研究院历史语言研究所集刊》发表了《武威唐代吐谷浑慕容氏墓志》，该文以慕容曦光、金城县主墓志为中心，结合之前发现的弘化公主、慕容明、慕容宣彻、慕容忠等四块墓志，进行了综合性研究。之后，夏鼐又在《历史语言研究所集刊》上对《武威唐代吐谷浑慕容氏墓志》一文进行了修订，补入了武威出土的《李氏夫人墓志》和宁夏出土的《慕容威墓志》，并写了跋语收入《夏鼐文集》。夏鼐先生的考古发现及研究论文，开启了吐谷浑历史文化的研究序幕。

《金城县主李季英墓志》出土于2号墓，碑石高37厘米，宽35厘米。志文凡23行，满行24字，正书。志盖三行九字，篆书"大唐金城县主墓志铭"，周围篆书十二地支，有花卉图案分布于墓志四周。石质系黑色细质砂岩。墓志铭文如下：

### 李季英墓志

大唐金城县主墓志铭

县主讳季英，陇西人也。七代祖瀛州刺史，宣简公；六代祖唐宣皇帝；高祖唐先皇帝；曾祖定州刺史乞豆；祖，开化郡王文；父，交州大都督、会稽郡王道恩。县主即王之第三女也。幼闻令淑，早敦诗礼。永徽中，有敕简宗女用适吐谷浑。天子见县主体德敦谨，仁孝有闻，诏曰："会稽郡王道恩第三女，可封金城县主，食邑四千户；出降吐谷浑国王慕容诺曷钵男成王忠为妻。"永徽三年四月出降，春秋廿有二。抚临浑国五十余年，上副所寄，下安戎落。年七十有六，开元六年岁次壬午正月十七日薨于部落，至七年八月十七日合葬于凉州南阳晖谷北岗，礼也。

恐山移海变，故勒芳铭。

《金城县主李季英墓志》简称《金城县主墓志》，刻于唐玄宗开元七年（719年）夫妇合葬之时，作者不详。其于民国年间出土于甘肃武威南山（今凉州区新华镇），原存武威文庙。民国年间运存于南京中央研究院历史语言研究所，今藏南京博物院。按志文载，县主于永徽三年（652年）出降（帝王之女出嫁），时年二十二岁，按此推算应生于贞观五年（631年）。又，县主以七十六岁高龄去世，时为开元六年（718年），按此推算应生于贞观十七年（643年）。墓志载李季英是陇西人，唐宗室女。交州大都督、会稽郡王李道恩第三女，赐封金城县主。永徽三年（652年）奉诏下嫁吐谷浑国王慕容诺曷钵之子成王慕容忠为妻。开元六年（718年）去世，终年七十六岁，次年与其夫慕容忠合葬于凉州南山阳晖谷吐谷浑王族先茔。

另一通墓志碑《燕王慕容曦光墓志》出土于1号墓。墓志载慕容曦光，字晟，慕容忠长孙，慕容宣超长子，武周载初元年（689年）生于灵州，三岁赐封观乐王，十岁赐封燕王，十四岁入长安，曾任朔方节度副使兼知部落使、紫金光禄大夫，封五原郡开国公加云麾将军、上柱国。开元二十六年（738年）去世，终年四十九岁，归葬于凉州南山吐谷浑王族先茔。这两座墓葬中还出土了大量的陶俑、马俑、瓷器、陶器、板画、服饰、皮革、金银器、马鞍、乐器等珍贵文物，两通墓志和大部分文物均运往南京，保存于中央研究院历史语言研究所，今藏南京博物院。这是武威第四次出土吐谷浑王族成员墓志及其他文物。墓志铭文如下：

### 慕容曦光墓志

大唐故朔方军节度副使兼知部落使金紫光禄大夫行光禄卿员外置同正员五原郡开国公燕王上柱国慕容曦光墓志铭

王讳曦光，字晟，昌黎鲜卑人也。粤以周载初元年岁次戊寅七月八日，生于灵州之南衙。年甫三岁，以本蕃嫡孙号观乐王；年十岁，以本蕃嫡子号燕王；年十四，去长安。四年十月廿九日，授游击将军、守左豹韬卫翊府左郎将。至唐神龙二年七月廿六日，转明威将军、行左屯卫翊府左郎将。至景云元年九月廿五日，转忠武将军、行右卫翊二府左郎将。开元二年三月十六日，封五原郡开国公；其年八月十一日，加云麾将军。去开（元）九年，六州叛，换领所部兵马，摧破凶胡；至其年二月十四日，加授左威卫翊中府郎将。至开（元）十年，胡贼再叛，立功，授左威卫将军；以功高赏轻，寻加冠军大将军、行左金吾卫将军。至开元十一年五月廿八日,加金紫光禄大夫、行光禄卿。至开元十八年,敕差充朔方军节度副使。以大唐开元廿六年七月廿三日,薨于本衙。其年闰八月五日,赠持节、凉州都督,归葬于凉州先茔,春秋卌有九。

性惟谨慎,触事平均。部落叹惜,如丧考妣。呜呼哀哉!以为铭记。

大唐开元廿六年十二月九日记叔,银青光禄大夫、将作大匠、上柱国承福,伤犹子之盛。时,述悲词于志后。词曰:

我之犹子,降德自天。气含星宿,量包山川。列位于卿,分茅于燕。为人之杰,为国之贤。纯和禀性,孝道自然。何工不习,何艺不专。射御称善,博弈推先。其生始贵,其没何遄。名山玉折,大海珠捐。呜呼昊穹!悲哉逝水!辅仁不佑,丧吾千里。抚膺下泣,骨惊心死。铭石记之,传乎万祀!

《燕王慕容曦光墓志》简称《慕容曦光墓志》,刻于唐玄宗开元二十六年十二月,作者不详。1945年出土于武威县南营乡喇嘛湾。共两方,盖、志各一,皆正方形,边长61厘米。志盖篆书"大唐慕容府君墓志铭"3行9字,四面刻十二时辰属相,另刻有卷草花纹。志文共23行,满行25字,正书。民国年间与《大唐金城县主墓志铭》一起运存于南京中央研究院历史语言研究所,今藏南京博物院。此志不同于其他墓志的地方是在正文之后,附有其叔父承福的悲词(悼词),增加了墓主人的分量。

墓志简记燕王慕容曦光身世,通过重点记载其任职、立功经历,突出其"摧破凶胡"的功勋。在武威出土的吐谷浑王族成员墓志中,此志对志主的任职、立功经历记载最为完整翔实,对研究吐谷浑王族入唐后的历史及武则天时期的政治具有重要价值。

## 五、政乐王慕容煞鬼等三通墓志

新中国成立后,武威第五次出土吐谷浑王族成员墓志及其他文物。墓志依次是《政乐王慕容煞鬼(宣昌)墓志》《陇西郡夫人李彩(深)墓志》和《太原郡夫人武氏墓志》,出土地均在南营乡青咀喇嘛湾一带,出土后由武威县文管会移至武威文庙保存。

《政乐王慕容煞鬼(宣昌)墓志》简称《慕容煞鬼墓志》,刻于唐中宗神龙二年(706年)九月,作者不详。共两方,盖志皆正方形。志盖边长58厘米,篆书"大唐故政乐王墓志铭"3行9字,四刹镌牡丹花纹。志身边长60厘米,志石文共25行,满行24字,正书。墓志铭文如下:

慕容煞鬼墓志

大唐故政乐王慕容君(宣昌)墓志铭并序

王讳煞鬼,字宣昌,阴山人也。曾祖融吐浑可汗,隋尚东化公主,拜驸马都尉。祖,诺何拔,制封河源郡王,尚大长公主,薨赠兆国王。父,成王忠,尚金城县主,青海国王可汗,并蕑在帝心,袭嗣王位。钦明异域,藻镜殊方;谅藩屏之任隆,寔边维之寄重;庶谐捌表,光赞万邦。忠贞沐奉国之恩,孝悌烈家声之誉。爰婚帝子,媛以王孙。金柯弈叶于宗盟,琼萼舒花于戚里。王子维城作固,盘石开基。五潢分派于尧年,九族流芳于舜日。等山河而作镇,同嵩峤而铭祈。寔谓冠盖明时,领袖当代;顷年未一纪,封为政乐王。属圣道昌期,明王驭历。皇图启录,表唐化而中兴;紫极君临,廓乾坤而重洽。恩制司袟,泽及万方。九重怀忭跃之欢,百姓喜讴谣之颂。惟王夙承帝戚,朝贺申诚,表谢阙庭,恩加赏锡,内崇奉宸,外授君储。企望保录余年,不意俄婴疢瘵,忽焉倾逝,奄弃所天,权殡于京三辅,春秋廿有六。别敕雍州,迁奉凉府。粤以神龙二年九月十五日,葬于凉州神鸟县天梯山野城里阳晖谷之原,礼也。

王禀质温恭，素怀贞操；绥强以礼，抚弱以仁。敬谓清慎覃流，风神肃物；岂期英声未振，盛德长捐。令誉灭闻，奄归泉壤。茫茫孤垄，同逝水而无追；冥冥夜台，与山丘而永固。乃为铭曰：

派流青海，族茂皇亲。婚连帝戚，媛结王孙。凤承圣造，垂裕后昆。其一。

二仪交泰，两曜齐明。君侯养德，王子挺生。沐兹圣泽，镜彼提衡。怀青拖紫，而人莫争。其二。

爰濯草缨，素籍家声。簪裾代袭，轩冕烈名。维城靡固，梦疾两楹。魂归蒿隧，质瘗松扃。其三。

盛德无依，雄风靡扇。琼萼霜凋，金柯露泫。代有谢兮千秋，人无由兮百战。其四。

地久川长，自古何常。天高路远，人而何方。生涯未极，死独奚伤。空游魂而无托，终名灭而靡彰。其五。

慕容煞鬼，字宣昌，阴山人。为慕容诺曷钵与弘化公主之孙，慕容忠与金城县主之子。二十六岁时去世于京城长安，神龙二年（706年）归葬于凉州神鸟县天梯山野城里阳晖谷吐谷浑王族先茔。墓志简记慕容宣昌的世系及生平，可补正史之阙。其楷书书法保留北魏遗韵，可资欣赏和研究。

《陇西郡夫人李彩（深）墓志》简称《李深墓志》，刻于唐玄宗开元六年（718年）十二月，作者不详。盖、志各一方，皆为正方形。志盖为盝顶正方形，边长42厘米，中央篆书"大唐故夫人李氏墓志"9字，3行，行3字；四刹刻"子丑寅卯辰巳午未申酉戌亥"十二生肖。志身边长48厘米，厚2厘米，志文共12行，满行12字，正书。约于1958年5月出土于武威县南营乡（今属武威市凉州区新华镇）青咀喇嘛湾。1962年，武威县文化馆工作人员党寿山等人在南营乡普查文物时访得此碑，由县文化馆负责征集后保存在武威文庙，今存武威市博物馆。墓志载李彩又名李深，陇西成纪人，唐宗室女。祖父李正明，曾任灵、原二州都督，赐永康郡开国公；父亲李志贞，曾任朝议大夫、延州司马。二十二岁时嫁与元王慕容若，景云元年（710年）去世，终年四十三岁，开元六年（718年）归葬于凉州南山吐谷浑王族先茔。墓志铭文如下：

李深墓志

大唐陇西郡夫人李氏墓志铭

夫人讳深，陇西成纪人也。祖，正明，任灵、原两州都督，永康郡开国公。父，志贞，朝议大夫，延州司马。

夫人幼称女范，兼修妇仪，年廿二出适元王慕容若。乃居贵能降，处尊劳谦，忽及崦嵫既夜，蕣葭凤秋。以景云元年五月五日奄从风烛，春秋卅有三。今乃吉晨，迁措坟茔，故勒斯铭，呜呼哀哉。

开元六年岁次戊午十二月庚申朔二十六日乙酉

墓志简记吐谷浑元王慕容若夫人李深的身世和"居贵能降，处尊劳谦"的风范，为研究吐谷浑历史提供重要资料，可补两唐书之阙。碑刻楷书书法尚存北魏意蕴，为考察研究书法流变史提供了珍贵资料。

1978年9月，武威县文物普查队在南营乡青咀湾发现一座塌陷的墓葬，由武威地区博物馆文物工作者宁笃学、钟长发主持清理，出土太原郡夫人武氏墓志及彩绘木俑、漆器等数件。太原郡夫人武氏墓志简称《武氏墓志》《太原郡夫人武氏墓志》《慕容曦光妻武氏墓志》，立于唐玄宗开元二十四年（736年）十月，作者不详。盖志各一方。志盖为盝顶正方形，边长56厘米，厚5厘米；盖文3行9字，篆书"大唐故武氏墓志之铭"，四刹面雕刻缠枝卷叶花纹。志石亦正方形，边长56厘米；志文共20行，满行20字，正书。墓志载武氏乃武则天侄孙女，其祖父武承嗣，曾任武周中书令，封魏王；父亲武延寿，曾任卫尉卿。十九岁时嫁与燕王慕容曦光。曦光曾任唐朔方军节度副使、金紫光禄大夫，上柱国，封五原公、燕王。开元二十三年（735年）去世于京城长安，终年三十三岁，次年归葬于凉州南山神鸟县阳晖谷吐谷浑王族先茔。墓志铭文如下：

太原郡夫人武氏墓志

唐朔方军节度副使金紫光禄大夫行光禄卿上柱国五原公燕王慕容公故妻太原郡夫人武氏墓志铭并序

夫人太原人也，则天大圣皇后之侄孙女。聋极天孙，分辉若木；峻岳疏趾，长源演流。祖承嗣，周朝中书令、魏王。父延寿，□皇朝卫尉卿。

夫人生自崇闱，长承明训；女德柔顺，韶姿婉淑；十有九载，移天贵门。三星备于礼容，百两暖乎盈室。言无出阃，动不逾诚；秋霜洁操，春旭齐华。才克媲于金夫，邑爰封于石窌。而灵根宿植，法性潜明；高歇尘樊，屏绝声味；心念口演，诵真经而靡倦；焚香散花，绕尊容而不息。然猛风欻至，幻体难留；红颜落于蕣华，素景坠于曾谷。以开元廿三年十月二日，薨于京兆长安延福里第，春秋卅有三。琴瑟怆断，馆舍悲凉。红闱闻其遂空，翠羽惨其无色。即以廿四年景子岁十月三日己酉，迁窆于凉城南卅里神鸟县阳晖谷之西原，礼也。嗣子右金吾卫、沁州安乐府果毅都尉兆，辦摽棘心，哀哉荼思！

追攀罔极，载割于襟灵；岸谷难常，用刊于玉石。

铭曰：南雪山兮北鸟城，邦媛妯兮此瘗灵；寒草初凋兮哀挽声，幽泉已閟兮几时明！

墓志简记燕王慕容曦光夫人武氏身世和恪守妇德，"言无出阃，动不逾诚"的风范，同时刻画了一位虔诚的佛教徒形象（"灵根宿植，法性潜明……心念口演，诵真经而靡倦；焚香散花，绕尊容而不息"）。

《武氏夫人墓志》出土后，宁笃学撰《甘肃武威南营发现大唐武氏墓志》一文，对武氏夫人墓志进行详细考释研究。指出武氏夫人为武则天皇后侄孙女，其祖父承嗣是武则天的侄子，父延寿是承嗣的第四子。其夫慕容曦光为唐军节度副使，并封燕王，其子为慕容兆。同年七月，参加中国唐史学会组织的丝绸之路考察活动的周伟洲，考察了武威南山青咀喇嘛湾的吐谷浑先茔墓地，并见到藏于武威的《大唐故武氏墓志》。考察结束后，撰写《武威青咀喇嘛湾出土大唐武氏墓志补考》一文，载于《丝路访古》文集中。文中考证墓主武氏（武则天侄孙女）所适之吐谷浑燕王"慕容公"，志记其子为慕容兆。

**六、慕容智墓**

2019年9月25日，天祝藏族自治县国土资源局在整备土地时，在武威市天祝藏族自治县祁连镇岔山村发现一座墓葬，经考古发掘出土墓志及众多文物，被确认为唐代吐谷浑喜王慕容智墓葬。这是武威第六次出土吐谷浑王族成员墓志及文物，之前发现的吐谷浑王族成员墓葬大多不是科学考古发掘，加上墓内文物被盗严重，学术界对墓葬及其文物的诸多信息并不完全清楚。慕容智墓葬保存完好，考古信息完整而准确，是目前国内发现和发掘的唯一保存完整、下葬时代最早的吐谷浑王族墓葬，再现吐谷浑王室的生活情景，对研究吐谷浑民族的王族谱系、墓葬规制、葬制葬俗以及唐吐关系史、丝绸之路交通史、物质文化史等相关问题具有十分重要的价值，开启了人们认识吐谷浑历史的新篇章。

吐谷浑喜王慕容智墓位于武威市天祝藏族自治县祁连镇岔山村所在的山顶之上，东距青咀湾、喇嘛湾墓群约十五公里。2019年9月，墓葬被发现以后，由甘肃省文物考古研究所牵头，组建了吐谷浑考古项目组，负责对墓葬及其出土文物进行保护修复，并对出土棺木进行了实验室清理。

墓葬中出土墓志一通，志盖篆书"大周故慕容府君墓志"。墓志碑青石质，由盖、志两部分组成。志盖为盝顶方形，底边长54.5厘米，宽54.2厘米，顶边长均为39.6厘米，厚8.8厘米。正面中间阴刻篆书"大周故慕容府君墓志"，共3行，行3字。四周及四刹饰以缠枝卷草花卉纹。墓志边长53.7厘米，厚9.2厘米。正面楷书志文，共20行，满行17至21字，除四处与皇帝相关称谓的词前各留一空格外，共刻392字，其中"天""地""日""月""年""授"等为武周新字。左侧面纵刻两行文字，约36字，其中部分字体具有和汉字相同的偏旁部首，或偏旁部首的合成字，暂无法释读，疑为吐谷浑自创文字。

志主系青海国王慕容诺曷钵与弘化公主第三子，其去世后按礼制于"其年九月五日迁葬于大可汗陵"。大可汗陵（即弘化公主丈夫慕容诺曷钵陵）为该墓志首次出现，引起了考古界的特别重视，这意味着该墓葬附近还存在"大可汗陵"及其陪葬墓。墓志铭文如下：

慕容智墓志

大周故云麾将军守左玉钤卫大将军员外置喜王慕容府君墓志铭并序

王讳智，字哲，阴山人。拔勒豆可汗第三子也。原夫圆穹写象，珠昴为夷落之墟；方礴凝形，玉塞列藩维之固。其有守中外、沐淳和、贵诗书、践仁义，则王家之生常矣。廓青海、净湟川、率荒陬、款正朔，则主家之积习矣。故能爪牙上国，跨蹑边亭，控长河以为防，居盘石而作固。灵源茂绪，可略言焉：祖，丽杜吐浑可汗。父，诺曷钵，尚大长公主，驸马都尉、拔勒豆可汗。王以龟组荣班，鱼轩懿戚。出总戎律，敷德化以调人；入奉皇猷，耿忠贞而事主。

有制曰："慕容智，鲜山贵族，昴城豪望，材略有闻，宜加戎职。可左领军将军。"俄加云麾将军，守左玉钤卫大将军。望重边亭，誉隆藩邸。西园清夜，敬爱忘疲；东阁芳晨，言谈莫倦。诚可长隆显秩，永奉宸居！岂谓齐桓之疴，先侵骨髓；晋景之瘵，已入膏肓。

天授二年三月二日，薨于灵府之官舍，春秋卅有二。即其年九月五日，迁葬于大可汗陵，礼也。上悬乌兔，下临城阙。草露朝清，松风夜发。泣岘山之泪陏（堕），悲陇水之声咽。呜哀哉！乃为铭曰：

丹乌迅速，白兔苍茫。两楹流奠，二鉴经经殃。崩城恸哭，变竹悲伤。一铭翠琰，地久天长。

慕容智墓志主要介绍了墓主人的姓氏、籍贯、先祖、世袭、入仕为官情况、逝世时间、迁葬之地等，其中使用了大量典故和溢美之语，概括了慕容智入侍宫禁到病逝灵州的一生。墓志左侧面刻有两列利用汉字偏旁部首合成的文字，经专家初步判断为吐谷浑本民族的文字。墓志的志盖篆书"大周故慕容府君墓志"；志文内容显示，墓主为"大周云麾将军守左玉钤卫大将军员外置喜王"慕容智，因病于武周"天授二年（691年）三月二日薨"，终年四十二岁。更为重要的是，该墓志出土信息明确，首次提到慕容氏除"阳晖谷"之外的又一陵园"大可汗陵"的存在，这也为下一步的考古工作指明了方向。同时，值得注意的是，志文最后的"铭"中的"丹乌迅速，白兔苍茫"，与慕容智墓墓顶东、西壁画内容相对应，而"二鉴经殃"，亦与墓主棺前随葬的两件黑漆盘相吻合，"一铭翠琰"，亦即甬道中随葬的墓志。上述诸语，可与慕容智墓中的部分设置相对应，具有一定的写实功能。

志文载慕容智"为可汗第三子也"，同时还明确提到"父诺曷钵，尚大长公主，驸马都尉"，说明慕容智的母亲应当就是弘化公主，慕容智应该是诺曷钵的嫡三子。结合之前学界对诺曷钵世系的研究，其子嗣至少应有五男二女，嫡长子为慕容忠，嫡次子为闼卢摸末，嫡四子慕容若，嫡五子为慕容万，二女为成月公主。加上本次发现的嫡三子慕容智，大致可明确诺曷钵四子一女之关系。根据墓志生卒年的相关记载，嫡长子慕容忠生于贞观二十二年（648年），嫡三子慕容智生于永徽元年（650年），则其嫡次子闼卢摸末应当在此期间出生，我们认为贞观二十三年（649年）的可能性较大，但也不能排除其与慕容忠或慕容智存在孪生的情况。嫡四子和嫡五子应在永徽元年（650年）之后出生。次女成月公主生于贞观二十年（646年），总章元年（668年）卒于长安兴圣寺。

志文云："王以龟组荣班，鱼轩懿戚。出总戎律，敷德化以调人；入奉皇猷，耿忠贞而事主"。这表明慕容智曾经入侍宫廷，宿卫皇帝且担任戎职。隋唐时期，由于中央王朝实力强大，周边游牧民族常常会为了博取朝廷的信任，派遣子弟入质京城。在慕容智以前，吐谷浑王室成员就早有入侍之先例，慕容智的祖父慕容顺和父亲诺曷钵就曾先后入侍隋朝和唐朝。至吐谷浑灭国以后，其王室成员入侍的情况变得更为普遍，甚至皆以入侍为荣。慕容智的兄长慕容忠，后辈慕容宣彻、慕容曦光、慕容曦皓等人，都曾先后入侍。从志文来看，慕容智也应当是入侍行列中的一员。志文记载慕容智在入侍以后尽职尽责，"诚可长隆显秩，永奉宸居"，但因不治之症，返还灵州，于"天授二年（691年）三月二日，薨于灵府之官舍，春秋卅有二，即其年九月五日迁葬于大可汗陵"。

随着对唐代吐谷浑王族墓葬群持续进行考古调查、发掘及文物保护与研究，已出土金银器、漆木器、革制品和丝麻织品等八百多件组，多项成果创国内考古"先河"，不少为国内同时期相关文物首次或罕见发现，包括首次发现国内年代最早的唐代白葡萄酒、最早最完整的木质胡床、保存最完整的成套铁铠甲武器装备，以及六曲屏风、大型木质彩绘床榻、笔墨纸、木列戟屋模型等完整实物遗存。首次发现并确认吐谷浑文字。首次发现唐代规模最大、保存最完整、种类多样的唐代丝织品。首次提供"大可汗陵"信息，初步探明吐谷浑王族三大陵区。首次确认吐谷浑蓬子氏家族墓地。

慕容智墓葬以唐代葬制为主，兼具吐谷浑、吐蕃以及北方草原民族的文化因素，显示了我国丝绸之路沿线多民族交流融合的历史进程，是中华民族多元一体格局的重要实证。该墓群的发现，从文字和实物层面，揭示了吐谷浑民族自归唐以后近百年间逐渐融入中华文明体系的历史史实，并从中窥见吐谷浑人的物质生活、思想观念、文化认同等历史细节的变迁。这些发现，为进一步提高对该墓群文化内涵的认识、推动武威吐谷浑王族大遗址群的可持续发展和文物保护利用，奠定了重要基础，为丝绸之路历史文化研究提供了新的内容，为增强民族文化自信、铸牢中华民族共同体意识提供了典型案例。

大唐慕容府君墓志铭拓片
（来源：《唐代墓志》）

## 第二节　吐谷浑王族墓葬的"文化密码"

武威青咀喇嘛湾共出土墓志九方，除金城县主墓志与慕容曦光墓志在南京博物院收藏外，其他七方墓志保存于武威市博物馆。墓志分为志盖与志文两部分，一般为方形。墓志周围图案主要有缠枝卷叶纹图案、缠枝草叶花纹图案、缠枝卷叶纹图案、十二地支图案、四神像等。墓志在南北朝时期开始流行，但与唐代比较起来，还有不少差距。墓志在唐代墓葬中是非常重要的，皇帝、百姓、僧道等，在死后撰写一篇墓志成为墓葬必不可少的一部分。

在出土唐代墓志中，上自皇室贵族，下至少数民族出生的官吏，几乎无一例外地竞相夸耀门第，甚至出现有不惜冒充他人之姓或宁愿为人之后者。这种风气的盛行，一方面是受魏晋以来门阀制度的影响，另一方面也说明唐朝统治阶级对政治身份、社会地位的虚荣尊崇。

在武威出土的《慕容忠墓志铭》《慕容宣昌墓志》《慕容宣彻墓志》《慕容曦光墓志》《大周故西平公主（弘化公主）墓志》都表明了吐谷浑上层贵族也有为死者立墓志的习俗，志文也都是四六对仗的骈体文，反映出很明显的唐代墓志特色。

### 一、反映吐谷浑与唐王室密切联姻的政治关系

墓志揭示了吐谷浑家族与唐朝王室及大族之间持久的通婚关系，除唐宗室女外，唐代名门望族博陵崔氏也与吐谷浑王族通婚，表明吐谷浑王族的尊崇地位。

墓志所载出降吐谷浑的唐宗室女有四人，分别是弘化公主、金城县主、金明县主、姑臧县主。弘化公主是受封公主，金城县主李季英是唐太宗再从堂

妹、会稽郡王李道恩之女。杜佑《通典》称："皇姑为大长公主，姊为长公主，女为公主，皆封国，视正一品。太子女为郡主，封郡，视从一品。亲王女为县主，封县，视正二品。"可见公主视为正一品，县主视为正二品，其地位的显赫足以说明唐王朝对吐谷浑的重视。

武氏女两人，在《大唐故武氏墓志之铭》和《大唐故左领军卫大将军慕容神威墓志》中记载武氏为武则天侄孙女、武乘嗣的孙女、武延寿之女。此外，慕容神威与武氏联姻，此女也是武延寿之女。武氏墓志中写道："夫人太原人也，则天大圣皇后之侄孙女。"武则天另外一位侄孙女武氏适慕容威《慕容威墓志》，封平阳郡夫人。太原、平阳皆武氏家乡山西文水一带郡名。由此可以看出，这两位武氏家族势力显赫，也与吐谷浑保持着通婚关系。

官员女一人李深，李深是唐延州司马李志贞之女。地方大族女一人崔氏，根据《大唐故辅国王慕容志》《大唐故左领军卫大将军慕容神威墓志》中记载崔氏是博陵大族，博陵郡太夫人。可见与慕容家族联姻的有公主、县主、官宦之女、世家大族之女、外戚之女，随着吐谷浑灭国，吐谷浑的政治地位有所降低，和亲之女的地位也有所变化。

博陵崔氏虽然不是唐宗室女，地位并非显赫，但在唐代士族门阀制度仍很盛行，吐谷浑王族与博陵崔氏这样的望族大姓联姻，表明了吐谷浑王族在唐廷地位的尊崇，也表明吐谷浑王族与其他民族的融合程度已经很高了。吐谷浑王族也希望利用与唐王朝联姻来巩固自己的政治地位，延续这个传统。此外，武氏出嫁于慕容曦光的时间是开元九年（721年），此时武则天势力已经倒台，但继续作为贵族身份与吐谷浑联姻，也可以看出唐王朝与吐谷浑的政治联系较为紧密。

在弘化公主墓志和慕容忠墓志的志文中，有很多武则天时期所造的新字，可以看出，武则天所造的文字，能出现在距政治中心长安、洛阳较远的西北边塞地区，并且在吐谷浑民族的墓志中反映出来，说明在当时此种文字已经开始在全国推广使用，足见武则天的统治已经深刻影响吐谷浑民族生产生活。这些文字在吐谷浑王族墓志中使用反映出武则天统治时期的政治影响力远及西北边塞地区，影响较为广泛。

### 二、墓志体现出明显的郡望观念

中国古代士人十分看重自己的"郡望"，"郡"是汉以来的一种行政建制或行政区划，"望"指是"望族"，即有声望的姓氏大族。"郡望"最初的含义就是指一个郡中宗族世代聚族而居在某个固定州郡之中，因代出英才、门庭显赫而为人敬仰。后来，"郡望"一般用来指称一个家族的根源和发源地，即一个姓氏或家族所发源的郡县。魏晋南北朝时期的"九品中正制"把姓氏郡望作为选拔人才、任用官吏的重要依据，不同郡望品级的人不能当同样的官，不同郡望品级的人也不能通婚，形成"上品无寒门，下品无士族"的局面。隋唐推行科举制后，郡望与姓氏等级的政治意味逐渐消退，更多地表现出一种自我炫耀的身份象征。唐代士人好标郡望、多题郡望，以官方修史亦不详细考辨人物家乡籍贯，皆以题署郡望为修史规制。

古代昌黎（今河北昌黎）多出望族，唐朝诗人韩愈自称"郡望昌黎"，故世称"韩昌黎"，而其本人实则是河南河阳人。吐谷浑王族墓志中皆标郡望为"昌黎"，表明此期吐谷浑王族的汉化程度已经很高，有修史立传又体现出明显的郡望观念。如《唐故慕容府君墓志铭》开头为"公讳曦皓，字曦皓，京兆长安人，故属昌黎"，《大唐慕容府君墓志铭》墓志开头为"王讳曦光，字晟，昌黎鲜卑人也"。还有《大唐故左领军卫大将军慕容神威墓志》《大唐故代乐王上柱国慕容明墓志铭》《故交河郡夫人慕容氏墓序》中，皆标墓主郡望为"昌黎"。慕容氏中另有几人则出生于阴山，如《大周故青海王墓志铭》写道"王讳忠，阴山生也"。《大唐故政乐王墓志铭》写道"王讳煞鬼，字宣昌，阴山人也"。

一般认为，吐谷浑原来是辽东慕容部鲜卑首领慕容廆的兄长，后来因为马斗从慕容部里分离出来，率部西迁阴山（今内蒙古阴山山脉），西晋永嘉末年吐谷浑又率部从阴山越过陇山，到达今天的甘肃临夏附近。一部分人认为自己源自昌黎，一部分认为自己源自阴山。在墓志中写道自己源自昌黎，根据《晋书》中《慕容廆载记》所记载慕容廆是昌黎棘城鲜卑人，这是慕容鲜卑的发源地。吐谷浑可能更加强调自己源自辽东鲜卑，强调其是慕容鲜卑族的后代，表现对早期慕容鲜卑的认可，以希望得到当时社会的认可。而另一部分人认为自己源自阴山，以阴山为郡望，具有浓厚的少数民族郡望色彩，也许是更加强调自己吐谷浑这个民族的独立性。在唐代，郡望观念极其重要，在敦煌文书《新集天下姓望氏族谱》中记载："夫人立身在世，姓望为先，若不知之，岂为人子。"

游牧民族过着逐水草而居的生活，他们本来是没有郡望观念的。但随着其内附于唐，受到汉民族郡望观念的影响，郡望逐渐产生。唐代士人多喜欢标榜自己为名门郡望，即使一些士人并非望族，也要想方设法与同姓的望族攀上关系。青海都兰的吐谷浑墓葬中目前还没有发现墓志，表明吐谷浑在进入河西之前还没有为死者立墓志的习俗，此种墓志之风是吐谷浑后期与唐朝关系密切及对中原文化吸收作用下而出现的。唐朝与吐谷浑在一定时期的通婚过程中，也将唐朝的风俗带给了吐谷浑。武威吐谷浑慕容家族在与唐王朝的和亲过程中，汉文化水平也在不断提高，也出现了这种郡望观念。

在周伟洲先生的《吐谷浑史》中谈到，吐谷浑长时间以来地位较低，"西北诸族视吐谷浑为较下贱和没有根基的民族"。而此时与他们共同祖先的慕容廆的后代却已经是衣冠华士，诺曷钵家族仰慕其社会地位，促使了他们从心理上对慕容鲜卑民族的认可。诺曷钵家族作为吐谷浑上层贵族，入唐后受到了唐政府的较高礼遇，他们入侍禁中或任职唐廷，保持着一定的政治地位，均有一定的汉文化修养，但作为少数民族，吐谷浑族人所处的社会地位较低，若想提高自身的社会地位，必须走与士族阶层联姻这条途径，以便来巩固和改变他们所处的地位。

### 三、揭示汉族和吐谷浑民族间的文化交流史实

在5世纪时期，吐谷浑就开始逐步汉化，修契纪事，营造城池和宫殿，对

中原王朝的朝贡较多。日本学者松田寿男对帝纪中出现朝贡五次以上的国家或政权进行统计后发现，吐谷浑以六十四次居于首位，由此可见吐谷浑与中原地区交往频繁密切。另据考证，诺曷钵在国内实行唐朝的《戊寅历》，采用唐朝"贞观"年号。其派遣宗室弟子作为质子留在长安，遵循唐朝的附属国"必遣质子"入朝的政策。唐代统治者又采取开放的对外政策，对外来文化兼收并蓄，因此，内迁的吐谷浑民族自觉地学习和接受了隋唐文化并逐渐汉化。换言之，隋唐时期少数民族逐步汉化是民族融合发展主流趋势。

唐王朝从诺曷钵起封为藩王（青海国王），仍统其部落，世代相袭。封嗣直到798年慕容复之后才断绝。从吐谷浑灭国的龙朔三年（663年）到封嗣始绝的798年，这一百多年里吐谷浑世代相袭。归附后唐朝又在凉州、灵州等地设置了羁縻府州。史载正式设立羁縻州的共有三个，即夏州的宁朔州、延州的浑州和凉州。然而，吐谷浑部众入居唐境后，散居各州，其性质大致与羁縻府州相似。唐政府的威令、声教仍著于当地。这样，必将促使入居内地的吐谷浑人日益接近汉族的文化，有利于吐谷浑最后融合到汉族之中。吐谷浑人接受朝廷管理王族子弟的规则，凡是嗣封的吐谷浑藩王子弟，按唐朝对入居唐境的少数民族首领惯例，童年入侍，以其军功及考绩，逐步超迁，基本与汉官同例。通过墓志可知，慕容忠、慕容曦光、慕容明、慕容威等人均是如此。

从通婚关系上看，吐谷浑王族与唐王朝联姻的有八人，唐宗室女四人，武氏女两人，官员女一人，世家大族女一人。较长时间的通婚深刻影响了吐谷浑王族整体的民族文化，有力推动民族之间的交流、交往、交融。吐谷浑王族与唐宗室、外戚通婚较多，子弟童年入仕深受汉文化教育熏陶，逐渐汉化是必然趋势。

### 四、反映吐谷浑王族归葬之地的变迁轨迹

自龙朔三年（663年）吐谷浑灭国，诺曷钵率领王族一支迁往唐朝境内，到安史之乱以后吐蕃军队相继攻陷凉州及安乐州，期间共八十余年，吐谷浑王

族一支就以凉州南山为先茔之所在。因此，武威南山青咀喇嘛湾一带出土的九方王族成员墓志，皆载其先茔为"凉州南阳晖谷冶城之山岗""凉州南阳晖谷北岗"或"神鸟县阳晖谷之西原"。所以，之前学界认为，"阳晖谷"为吐谷浑王族在唐前期的唯一归葬地。

但是，《慕容智墓志》所载归葬之地的记载与此前记述存在很大区别。首先，慕容智墓葬的发现地点在岔山村，而其他墓葬的发现地点在青咀喇嘛湾，两地距离相差十五公里以上。其次，《慕容智墓志》中记载的归葬地为"大可汗陵"，而其他墓志中记载的归葬地为"阳晖谷"。最后，慕容智的入葬时间为天授二年（691年），而其余墓葬的入葬时间皆在圣历二年（699年）之后。可见，慕容智墓与青咀喇嘛湾一带的其他吐谷浑王族墓葬在入葬时间、墓葬地点和归葬地名上均存在明显差别。此外，几乎所有吐谷浑王族成员墓志在记载归葬之地时，皆有"归葬""迁奉""合葬"等字眼，只有《弘化公主墓志》中直接记载弘化公主"葬于凉州南阳晖谷冶城之山岗"。这样的记载实属特例，说明弘化公主所葬之地可能并非先前家族之祖茔，而是另葬他处。后续志文中也有文字专对此种情况予以说明，称"吾王亦先时启殡，主乃别建陵垣；异周公合葬之仪，非诗人同穴之咏"。解释了弘化公主与诺曷钵既非合葬于同一墓室，也非合葬于同一陵园，而是另寻他处"别建陵垣"。以后发现的吐谷浑王族成员墓志中，再无类似记载，仅言归葬阳晖谷或归葬凉州先茔等。

《慕容智墓志》中"迁葬于大可汗陵"的记载，有助于人们深入理解慕容氏家族的归葬情况。既然慕容智入葬时间早，其他成员入葬时间晚，而且弘化公主墓志中明确载其"别建陵垣"，说明"大可汗陵"应当是慕容氏家族在阳晖谷之前的先茔所在。自弘化公主始，慕容氏家族建设了新的陵园"阳晖谷"。之后归葬于凉州地区的慕容氏家族成员，便皆以阳晖谷为先茔之所在，大可汗陵就逐渐荒废。吐谷浑王族墓志中所反映出的诸多不合常理现象，可能与唐蕃相互征伐的历史大背景有关。683年唐高宗驾崩后，武则天开始掌国政，其一改高宗朝懦弱被动的防御姿态，采取了一系列反击吐蕃的政策。垂拱元年（685

年)和长寿元年(692年)先后命韦待价和王孝杰西击吐蕃,收复安西四镇。迫于压力,吐蕃大论论钦陵已无法安坐逻些,自693年始便亲自前往"吐谷浑地方"前线督阵,直到698年一直待在当地。期间,唐蕃两国在边境地区摩擦不断。万岁通天元年(696年)论钦陵就曾亲自率军与唐军在洮州界之素罗汗山发生大战,并取得胜利。蕃方史料记载:"大论论钦陵赴吐谷浑,于达拉甲都尔(素罗汗山唐人坟)与唐将王尚书(王孝杰)作战,杀死许多唐人。"巧合的是,吐蕃于696年和697年先后寇略之地,皆为吐谷浑王族逃往唐朝时的所居之地,蕃军的进攻路线是否特别针对吐谷浑没落势力尚难确定。但是,就慕容氏家族此后搬迁陵园的情况来看,吐蕃在696年寇凉州期间可能对"大可汗陵"进行破坏,才导致慕容氏不得已作出搬迁祖坟的决定。

### 五、勾勒出"大可汗陵"与"三大陵区"的空间关系

弘化公主墓志出土后,武威南山一带多座吐谷浑王族墓葬及墓志相继被发现。主要集中在青咀喇嘛湾一带,墓志记载的归葬地点多在"阳晖谷"。因此,学术界将这一区域称为阳晖谷陵区。《慕容智墓志》显示,慕容智逝后按照礼制应将其遗体从灵州迁葬于大可汗陵,这与吐谷浑王族成员去世后迁葬于阳晖谷陵区本质上是一致的。由此可以推论出一个重要信息,即凉州另有相对于阳晖谷陵区的大可汗陵区。在武威出土的吐谷浑王族墓志中首次出现"大可汗陵"的记述文字,打破了百年以来学界关于"阳晖谷陵区"的固有认识,为吐谷浑史的研究提供了新的视角,也为寻找大可汗陵指明了路径。

2019年以来,根据慕容智墓的位置和相关文献史料,考古工作小组在武威南山阳晖谷陵区之外确认大可汗陵区的具体位置。并对南营水库以西、冰沟河与大水河流域约四百平方千米的范围进行了系统的考古调查和勘探工作,确认吐谷浑墓葬二十三座。通过考古调查和勘探工作,廓清了武威吐谷浑王族墓葬群的基本布局,可初步分为三大陵区,即以慕容智墓为代表的"岔山村区—大可汗陵区",以弘化公主和慕容忠墓为代表的"青咀—喇嘛湾区—阳晖谷陵

区"，以党氏墓为代表的"长岭—马场滩—白杨山陵区"。三大陵区墓葬均具有唐代早中期高等级墓葬的基本特征，以唐代葬制为主，兼有吐谷浑文化、吐蕃文化、北方草原文化因素。

为了继续解决大可汗陵的相关问题，2021年项目组对位于青咀湾、喇嘛湾与岔山村之间的长岭—马场滩墓群中的长岭、马场滩的三座墓葬进行考古发掘。三座墓葬均位于祁连镇马场滩村，地处祁连山腹地，坐落在南北向的小山岗顶部，坐北朝南，西距慕容智墓约五公里，东距青咀湾、喇嘛湾墓群约十公里。三座墓葬均为带斜坡墓道的"甲"字形单室砖室墓，由墓道、甬道、封门、照墙、墓室几部分组成。墓道内均有整马殉葬，一匹至三匹不等，亦见有烧殉的羊骨、牛骨等。墓室内出土有漆、木、陶、石、革及各类金属器等随葬品二百九十余件，以残漆木器居多，部分漆木器上有彩绘，并贴有金、银箔，做工精美，装饰华丽。从马场滩出土的唐开元二十七年（739年）的《冯翊郡太夫人党氏墓志》可知，该处墓群为唐朝中期吐谷浑蓬子氏家族墓地。

考古专家陈国科根据现有材料推测，三座墓葬的墓主人可能都属于吐谷浑蓬子氏家族成员，存在亲属关系。无论在吐谷浑国内还是归唐以后，蓬子氏家族都是吐谷浑很有名望的氏族，其首领大多官高位显，为吐谷浑的发展做出了积极贡献。蓬子氏家族墓地的发现，在提醒人们可能还有更多吐谷浑氏族墓地分布于周边地区，亟须考古工作者做好扎实细致的工作。这个阶段的考古调查与发掘获取了一批珍贵文物，直观呈现了吐谷浑与唐朝的交往、交流与交融，揭示了吐谷浑融入中原文明体系的史实，也使人们进一步认识了吐谷浑王族的丧葬习俗，初步廓清了武威南山吐谷浑王族墓葬群的基本布局。后期，考古工作者将陆续以三个陵区为基础，力求确认大可汗陵的具体位置，并通过选择性的发掘，揭示吐谷浑王族墓葬群的文化内涵。

## 第三节　吐谷浑王族墓葬群的历史文化价值

留存于武威青咀喇嘛湾一带的吐谷浑王族墓葬群,出土文物包括彩绘木俑、漆器、丝织品、木器残件、铜器、陶器等。墓志可以补史之阙,同时从墓志的样式可以对比出吐谷浑早晚期的不同特点,墓葬结构可以看出吐谷浑的丧葬制度,出土文物为研究唐代的服饰、木雕艺术、工艺美术、器具风格等提供了翔实而珍贵的资料。

### 一、为研究吐谷浑墓葬形制结构提供实证资料

通过夏鼐、阎文儒以及武威文物专家的发掘清理情况来看,吐谷浑墓葬均分布于青咀喇嘛湾一带的山头上。一座山头占一座墓葬,均为砖室墓,均有棺床。金城县主墓与慕容曦光墓位于喇嘛湾,墓室为砖室墓,在民国十六年（1927年）的大地震中坍塌。七座墓葬中有两座墓葬毁坏严重,仅发现陶片及砖砌的痕迹。其余五座墓葬中有明确墓主人身份及纪年的有三座。所有墓均为单室砖券墓,墓道均为斜坡式墓道,甬道均为过洞式墓道。墓砖大都在31—33厘米之间,宽为15厘米左右,厚约6厘米。其中弘化公主墓室呈长方形,顶部已塌,在墓壁的东面发现盗洞,墓室东西4.58米,南北约4.4米,壁残高2米。墓顶为六瓣莲花墓砖。墓顶坍塌无法看出封顶的形式。墓室原有彩绘,但因多次被盗,壁画已经全部脱落。墓室内有五十多件彩绘木俑,木器残件及丝织物。

武氏墓的墓室东西长3.36米,南北宽3.25米,高约4米。墓壁用平砖叠砌而成。墓室后有龛台,宽157厘米,高40厘米。木棺置于龛台正中上,棺已腐朽。武氏墓葬由墓道、甬道、墓室三部分组成,墓道是斜坡式,墓室后有

龛台，墓室的前面用平砖人字形铺地，墓室墙壁是用平砖叠砌，墓门指向西南方向。李氏夫人墓的墓室平面略呈长方形，南北2.95米，东西2.88米，墓室用平砖叠砌铺地砖为条砖，随着木器已腐朽，棺木及骨架仅存痕迹。

另两座墓室中一座平面为长方形，墓壁是用平砖叠砌而成，墓室长3.13米，宽3.1米，墓壁残高0.88米。由于墓室被盗，墓顶及墓壁大部分砖被揭取，墓室内填满淤土，木棺、骨架都已腐朽，墓室内的随葬品大部分也已腐朽。另一座墓室平面呈长方形，东西3.49米，南北3.66米，残壁高约1米，用条砖平砌，墓底的条砖为人字形铺成，墓室被盗，随葬品位置也已被扰乱。

在中国古代历史上，不同类型的墓葬与墓主人生前的地位及不同的埋葬时间关系密切，墓主人的地位决定所用墓葬的类型，丧葬礼仪的核心是等级制度。从魏晋到唐代中期的一个重要特征就是社会等级制度的森严，并且，这种森严的等级制度是通过国家的律令制度规定下来的，世族在整个社会的运作上占据着主导地位。同样，在唐代的丧葬制度中，与现实生活中一样，仍然有等级的划分。

青咀喇嘛湾的墓葬都为单室砖券墓。单室砖墓和双室砖墓的区别在于只有一个墓室，共同点是都是长斜坡式墓道，大都有天井，小龛、过洞和甬道。在唐代，单室砖墓的墓主人一般是一品、二品及三品官。单室墓是北朝至隋唐以来普遍流行的墓葬形制，尤其到了唐代单室砖室墓大为流行，墓葬等级之分主要在天井的多少（即墓道长短）、葬具的使用，高等级墓葬多天井、使用石质葬具等，号墓为陵的章怀太子墓也仅仅只有一个墓室，但长墓道、七个天井、石质葬具、精美的壁画则体现了该墓葬的等级之高。所以青咀喇嘛湾的墓葬形制和丧葬制度说明吐谷浑已充分吸收了中原地区的墓葬形制，并且使用了中原地区传统的墓葬形制。

双室砖墓数量骤减是在唐玄宗时期，短短几年后就不再见到，自此后的太子墓、公主墓、亲王墓，甚至让皇帝惠陵则都变成了单室砖墓。由此看来，在特定的历史时期内，双室砖墓应该是一种特殊待遇，是在当时为褒扬某位墓主而特意给予的待遇。这种双砖室墓在短时期内数量骤减，是由于安史之乱所引起的政治、经济、环境等方面所带来的社会制度、社会风尚的变化。所以，以往的单室砖墓则又成为除帝陵以外最高级别的墓葬形制。

唐代有严格完备的葬仪制度体系，按照唐律规定，三品以下的官吏不得修筑双室砖墓，庶民不得修筑砖室墓。所以从武威青咀喇嘛湾出土的五座墓葬均为砖室墓来看，虽然有两座墓葬墓主人不详，但从墓葬形制和墓葬出土物来看，至少能够断定不是庶民，且有一定的等级。所以，这几座墓葬的规格都是符合唐代的丧葬制度的，并没有僭越。

譬如，弘化公主是唐宗室之女，在武则天时赐姓武，改封为西平大长公主，是青海国王慕容诺曷钵的王后。弘化公主去世后葬于武威，其地理位置虽远离长安地区，但在唐代墓葬各地间的差异逐渐缩小，两京地区的墓葬模式逐渐向周边地区扩散。而且武威在唐代地理位置独特，自汉代以来，是丝绸之路的重要节点，其经济、文化、礼仪制度等各方面也强烈地受到唐文化影响，在墓葬形制方面，也受到唐代文化的影响。另据杜佑《通典》卷三十一云："皇姑为大长公主，姊为长公主，女为公主，皆封国，视正一品。太子女为郡主，封郡，视从一品。亲王女为县主，视正二品。"按此推断，弘化公主墓的墓主应视以正一品。所以，其墓葬形制都为单室墓，是遵循唐律规定的，也未因地处偏远而有僭越现象。

又如，慕容智墓的规格也符合唐代的丧葬制度。墓内棺木保存完整，棺内见人骨一具，仰身直肢。墓主身着唐朝官服，头枕鸡鸣枕，挽髻，戴幞头并簪金钗，头套金质下颌托，面罩丝织覆面，腰束嵌金蹀躞（dié xiè）带；身前放置象牙笏板，盖丝质敛衾；身旁放置陪葬品有盘、碗、碟、勺、筷、叉、银匙、胡瓶等金银餐饮器具，笙、排箫等饮食乐舞模型，笔、墨、纸等文房用具，漆奁、铜镜、粉盒、木梳、骨簪等梳妆用具，嵌金匕首、豹皮弓韬、贴金花漆木胡禄、马鞍、弓箭等成套武器装备。墓主身着丝织衣物多达十四层，其内包括绢、绮、绫、锦、罗、纱、缂（kè）丝等传统丝织品种类兼备，团窠纹、对狮纹、翼马纹、对鹿纹、凤纹、麒麟纹等唐代丝织品纹样兼备，夹缬（jiā xié）、扎染、刺绣等唐代丝织品制作工艺兼备。所有这些，都为国内外所罕见。从墓葬规制、形制、衣着、陪葬品等考察分析，属于唐代三品大员的配置。

青咀喇嘛湾吐谷浑王族墓葬都是单葬墓，虽然墓志铭中记载是合葬，但并非夫妻合葬制，而是分穴葬于同一地方。夏鼐先生考证，"志称合葬，据实地踏查，慕容忠在县主墓东数武，并非合穴。二墓平行排列。墓门皆向南。"说明夫妻合葬制，并不是真正的同穴，而是分穴葬于同一地方。另外，弘化公主出降吐谷浑勒豆可汗慕容诺曷钵，死后也是单人墓，并没有与诺曷钵夫妻合葬。墓志载，公主死后，"吾王亦先时启殡，主亦别建陵垣，异周公合葬之仪，别诗人同穴之咏……牛岗辟壤，马鬣开坟"。此外，根据1980年武威县文物管理委员会清理发掘的情况看，都是单葬。这也体现出吐谷浑不同于中原汉族"夫妻同穴"的独特习俗。

墓葬为单室砖室墓，由封土、墓道及壁龛、封门、照墙、甬道和墓室等组成，封土呈丘状。墓道在墓室南部，内随葬有木构件、墨绘砖块、调色石、木旌旗杆及殉牲等，近墓门处东西两侧各设一壁龛，壁龛内均随葬有彩绘陶、木质仪仗俑群，共计七十余件（组）。在甬道及墓室内随葬有墓志铭、彩绘陶、漆木，石、铜、铁、金、银器，革制、丝麻织品等，共计二百二十余件（组）。

**二、出土文物揭示吐谷浑社会历史风貌**

1980年夏秋之季，武威县文物工作者党寿山、黎大祥根据当地群众提供的线索，在南营乡青咀湾抢救性清理七座被盗掘后残存的墓葬。其中两座由于损毁严重，只发现陶片和砖砌的痕迹，其他五座墓葬均为单室砖券墓。这五座墓葬中，其中墓主人身份及纪年明确的三座，不明确的两座。这些墓葬都分布在青咀喇嘛湾的小山岗上，墓门和墓道都朝南方，墓葬后面为北面，都是高大的石山，墓葬面前是一条流经的小河。

其中埋葬最深的墓，墓底距现地表十一米左右，最浅处距现地表大约六米。从清理的情况看，随葬器物非常丰富。但由于历史上的盗掘及破坏，随葬品的损失也较为严重，随葬品的摆放位置，木棺、骨架等都遭到破坏，无法还原原来的模式。五座墓葬共出土彩绘木俑、木器残件及铜、银、玉、皮、骨、漆、陶器若干，还有象牙、丝织品等文物共计一百多件，经国家文物局专家组鉴定，其中数十件被定为国家一级文物。这些文物与墓志，对研究吐谷浑历史具有非常重要的价值。

武威青咀喇嘛湾唐代王族墓葬随葬品有其鲜明的特色，出土了大量的木器，有人物俑，马俑，驼俑等，一些男侍俑头戴风帽，身披风衣，具有少数民族的特色，并系有腰带，面部表情栩栩如生；动物俑主要有骆驼俑、狗俑、马俑等，体现着游牧民族殉牲的习俗。还有马鞍，马镫、具有游牧民族的特点。阮咸琵琶、曲项琵琶、瑟等乐器体现出王族墓葬的特点。武威青咀喇嘛湾王族墓葬也出土有十二生肖的墓志，与酒泉西沟唐墓的十二生肖模印砖有纹饰相似之处，也反映出吐谷浑对中原文化的吸收。

在青咀喇嘛湾发现的这几座墓葬中，出土了大量的随葬品，有木器、漆器、陶器、丝织品、石器、瓷器等。还有生活用品如骨梳、象牙小棋、乐器等。陶器主要为灰陶碗、陶盘、彩画陶壶，陶罐等；丝织品为织锦残片、印花绢残片、绢裙，其中绢裙为墓主所着，虽然肋骨已经压平，但绢裙未损。石器主要是石条，石猪等；瓷器有白瓷樽，为平底，短颈，喇叭口。随葬器物中白釉瓷壶、镀金口三鱼莲瓣纹银碗等器物都来自当时的唐王朝，白釉瓷壶是弘化公主与吐谷浑国王慕容诺曷钵成婚时带去的礼物，死后埋入墓穴。

鎏金银碗是唐代早期器物，为冶炼烧铸而成，是开元盛世时铸造，可能为武氏夫人出嫁时的嫁妆，死后埋入墓葬中。镶螺钿绿松石八宝纹古梳、阮咸琵琶等都是唐代高水平工艺的器物。这些器物都在青咀喇嘛湾的吐谷浑王族墓葬中发现，表明这些器物在唐代民族交融，文化传播方面都具有很重要的地位。生活用具有象牙棋子，雕刻各种花卉，朱雀、玄武等图案。牛角梳，镶嵌有螺钿的蝴蝶花卉，制作精良。阮咸琵琶，也称月琴，是古代一种拨弦类的民族乐器。"阮咸"是魏晋"竹林七贤"中的阮咸，他是一位音乐家，精通音律，善弹琵琶。他曾将秦时流传下来的琵琶加以改进，而制成一种新型乐器，这就是后人所说的"阮"，即阮咸琵琶。在武氏墓葬中出土的阮咸琵琶是迄今为止国内唯一发现的一件阮咸琵琶，已被认定为国家一级文物。

随葬品中的木器占有较大比例，这些木器有人物、动物等，大都雕刻精美，活灵活现地展示出那个时代的特色和雕刻水平。木雕中的马镫、木马、木驼、家禽等，反映了吐谷浑民族的游牧和狩猎生活的一些风情习俗。尤其是木雕，造型生动，神态逼真，为研究唐代的雕刻艺术增添了一些新的实物资料。木雕作品一般多用于陪葬的明器，或是墓室装饰及地面神道两侧的人物和动物造型等。主要有武士俑、胡人俑、男侍俑、侍女俑、动物俑、镇墓俑、牵马俑等。动物俑主要有骆驼俑、狗俑、马俑等，体现着游牧民族殉牲的习俗。一些男侍俑头戴风帽，如唐木雕戴风帽男立俑，将风帽造型，手势，面部表情雕刻得十分细致，也体现出吐谷浑本民族的服饰特点。木雕女俑的发髻发饰与同时期唐代女性发饰别无二致，表明吐谷浑在文化上也深深受到唐文化的影响。

慕容智墓中出土的陶器有彩绘陶罐、素面双耳罐、陶盆及数量较多的彩绘人俑、骑马俑及狗、羊、鸡等家畜家禽俑；木器有彩绘镇墓兽、天王俑、武士俑、文官俑、男女侍俑等出行仪仗俑群，带帷帐的大型彩绘木质床榻、门、屏风、胡床、朱雀、玄武、羽人、凤鸟等，还有部分髹漆（xiū qī）的漆盘、碗等；铜器有铜锁、铜勺、铜筷、开元通宝铜钱及各构件上的铜饰等；铁器有甲胄；饰品有金银腰带饰、革带饰；革制品为箭箙、腰带、方盒等；丝麻制品数量较多，覆盖于棺盖上，铺于棺床及床榻帷帐上。

### 三、墓葬所反映的吐谷浑丧葬习俗

《隋书》载，吐谷浑人逝后"皆埋殡"行土葬，"丧有服制，葬讫而除"。《宋书》中记载拓跋鲜卑丧俗，称："死则潜埋，无坟垄处所，至于葬送，皆虚设棺椁，立冢椁，生时车马器用皆烧之，以送亡者"。可见，吐谷浑埋殡土葬风俗应属鲜卑人的旧俗。

吐谷浑遗存体现出明显的鲜卑文化特征，并对后世生活有所影响。如青海茶卡木棺板前宽后窄，及所绘人物特征，殉牲习俗、筑城特点都显示出浓厚的鲜卑文化特点。但是，随着周边环境的变化，吐谷浑保留的鲜卑文化也经过自身的变通和发展，具有新的地域特征。凉州位于河西走廊东部，各民族交流频繁，具有重要的战略位置，隋唐时期成为多民族聚居区，是多民族文化交流的重要地区。吐谷浑文化中不可避免地融入汉文化、吐蕃文化因素，形成东西两地迥异的文化特性。

武威吐谷浑墓葬在葬式、随葬器物、随葬习俗中也糅合汇聚了不同文化因素。青咀喇嘛湾唐代吐谷浑墓葬就地处祁连山南麓，冰沟河和大水河流经此地，形成两道山梁，北湾叫青咀，南湾叫喇嘛。两湾山峦起伏，峡谷纵横，吐谷浑王族包括弘化公主墓就分布在每一个山头，依山傍水而建，具有中原王族葬俗文化的鲜明特征。这些墓葬为常见的单室砖墓风格，由墓道、甬道、墓室三部分组成。墓道为斜坡式，甬道用平砖叠砌，砖缝相错，墓室为单室砖券墓，室内有棺床，形制与同时期周边唐墓大体相同。下葬时间也都是吐谷浑灭国后，内迁于凉州、灵州等这些唐王朝统治地区。

通过墓碑样式来看，武威吐谷浑墓葬完全追慕唐人风格特征，墓志形制、装饰、雕刻花纹、雕刻笔法等和唐代中原地区墓志基本一致。志文皆为四六对仗的骈体文，内容基本是描述死者生前的功绩，为死者歌功颂德，反映出明显的唐代墓志特色。随葬器物主要以木器为主，还有陶器、丝织品、漆器、瓷器等。从木雕女侍俑的发式中可以看出其为很明显的中原女性发式。随葬器物中的白釉瓷壶、阮咸琵琶、象牙小棋等都来源于中原地区，说明吐谷浑在与唐王朝的政治联姻，交往中不断地接受唐王朝的先进文化。

## 第七章 人物春秋

史学家钱穆说过:"历史是人事的记录,必是先有了人才有历史的。"在中国历史上存在了三百五十多年的吐谷浑民族,是诸多历史人物共同创造的英雄史诗。比如那些雄姿英发、锐意进取、励精图治的吐谷浑国王,他们是吐谷浑民族的优秀代表。还有那些扶持抵御侵略、扶持民族交往交融的中原朝廷的文臣武将和杰出人物,连同生活在大西北的河西人民共同创造了中华民族共同交往交流交融发展的辉煌历史。那些为研究吐谷浑历史而付出巨大心血的考古、研究界的杰出专家学者,因为他们筚路蓝缕、前赴后继地发掘、考证、探析、研究,那些沉埋于地底下的文物遗存才有了历史的沧桑印迹和逾越岁月的人文光华。

## 第一节 吐谷浑人物

《晋书》《北史》《隋书》《旧唐书》《新唐书》中所载吐谷浑国王共二十九位，首位国王即创建者慕容吐谷浑，最末一位为五代时慕容复。本节只收录在吐谷浑发展史上有突出功绩且与凉州边关战事及历史文化联系紧密的国王共九位，依次为正式创建吐谷浑国的叶延、遥尊晋室的视罴、征伐南凉的树洛干、尊刘宋为"正朔"的阿豺、"陇西王"慕璝、设置"百官"机构的伏连筹、恢复"慕容"之姓的夸吕、进攻河西"大凉国"的伏允、内附凉州的慕容诺曷钵。

### 一、正式创建吐谷浑国的叶延

吐谷浑第三代国王，为吐谷浑王国创建者吐谷浑之孙、第二代国王吐延之子叶延。叶延当政时始以"吐谷浑"为氏，开始构建政权，吐谷浑王国正式出现于史籍之中。叶延生年不详，卒于前凉建兴三十九年（351年）。

叶延的父亲吐延是一位有雄才大略、精通兵术、伟岸豪迈的青年英雄统帅，率领鲜卑部族军队以枹罕为根据地向群羌故地推进并控制了甘南和青海的黄南地区。吐延历经十载呕心沥血，其治竟得东西绵延凡两千余里，多为水草丰茂之地，而其男女口仅为十万之众，堪称地广人稀之所在。当时群羌各部族没有统一的国家，各自以部族为王，各部落互有矛盾并时常因草场或土地纠纷发生争斗。吐延身材魁梧，有智谋，勇力过人，然生性暴烈，好杀戮，不能抚慰部属，国人及诸羌无不畏服，号曰项羽。他对周边被其征服的羌人多行苛政，残暴不仁，羌人头领姜聪带领族人激烈反抗。前凉建兴十七年（329年），羌人酋长姜聪于川北石渠率部作乱，响应者寥寥无几，及吐延将兵而至，竟以诈降而将其一举诱杀，是为吐谷浑鲜卑诸以非正常方式离世者之首例。吐延弥留之际,语重心长交代后事:"吾气绝,棺殓讫,便远去保白兰。"吐延之子叶延遂继任为第三任河南王,其颇有智谋,进退有度,遵父之命率族人离开生存了十多年的枹罕一带,继向西南迁徙,至于白兰。

《魏书》载,"叶延少而勇果""性至孝"。叶延继位,在沙洲建立慕克川总部。他发现,白兰地处险远,易守难攻。这里水草肥美,生存空间广阔,回旋余地很大。且地缘环境优越,左无强敌,右无夹击之势。叶延是为吐谷浑民族的发展而努力的开明之士,他探索民族衰败原因,寻求发展之路,和周边民族和平相处,采取"联羌共治"策略。从那时起吐谷浑人与羌人开始通婚,各民族之后交流交融,国力逐渐强大起来。《通典·西戎》载,吐谷浑"至其孙叶延,遂为强国"。叶延遵父命在白兰正式建立政权,以其祖父的名字为国号,立国为吐谷浑。叶延在位二十二年,和前凉统治者友好相处,鲜少发生边关战事。前凉建兴三十九年(351年)逝世,其子碎奚继立为王。

**二、遥尊晋室的视罴**

吐谷浑第六代国王,白兰王视连之弟。在位凡十年,曾将国都迁往白兰城(都兰)以避西秦咄咄逼人之势,是为乞伏鲜卑与吐谷浑鲜卑反目成仇之始。

后凉麟嘉二年(390年)吐谷浑第五代国王慕容视连暴病而亡,同母弟视罴旋得继位。视罴年轻时曾娶羌人部落念氏女子为妻。其继位后曾发下豪言,要厉兵秣马,争衡中国。视罴对内梳理朝纲,对外发号施令,节俭自处,唯贤是举,重用良吏,轻徭薄赋,鼓励农耕牧业,与民休息,深得国人信服。同时虚怀广纳人才,因王后念氏关系,很多羌人首领在吐谷浑国中担任官吏,甚至王室卫队。吐谷浑人口及生产国力迅速壮大。

视罴还开启吐谷浑一朝遥尊晋室之先河,具有联合天下各路人马恭敬迎接孝武帝司马曜还都长安的壮举,天下大振。孝武帝闻讯,深感欣慰,遣使至白兰城册封慕容视罴为吐谷浑王。其时,西秦主乞伏乾归任命视罴为使持节、都督龙涸以西诸军事、沙洲牧、白兰王。视罴不受,表达对西秦的强硬对抗态度。《资治通鉴》载："视罴以其父祖慈仁，为四邻所侵侮，乃督厉将士，欲建功业。冬十月，金城王乾归遣使拜视罴沙州牧、白兰王，视罴不受。"但是这种强硬态度却因缺乏自身实力的支持，显得有点急功近利。《晋书》载："乾归又遣益州与武卫慕容允、冠军翟温率骑二万伐吐谷浑视罴，至于度周川，大破之。视罴遁保白兰山，遣使谢罪，贡其方物，以子宕岂为质。"在乞伏乾归的猛烈打击下，吐谷浑遭遇重大挫折，视罴终以国小民弱退至白兰城。为了防止乞伏乾归进攻白兰，视罴向西秦纳贡并送儿子宕岂"为质"。此役乞伏乾归趁势据得海南、果洛两地凡十余城。吐谷浑疆域遂缩至海西、玉树两地，元气大伤。为了巩固既有成果，西秦还与吐谷浑和亲，善遇质子宕岂，在较长时间里维持着羁縻附属的关系。

战事发生后，视罴尝遣使至西燕请兵，而河东王慕容永与成武帝慕容垂正以互争正统而无暇他顾，由是无功而返，西秦遂以一再得手而愈发骄横。后凉咸宁二年（400年），视罴病逝于白兰城，其弟乌纥堤继位。

### 三、征伐南凉的树洛干

吐谷浑第八任国王，全名慕容树洛干，系前代国王乌纥堤之侄子，在位十一年。北凉永安五年（405年），西秦国王乞伏乾归率军攻打吐谷浑，乌纥堤率兵抵抗大败，退逃到南凉后，因病去世，侄子树洛干即位为王。《晋书·吐谷浑传》载，树洛干"年十六嗣立，率所部数千家奔归莫何川，自称大都督、车骑大将军、大单于、吐谷浑王。化行所部，众庶乐业，号为戊寅可汗，沙漒杂种莫不归附"。乌纥堤时吐谷浑受到西秦攻伐而大败，亡失万余口，遭受重创。树洛干继位后，将部众徙至莫何川（今青海贵德西边黄河的巴尔卡河一带）。此时吐谷浑虽然为西秦所败，但因西秦称藩于后秦，其活动空间被压缩在苑川至兴晋郡一带。而后秦以及南凉此时在河湟、枹罕一带的争衡，使得吐谷浑获得了发展自己政权的稳定的外部环境。

树洛干率领族人重新迁回莫何川之后，出现"化行各部，众庶乐业"的景象,并"号称戊寅可汗,沙漒杂种莫不归附",军力一度达到了"控弦数万"的程度。其率领部落数千户保莫何川,自称大都督、车骑大将军、大单于、吐谷浑王,又号戊寅可汗。轻徭薄赋,赏罚分明,于是吐谷浑复兴。史称英武,威震梁益,称霸西戎。南凉嘉平四年(411年),树洛干率兵攻伐南凉。《资治通鉴》载,"吐谷浑树洛干伐南凉,败南凉太子虎台。"《晋书》记曰:"吐谷浑树洛干率众来伐,秃发褥檀遣其太子武台距之,为洛干所败。"此战夺取了吐谷浑故地浇河一带的大片土地。

此后,树洛干加入与南凉、西秦关于河西的争衡战争中。南凉嘉平五年(412年),树洛干统兵与西秦乞伏炽磐战于赤水,后败归降。被西秦拜为"平狄将军、赤水都护"。一年后,西秦乞伏智达率兵攻打浇河,再次兵败。东晋义熙十三年(417年),西秦安东将军乞伏木奕攻入其弟阿豺戍守的地盘,树洛干在白兰郁郁而终。

### 四、尊刘宋为"正朔"的阿豺

吐谷浑第九代国王阿豺,是武王树洛干弟弟,承袭武王担任国王,谥号威王,在位六年。阿豺是吐谷浑第六代国王视罴之子。东晋隆安四年(400年),视罴去世,阿豺与其兄树洛干等都还年幼,所以由视罴的弟弟、阿豺叔父乌纥堤即位。乌纥堤即位后,继娶树洛干的母亲为妻,生下两个儿子慕璝、慕利延。义熙元年(405年),乌纥堤去世,树洛干即位,自称车骑将军。义熙十三年(417年),树洛干去世,阿豺即位,自称骠骑将军、沙州刺史。当时吐谷浑境内有一处黄沙地,方圆数百里,不生草木,因此称之为"沙州"。

吐谷浑发展到阿豺时期,因兼并羌人、氐人,管辖着数千里的地方,号称强国。"地方数千里",占有强川一带,甚至南达龙涸(今天四川西北地区),与南朝益州地区接壤。《晋书》载,阿豺"升西强山,观垫江源,问于群僚曰:'此水东留,更有何名由何郡国入何水也?'其长史曾和曰:'此水经仇池,过晋寿,出宕渠始号垫江,至巴郡入江,度广陵入于海。'阿豺曰:'水尚知有归,吾虽塞表小国，而独无所归乎。'遣使通宋，献其方物，宋少帝封为浇河公"。在阿豺朴素的传统思想意识里，江南的刘宋王室是沿继东晋政权的"正朔"，于是遣使贡物，主动称臣。宋景平初年阿豺派使者去江南建康朝贡，宋文帝刘义隆少帝刘义符封之为"浇河公"，直到宋文帝刘义隆继位，阿豺才正式接受册封。

北凉玄始十三年（424年），阿豺病逝。据载，逝世前召集诸位儿子、兄弟告诉他们说："先君车骑将军舍弃他的儿子虔而把大业交给我，我岂敢忘记先公的举动而自私地把大位给纬代呢？现决定由慕璝继承我。"阿豺有二十个儿子，纬代是他的长子。阿豺又说："你们各自拿我的一支箭，折断在地上。"然后又命令同母弟弟慕利延说："你取出一支箭折断它。"慕利延取出一支折断。阿豺又说："你再取十九支箭折断它们。"慕利延折不断。阿豺说："你们知道了吧？单支的容易折断，多了就难以摧折。你们只要勤力同心，然后社稷江山就大有可为。"说完便去世，慕璝即位。阿豺当政时和北凉关系交好。北凉绕道从青海湖西吐谷浑境通贡南朝，也促成了吐谷浑和南朝的政治交往关系。

### 五、"陇西王"慕璝

吐谷浑第十代国王，又作慕瞶、莫溃，乌纥堤之子，阿豺同母异父从弟。北凉玄始十三年（424年）阿豺去世，慕璝继立为王。继位广招西秦、北凉流亡民户及甘、青一带氐、羌诸部。南通刘宋，北交北凉夏国，势力渐强。西秦之将臣相率来归，慕璝乘西秦衰弱，屡攻之。吐谷浑与北凉结盟，在浇河以北、乐都以南等地联合对抗西秦。南朝宋元嘉六年（429年），沮渠蒙逊占据西秦西平等地，对枹罕乞伏暮末进行攻击，"吐谷浑王慕璝遣其弟慕利延将骑五千会蒙逊伐秦，暮末遣辅国大将军段晖等邀击，大破之"。不久，北凉与吐谷浑对西秦展开了全盘攻势，不断袭击西秦，以获取河西地区的利益。元嘉七年（430年）六月，"吐谷浑王慕璝将其众万八千袭秦定连，秦辅国大将军段晖等击走之"。在吐谷浑和北凉的不断攻击下，乞伏暮末于此年十月向北魏请求内徙，故地枹罕一带的土地都被吐谷浑占领。

宋元嘉八年（431年），慕璝遣益州刺史慕利延、宁州刺史拾虔率骑攻灭夏国，擒夏主赫连定。又遣使奉表于北魏告捷，请送赫连定入魏京城（今山西大同）。受北魏封为大将军、西秦王，统有沙州全部和河、秦二州大部及凉州部分地区。其主要势力仍当在其本土，即河湟以南的浇河、沙州一带。这也是吐谷浑政权第一次走出青海之地，在历来为中原王朝或陇右强势政权把控的枹罕等地建立统治中心。宋元嘉九年（432年），慕璝遣使至宋献方物，并遣还原流落于夏国的南朝将士。受宋封为陇西王。这个阶段，慕璝与北凉联合，趁西秦衰弱之际，在河西陇右势力得到了大幅度的扩张。从"浇河公"到"陇西王"，标志着吐谷浑势力得到很大发展。

北魏太延二年（436年），慕璝卒，慕利延继位，北魏谥慕璝为惠王，拜慕利延为镇西大将军、仪同三司，改封西平王。

### 六、设置"百官"机构的伏连筹

吐谷浑第十四代国王，又名休留茂，前代国王度易侯之子。北魏太和十四年（490年），度易侯去世，伏连筹即位。当时吐谷浑臣属于北魏，接受北魏拜官封爵。伏连筹继立后，北魏孝文帝元宏征召伏连筹到平城朝见，伏连筹称病未能前往。南朝齐朝廷任命伏连筹为使持节、督西秦河沙三州诸军事、镇西将军，兼任护羌校尉、西秦河二州刺史，派遣振武将军丘冠先前往授任，同时祭吊度易侯。丘冠先到达吐谷浑后，伏连筹逼迫他先叩拜，丘冠先表情严厉不肯答应，伏连筹在国人面前感到羞耻，于是把丘冠先捉到悬崖边，将其推下悬崖摔死。伏连筹开始修缮洮阳、泥和两座城池，即"辄修洮阳、泥河二城，置戍兵焉"，对北魏严加防范。

洮阳城在洮水北，今甘肃临潭北，与洮阳临近。此两城地近宕昌，奠定进一步进取洮河流域的基础，同时防止北魏对其攻伐。所筑两城每城约驻守一千人，皆有随军女眷，形成了一定聚落规模。北魏遣使谴责而未休，加之筑城之举，引来北魏攻伐。太和十五年（491年）二月，北魏枹罕镇将长孙百年攻打吐谷浑的洮阳、泥和两城，俘虏三千多人，孝文帝下诏将全部战俘释放回吐谷浑。

孝文帝的祖母文明太后冯氏去世时，孝文帝派使节前往吐谷浑报丧。伏连筹在接受北魏报丧的消息时，态度不恭谨，因此北魏文武百官们请求孝文帝出兵讨伐吐谷浑，孝文帝没有批准。文武百官们又请求将吐谷浑进贡的东西退还回去。孝文帝说："进贡物品是作为臣属应该具有的礼节。如今我们不接受他们的进贡物品，这是断绝与他们的关系，这样一来，他们虽然打算改过自新，也无路可走。"因此孝文帝下令，将在洮阳、泥和俘获的人全部还给吐谷浑。

太和十六年（492年）七月初六，伏连筹派遣世子贺鲁头到平城朝见，北魏朝廷对他礼遇和赏赐有加。孝文帝下诏任命伏连筹为使持节、都督西垂诸军事、征西将军、领护西戎中郎将、西海郡开国公、吐谷浑王。太和二十三年（499年），孝文帝去世，伏连筹派使者赴丧，竭尽其忠诚和恭敬。

《魏书》载："伏连筹内修职贡，外并戎狄，塞表之中，号为强富。准拟天朝，树置官司，称制诸国，以自夸大。"北魏正光五年（524年），伏连筹事奉北魏能够尽藩臣之礼，恪守贡献之职，却对周边少数民族进行攻伐兼并，在塞外之中号称富强之国。他在其国内模仿中原王朝，设置百官机构，一切都同中原皇帝一模一样，并且给邻国的公文像皇帝一样称为"制"，用以自夸自大。羌人莫折念生造反，河西的道路断绝，凉州禁卫军将领万于菩提等人在东部响应莫折念生，囚禁凉州刺史宋颖，宋颖秘密派人到吐谷浑求援。同年九月，伏连筹亲自率军援救宋颖，万于菩提弃城逃跑，伏连筹追上将其杀死，因此凉州得以保全。东魏兴和二年（540年），伏连筹去世，其子夸吕即位。

### 七、恢复"慕容"之姓的夸吕

吐谷浑第十八代国王，前代国王伏连筹之子，于西魏大统初年（535年）

继位，自号可汗。居伏俟城。夸吕继位后，将吐谷浑姓氏改回"慕容"之姓。

伏连筹卒后，王位并没有直接传给夸吕，经历了诸多周折。伏连筹逝世前，先将王位传于侄子、吐谷浑呵罗真之子佛辅。数年后，佛辅又将王位传于其子可沓振。其后在内部争斗中夸吕胜出，以伏连筹子的身份获得王位。夸吕继位后居伏俟城，首称吐谷浑可汗，仿汉制设置百官。伏俟城位于今青海湖西十五里，今青海布哈河支流切吉河边仍存有古城遗址，又称铁卜加古城遗址，距其最初的据点白兰向东北延伸了二百多公里。

东魏孝静帝兴和二年（540年），夸吕与东魏政权之间开始通使。《资治通鉴》载："是岁，始遣使假道柔然，聘于东魏。"假道柔然并联合东魏是吐谷浑与西魏的敌对关系促成的，东魏的实际掌权者高欢也比较重视维持与吐谷浑的通商和朝贡关系。夸吕还遣使至梁献马及方物，并求佛教经论。《南史》载，梁武帝大同六年（540年）五月，"河南王遣使朝，献马及方物，求释迦像并经论十四条。敕付像并制旨《涅槃》《般若》《金光明讲疏》一百三卷。"文献中的"河南王"即吐谷浑首领夸吕。可见南梁不仅在政治上与吐谷浑联系紧密，在文化交流上也十分密切。

夸吕对东魏和西魏采取"远交近攻"政策。东魏武定三年（545年），以从妹嫁东魏孝静帝，为容华嫔，并娶东魏济南王元匡孙女广乐公主为妻。同时，进攻西魏湟河郡、西平郡。西魏废帝二年（553年），魏丞相宇文泰勒军西巡陇山，耀兵河西，夸吕震惧，遣使贡献方物。恭帝三年（556年），吐谷浑遭突厥木杆可汗与西魏史宁联合进攻，痛失树敦、贺真二城，妻子被掳。突厥撤军后，夸吕始返故地。隋开皇九年（589年），隋灭陈后，夸吕遣使入朝，但时常侵扰凉州边关。开皇元年（581年），隋文帝遣上柱国元谐率步骑兵数万讨伐吐谷浑，大破之，夸吕率亲兵远遁，其名王十七人、公侯十三人各率部落来降。不久，夸吕又寇边凉州，隋朝遣旭州刺史皮子信出兵拒战，结果被夸吕打败。过了两月，夸吕又统兵出击入寇廓州。隋开皇十一年（591年），吐谷浑夸吕卒，其子世伏继位。

## 八、进攻河西"大凉国"的伏允

吐谷浑第二十代国王,前代国王世伏之弟。伏允之兄世伏当政时,向隋朝奉表称藩,并献方物。隋开皇十六年(596年),隋文帝将光化公主嫁给吐谷浑可汗世伏。开皇十七年(597年),吐谷浑内乱,可汗世伏被杀,其弟伏允继位,号为步萨钵可汗。伏允继位后,依吐谷浑习俗娶世伏天后光化公主为妻,隋文帝应允。此后,吐谷浑年年朝贡不绝。但伏允常打听隋朝的情报,文帝非常厌恶。隋炀帝即位后,伏允派使者和高昌、突厥一起向隋朝朝贡。

隋朝大臣裴矩出使西域回来,建议炀帝控制西域,首先要消灭吐谷浑。这时,伏允和光化公主的儿子慕容顺正在隋朝交聘,被炀帝扣留。大业四年(608年),裴矩指使铁勒攻击吐谷浑,伏允大败,来到隋朝的西平郡,炀帝派安德王杨雄出浇河,许公宇文述出西平接应。伏允恐惧宇文述兵强,率众西逃,宇文述引兵追击,攻克曼头、赤水二城,斩首三千余级,虏获吐谷浑贵族二百,百姓四千。伏允南奔雪山,其故地东西四千里,南北两千里,皆为隋朝占有。

大业五年(609年),伏允想重返故地,五月炀帝亲征吐谷浑,伏允败走,隋朝在吐谷浑故地设置西海、河源、鄯善、且末等郡,封慕容顺为可汗,其大宝王尼洛周为辅。可是,慕容顺刚到达西平郡,尼洛周被部下所杀,慕容顺不果而还。之后,大业十一年(615年),隋朝大乱,陷入崩溃局面,伏允趁机恢复了吐谷浑汗国。

唐朝建立后,唐高祖联合伏允夹击河西的李轨。作为回报,高祖将从江都逃回的慕容顺送归吐谷浑。武德五年(622年)之后,伏允屡次侵犯唐朝西部边境,唐朝派大将柴绍反击。这样的侵扰持续了将近十年。贞观八年(634年),伏允扣留唐使赵德楷,六月,唐太宗以左骁卫大将军段志玄为西海道行军总管、左骁卫将军樊兴为赤水道行军总管,讨伐伏允,十二月,又特进李靖为西海道行军大总管、兵部尚书侯君集为积石道行军总管、刑部尚书任城王李道宗为鄯善道行军总管、凉州都督李大亮为且末道行军总管、岷州都督李道彦为赤水道行军总管、利州刺史高甑生为盐泽道行军总管，大举讨吐谷浑。贞观九年（635年），伏允败走，自缢而死。

**九、内附唐朝的慕容诺曷钵**

吐谷浑第二十二代国王慕容诺曷钵，乌地也拔勒豆可汗，步萨钵可汗之侄。贞观九年（635年），唐朝平吐谷浑，慕容顺投降。唐太宗遂以慕容顺为西平郡王、趆故吕乌甘豆可汗。国人不附，慕容顺被部下所杀，其子诺曷钵继位，大臣争权，国中大乱。十二月，兵部尚书侯君集将兵援救。十年（636年），唐朝以诺曷钵为河源郡王、乌地也拔勒豆可汗。

贞观十二年（638年），吐蕃赞普松赞干布认为吐谷浑破坏了吐蕃与唐朝的和亲计划，便大举入侵吐谷浑，兵锋直至青海湖以北。同时，松赞干布入侵唐朝松州，被侯君集和牛进达击败。不过，太宗慑于吐蕃的兵势，同意了吐蕃与唐朝的和亲计划，将文成公主嫁给了松赞干布。十三年（639年），诺曷钵到长安朝见太宗，太宗将宗室之女弘化公主嫁给诺曷钵。贞观十五年（641年），吐谷浑丞相宣王掌握了政权，阴谋袭击弘化公主，将她和诺曷钵劫持投降吐蕃。诺曷钵得知后非常害怕，率轻骑逃至鄯善城（今青海乐都），其大将威信王率兵接迎。鄯州刺史杜凤举、果毅都尉席君买与威信王合军击破丞相宣王，杀其兄弟三人，太宗命民部尚书唐俭持节抚慰吐谷浑民众。

永徽三年（652年），弘化公主和诺曷钵来长安朝见，唐高宗封诺曷钵为驸马都尉，将宗室女金城县主嫁给诺曷钵的长子慕容苏度摸末。慕容苏度摸末死后，弘化公主又为次子右武卫大将军、梁汉王慕容闼卢摸末请婚，唐高宗将宗室女金明县主嫁给了他。吐谷浑和吐蕃的关系出现了十余年的和平。

显庆五年（660年），吐蕃大相禄东赞派儿子起政重新攻击吐谷浑，吐谷浑和吐蕃派使者到唐朝互相指责。高宗一心东征百济和高句丽，没有理睬。龙朔三年（663年），形势恶化，吐谷浑大臣素和贵逃亡吐蕃，将情报全盘吐露。显庆五年（660年），吐蕃大军入侵，弘化公主和诺曷钵带领数千帐吐谷浑百姓内附唐朝，居于凉州，请求唐朝救援。高宗以凉州都督郑仁泰为青海道行军大总管，率右武卫将军独孤卿云、辛文陵等分屯凉、鄯二州，遣左武卫大将军苏定方为安集大使，保护吐谷浑残余势力，以备吐蕃。但唐朝没有积极进攻吐蕃，只是派特使谴责禄东赞。麟德二年（665年），吐蕃做出和平的姿态，请求与吐谷浑和亲、在黄河源头的赤水放牧，高宗拒绝。乾封元年（666年），高宗封诺曷钵为青海国王。此封号比河源郡王等级高，向吐蕃显示唐朝决心收复吐谷浑故地。

显庆五年（660年），总章二年（669年），高宗命令吐谷浑百姓迁居祁连山，多数大臣认为这将使吐谷浑暴露于吐蕃攻击之下，建议先攻打吐蕃。宰相阎立本反对出兵，当年粮食歉收，无力承担军事行动。但是，吐谷浑百姓最终没有迁居祁连山。唐咸亨元年（670年），吐蕃入侵唐朝西域安西四镇，唐高宗命右威卫大将军薛仁贵为逻婆道行军大总管，左卫员外大将军阿史那·道真、右卫将军郭待封为副，率众十余万以讨吐蕃，目标之一是收复吐谷浑故地。但是由于薛仁贵和郭待封的分歧，唐军在大非川之战中被禄东赞的儿子论钦陵击败，结束了吐谷浑复国的希望。

唐咸亨三年（672年），唐高宗令吐谷浑百姓迁居鄯州，但也不断遭受吐蕃攻击，之后吐谷浑百姓迁居灵州，在那里建立了羁縻州即安乐州，以诺曷钵为安乐州刺史。垂拱四年（688年），诺曷钵去世，葬于凉州大可汗陵。

## 第二节　中原王朝人物

在中国历史上，国家的统一和民族的团结是人心所向，也是各族人民追求和平生活的美好愿望。吐谷浑身处古丝绸之路要冲，发挥了促进中西文化交流的纽带作用，也是展现中国历史丝路沿线多民族交流交融和中华民族多元一体进程的生动例证。在中华民族多元一体形成的历史进程中，中央王朝的一些杰出人物发挥了很好的促进与推动作用，如北魏河州刺史高徽、西魏凉州刺史史宁、隋朝凉州刺史贺娄子幹、隋朝凉州总管姚辩、唐太宗使节赵德楷、唐朝兵部尚书侯君集、大唐首位和亲公主弘化公主、唐淮阳王李道明、唐代凉州都督郭元振等。他们或统兵征战、平定叛乱，或戍守边关、安稳边境，或出使异域、沟通交融，或和亲他乡、心系国家，以各自的身份和角色创建了民族团结交融的良好局面。他们有利于国家统一和民族融合的功勋事迹，在中国历史的长河中同样散发着辉煌光芒，一直被人传颂铭记。

### 一、北魏河州刺史高徽

高徽，字荣显，渤海蓨县（今河北景县）人，北魏大臣，安定太守高真之子，北齐王朝奠基人高欢的族父。

渤海高氏是在北魏初期因归附军功而起家并进入到中央政治统序之中的家族，在北朝胡汉交融的复杂局面中形成了家族内在不变的精神气质和文化底蕴。《魏书》称渤海高氏"贤隽之胄，冠冕州邦"。家族成员如高允、高推、高燮、高绰皆有文才，已成北魏士族中的成熟贵族。高徽少年好学，出仕后初任"奉朝"一职，延昌年间被授予员外散骑常侍。史载高徽"机敏明悟，进止都雅"，因聪敏有气干，被皇族后裔任城王元澄知赏。后官拜冗从仆射，开始代表朝廷出使西域地区诸多国家。孝明帝时期官迁射声校尉、左中郎将、员外散骑常侍，并且再次出使西域。因多次出使西域，对河西走廊地理环境及人文风貌极为熟悉，并且"颇懂胡语"，高徽是北魏促进民族交流交融、边境和平的使者，在出使中和吐谷浑、羌胡民族首领建立了密切的关系。

北魏孝明帝正光五年（524年）爆发"六镇起义"，紧接着河北、山东、关陇皆爆发起义，之后又有尔朱荣之乱，北魏王朝在一系列乱局中迅速衰落。其中，关陇起义的首领莫折念生是渭州襄武县（今甘肃陇西）一带的羌人，先后攻取岐州、凉州和陇东诸州，直下潼关，兵逼洛阳，共历六年之久。关陇出现乱局，吐谷浑国王伏连筹乘机以武力占领宕昌。《魏书》载，吐谷浑"准拟天朝，树置官司，称制诸国，以自夸大"。这一时期吐谷浑大规模模仿梁魏制度，吐谷浑的国力臻于巅峰。时任平西将军的高徽奉命出使嚈哒，完成使命后返回时路过枹罕，正好遇上河州刺史元祚去世，遂留居枹罕协理丧事。

未料，河州前刺史梁钊之子梁景进投降关陇起义大军。招引莫折念生统领大军进攻河州。城中大乱，长史元永平、治中孟宾、台使元湛共推高徽行河州事。高徽临危受命而不惧，其绥接有方，治理有度，首先清查河州官吏中"潜通景进"的奸细皆杀之。而后，遣使求救于吐谷浑，统兵抗拒强敌。早在莫折念生起兵时，凉州羌人万于菩提、呼延雄等起兵响应围攻姑臧。凉州刺史宋颖求救吐谷浑，伏连筹先后两次派兵解围，因而被北魏封为"西海郡公"。此次高徽使者一到吐谷浑，伏连筹即"率众救之"。莫折念生兵败，河州暂得安宁。

吐谷浑退兵后，梁景进再次纠集羌夷乱兵复来攻逼枹罕，高徽久无援救，力屈城陷，为贼所害。永熙年间，高徽灵柩迁还洛阳归葬，赠使持节、侍中、都督冀定相瀛沧五州诸军事、司徒公、冀州刺史。高欢当政后，谥曰"文宣"。

## 二、西魏凉州刺史史宁

史宁，字永和，建康郡表氏县（今甘肃高台）人，北魏到北周时期将领，在南北朝时期为北方统一战争做出过显著贡献。史宁家是耕读传家、武略兼备的世家。其从小耳濡目染，受到文韬武略的良好教育，为其后来成为优秀将领奠定了扎实的基础。

北魏末年爆发"六镇起义"，史宁随父征讨，屡立战功，被任命为征东将军，金紫光禄大夫，从此登上了南北朝时期维护统一、反对分裂的政治舞台。北魏分裂为东魏西魏后，史宁为西魏朝廷倚重，每有重大军事活动，朝廷总会选派史宁出任。当时的凉州是多民族地区，也是西魏西部边防重镇。凉州刺史宇文仲和不但不能够团结诸民族、维护边防重镇稳定安全、发展农牧业生产，且屡屡违背朝廷政令。西魏大统十二年（546年）二月，西魏遣史宁抵达河西，接替宇文仲和担任凉州刺史一职。但宇文仲和不接受新刺史，依然占据凉州，悍然发动叛乱。

其时吐谷浑的势力已经扩展至瓜州一带，西魏虽然设置瓜州刺史府，但此地实际统治者为吐谷浑。宇文仲和发动凉州叛乱后，瓜州人士张保在吐谷浑的支持下杀了西魏任命的刺史成庆，呼应宇文仲和。晋昌郡人吕兴也聚众杀了太守郭肆，响应张保。河西走廊骚乱四起，宇文泰大惊，遣太子太保独孤信、开府仪同三司怡峰和史宁一同讨伐宇文仲和。史宁采用陈兵城下"陈说利害"之法，使凉州军民了解了真相，团结一致，孤立罪魁祸首，并将其擒获。瓜州刺史府主簿令狐整得知独孤信率军攻下凉州，遂召集军中豪杰带兵进攻敦煌乱兵，张保兵败，逃往吐谷浑。

史宁担任凉州刺史后，吐谷浑对西魏表面上朝贡称臣，但仍对凉州、陇右等地不断抄掠。由于西魏对凉州、陇右等地的控制比较薄弱，在军事上也暂时抽调不出力量来对付吐谷浑。吐谷浑不断侵袭凉州边境，一段时间出兵屯驻在姑臧城附近，凉州刺史史宁自忖兵力不及，只好频频请求朝廷出兵。西魏恭帝元年（554年），吐谷浑通使于北齐，史宁将其击获，从此阻断吐谷浑出使北齐的通道。史宁派遣使者到丞相宇文泰处述职，宇文泰就把自己用的帽鞋衣被以及弓箭、盔甲、长矛赏赐给史宁。对使者说："为我致谢史刺史（史宁），我解下衣服给他，对他推心置腹，加以委用，希望他善始善终，无损他的功绩声名。"

西魏恭帝三年（556年），为了遏制吐谷浑在北方、西域的势力扩张，并彻底解决吐谷浑侵略凉州边关的问题，西魏联合突厥出兵攻打吐谷浑。此战以突厥军队为主力，木杆可汗亲率大军"假道凉州"攻吐谷浑。宇文泰令史宁率军跟随，"吐谷浑已觉，奔于南山"。木汗意图分兵追击吐谷浑，然后在青海会师。但史宁却对木汗说："树敦、贺真二城，是吐谷浑巢穴。如果现在能将其连根拔除，那么其他人自然就离散了，这才是上策。"木汗听从了史宁的话，当即分兵两路。木汗走北道攻贺真，史宁攻树敦。

吐谷浑国王率军迎战，史宁将其斩杀。然后史宁翻山越岭，跋山涉水地行军至树敦。树敦是吐谷浑的旧都，城里有许多珍宝。当时吐谷浑国主已经先一步去了贺真，仅留下征南王及数千人守卫。史宁攻城，佯装退却，吐谷浑不知是计，开门追击。史宁见机奋力回击，吐谷浑来不及关门，让史宁得以攻入城中，生擒吐谷浑征南王。吐谷浑的贺罗拔王依据险要地势竖立栅栏，周长五十余里，想堵住史宁的进兵道路。史宁攻破其栅栏，斩获万人，缴获牲畜数万头。此时木汗也攻破了贺真，掳走了吐谷浑国主及妻子，以及大量的珍宝。"南山"指青海湖南部山脉，当时夸吕居伏俟城，为吐谷浑部落的中心据点。夸吕遁逃后，木杆可汗和史宁商议攻打树敦、贺真二城。史宁率凉州兵趋南道赴树敦，木杆可汗趋北道赴贺真，史宁生获吐谷浑征南王，并将俘虏的男女、财物尽数归突厥。未料，木杆可汗统兵返回时遇到吐谷浑贺罗拔王军队的阻击，俘斩万计，获杂畜数万头。突厥和西魏的此次进击，只至青海湖以南的贺真、树敦二城，并未伤及吐谷浑根本。

史宁引兵回至凉州，不久后被征调入朝，后任荆州刺史。史宁有见识，善谋划，颇知兵法，料敌如神，名望很高，后成北周倚重的军政大臣，为北方统一奠定基础做出了显著贡献。北周保定三年（563年），史宁在荆州病逝。

### 三、隋朝凉州刺史贺娄子幹

贺娄子幹，复姓贺娄，字万寿，代郡（今山西大同）人，鲜卑族。北周隋朝时期将领，右卫大将军贺娄景贤之子。贺娄子幹年少时以骁勇出名。北周武帝宇文邕当政，始任司水上士，强干有才，迁仪同大将军、军器监，出任秦州刺史，进封思安县伯。参与平定尉迟迥叛乱，因功升任上开府，封为武川县公，食邑三千户。

开皇元年（581年），杨坚受禅登基，建立隋朝，是为隋文帝。贺娄子幹进封爵位为巨鹿郡公。同年八月，吐谷浑进犯凉州（治姑臧，今甘肃武威），贺娄子幹以行军总管的身份跟随上大将军元谐攻打吐谷浑。在此次战役中，贺娄子幹功劳最大，因此隋文帝下诏书褒奖他。隋文帝担心边塞不安，就命贺娄子幹镇守凉州。

开皇二年（582年）四月，突厥大军进犯隋边。五月，突厥沙钵略、达头、阿波等五可汗悉发四十万骑兵，突入长城，分路攻隋，各地隋军分别进行抵抗。达头军分两路疾进，其右路军在鸡头山（今甘肃平凉西）被隋将韩僧寿部击败，左路军继向武威、兰州开进。六月，达头可汗部攻兰州，贺娄子幹率部迎战。双方在可洛峐山（今甘肃武威东南）地区遭遇。达头军人多势盛，贺娄子幹先采守势，阻川为营，断绝达头军的水源，待其人马因缺水而困弊时，乘机进击，达头军失利，暂时迟滞达头军的攻势。

隋文帝任命贺娄子幹为上大将军，并给予极高评价："啊呀！你听我的命令。只有你才能贤明，意志坚毅果敢，你当武将，功绩我有所耳闻。往年那些凶丑不安宁，屡屡惊动疆场。你开拓疆土，平定乱军，功劳很大。因此根据奖赏典册，增加你的车服，提高你的官阶。去执行我的命令吧，你恭敬地接受这光荣的典册，能不谨慎谦虚吗？"不久，隋文帝调贺娄子幹担任营建新都的副监。十月二十一日，隋文帝任命他为工部尚书。

同年，突厥再次侵犯边塞，贺娄子幹以行军总管的身份跟随窦荣定迎击突厥。贺娄子幹与窦荣定互相配合，前后呼应分路灭敌，重创突厥军，斩杀突厥一千多名士兵。隋文帝重赏贺娄子幹，并派通事舍人曹威犒劳三军。

开皇三年（583年）之间，隋朝与突厥冲突不断，吐谷浑侵扰边境的事件开始反弹。《隋书·吐谷浑传》所载旭州刺史皮子信战死之事，据《隋书·高祖纪上》，发生在开皇三年（583年）四月，"吐谷浑寇临洮，洮州刺史皮子信死之"。一年后，吐谷浑再次侵犯隋朝边界，隋朝西部边镇深受其害。隋文帝命贺娄子幹出兵反击。四月，贺娄子幹沿驿道到黄河以北，调发河西五州（即凉、甘、瓜、鄯、廓五州）兵众深入吐谷浑境内反击，杀其百姓一万多人，二十天后返回。

隋文帝见陇西屡受外族寇掠，很是担忧。西部边塞的居民没有依村而居的习惯，隋文帝命贺娄子幹将居民集中到一起，建立村坞，作为防御的堡垒，开垦荒地种植农作物，以备不测。贺娄子幹认为不妥，上书说："这里凶寇侵扰，我荡灭他们的日子，不是早晨就是晚上，请圣上不要打扰。现在我在这里，需要见机行事，不能完全按诏书办事。而且陇右、河北，地广人稀，边境未安宁，不可能广泛地种田。我看屯田的地方，收获少而花费多，白花人力，最后还是被入侵者糟蹋。屯田诸事，请都废除。但陇右百姓以放牧为生，如再聚居，他们会更加不安。只能严密侦探，岂容他们聚集人马？请让我在重要路口，加强防备。只要镇守之所相连接，烽火能够相望，百姓虽然散居，也没什么可担心的。"隋文帝听从了贺娄子幹的建议，不再改变河西邑民的生产生活习俗，但吐谷浑时常寇边的问题难以得到根本性的解决。不久吐谷浑侵犯岷州、洮州二州，贺娄子幹率军抵御，吐谷浑兵败逃遁。

隋文帝知道贺娄子幹熟知边疆战事，于同年四月二十六日，任命他为榆关总管，掌管十镇诸军事。十一月初五日，隋文帝任命贺娄子幹为云州总管。一年多后，隋文帝任命贺娄子幹为方州刺史，当时边塞的胡人都很惧怕贺娄子幹。

数年后，突厥都蓝可汗阿史那雍虞闾派遣使节前来请降，并献上大批的羊马以示诚心。隋文帝任命贺娄子幹为行军总管，出西北道前去接应。回来后，隋文帝再度任命贺娄子幹为云州总管，还将突厥所献的马百匹、羊千口赐给贺娄子幹，于是下诏书说："自从你把守北大门，那里风尘不惊。突厥所贡献的羊马，还是赐给你。"

开皇十三年（593年），贺娄子幹因病在任上去世，时年六十岁。隋文帝赐缣采千匹，米麦千斛，追赠他为怀州、魏州等四州刺史，谥号怀。

### 四、隋朝凉州总管姚辩

姚辩（545—611），字思辩，武威人，羌族，隋朝大业年间进封金紫光禄大夫、晋爵蔡阳郡开国公。其祖先为南安赤亭（今甘肃陇西）羌人首领姚苌。后秦弘始三年（401年）姚辩八世祖姚兴攻灭后凉，将羁縻凉州的高僧鸠摩罗什迎到长安，组织大规模的翻译佛经事业，"由是州郡化之，求佛者十室之九"。东晋安帝义熙十三年（417年），后秦灭亡。是时姚辩曾祖姚赞任抚军左军将军、武威太守，以硕量伟才，佐时匡国，名扬天下。后秦亡后凉州被北凉政权占据，姚辩祖父和姚姓羌人开始世代定居武威。西魏文帝大统八年（542年），姚辩生于凉州姑臧（今甘肃武威凉州区）。当时，其父姚宝在西魏文帝朝中任散骑常侍一职。北周保定四年（564年），姚辩年满十九岁，因武艺高强，材质禀越，朝廷起用为"宗侍下士"。自此，姚辩开始了建功立业的峥嵘岁月。

建德六年（577年）正月，姚辩跟从北周武帝围攻邺城（今河南安阳），焚烧西门，北齐军战败。二月，北周军攻下信都（今河北衡水冀州区），俘北齐任成王高浩，广宁王高孝珩等。而后，周武帝遣军平定各地反抗势力，北齐遂亡，北周武帝终于统一中国北方。这次战役，姚辩以前后功勋授大都督，封安阳县开国子，食邑四百户，检校武侯兵事。大象二年（580年）六月，尉迟迥公开起兵反对杨坚。杨坚命大都督姚辩随同上柱国将军韦孝宽率七总管兵前往讨伐，平定了相州总管尉迟迥叛乱。开皇元年（581年）四月，姚辩被杨坚授予上开府议同三司，晋爵为公，增邑一千户。

隋朝建立之初，吐谷浑屡屡侵扰边境。《隋书》载，开皇元年至三年

（581—583），吐谷浑每年都发兵侵扰边关，先后入侵弘州、凉州、岷州、洮州、廓州等地。隋文帝遣上柱国元谐率军击吐谷浑，姚辩担任行军都督随军出征，前后冲击，昼夜攻围，屡立战功。一年后，突厥发兵四十万大举入侵凉州，隋文帝诏令姚辩为行军都督领兵征伐凉州，有效地抗击和阻挡了突厥兴兵南侵。开皇三年（583年），隋文帝全面反击突厥。姚辩奉隋文帝之命参加多次战争，"策勋命赏，理在不次"。开皇六年（586年），隋文帝授姚辩为云州（今山西大同）道水军总管，政绩尤为突出，"戈船掩渚，巨舰浮川，河埃肃整"。是年，拔擢为授使持节河中，这一时期的主要任务是防范吐谷浑的进攻。

从开皇十年至开皇十九年（590—599）近十年时间里，姚辩一直作为边关守将，以不同的职务，执行边关平定、防守和管理事务。自隋开国以来，姚辩在西北多地任行政刺史、军事总管等职，俨然成为总揽整个西北军政大权的封疆大吏。因为姚辩是羌人，凡涉及民族问题，通过本民族的人去解决就会更为有利。另一方面选派社会地位高和在各民族中有威望的人去会有更好的效果。在隋文帝眼中"公屡总戎律，特精边事"，其连续担任凉州、叠州等地总管，既连年防御吐谷浑，又与突厥争战。"特精边事"并非空言。

大业四年（608年）隋炀帝授姚辩为金紫光禄大夫和上光禄大夫一职，命其代表朝廷车驾往北方吐蕃诸属国巡视督查，"以旧典纠察，整肃军容"。是年秋天，吐谷浑大保王尼乐周等率众归附隋朝，炀帝又派遣姚辩为銮跸使节西行，出使吐谷浑。为了更好地经略河西，缓和朝廷与吐谷浑的矛盾，隋朝特任命凉州籍官员、"特精边事"的姚辩出任凉州总管。姚辩长期任职边陲，具有丰富的边疆经验。《姚辩墓志》载，"寻为凉州总管、凉州牧。边烽寝候，毳幕旃裘，望风敛迹。"全面解决了吐谷浑归附当中一些烦琐复杂的细节和相关事务。

大业六年（610年）三月，隋炀帝再次南巡江都，特命姚辩为京师留守使。大业七年（611年）三月，姚辩患病，十九日殁于京兆郡，时年六十六岁。两天后隋炀帝亲自主持朝廷葬礼，炀帝发布诏书称"故左屯卫大将军右光禄大夫姚思辩，性理和谨，秉心恭慎，历仕无玷，式表哀荣，可赠左光禄大夫"。又蒙赐物八百段，粟麦一千石，谥曰"恭公"。有隋一朝，姚辩长期坐镇西北边关，在中华民族的统一大业及促进民族团结和民族稳定的发展进程中，创建了极为卓著的历史功勋。

### 五、唐太宗使节赵德楷

贞观八年（634年），唐朝发动讨伐吐谷浑的战争，最终吐谷浑正式成为唐朝的属部。这次战争意义深远，其导火线则是吐谷浑拘留唐太宗使节赵德楷。

赵德楷是天水陇西人，隋朝冀州刺史赵煚之孙、雍州从事、秘书郎赵正臣之子。其祖赵煚《北史》《隋书》皆有传，曾著有《战略》二十六卷。杨坚称帝，赵煚奉皇帝玺绂，因此功勋进位大将军，赐爵金城郡公，拜相州刺史。可见陇西赵氏家族家学渊深，门第高贵。赵煚卒于冀州刺史任上，其长子、赵正臣之兄赵义臣嗣位。隋炀帝即位后赵义臣追随汉王杨谅起兵，兵败被诛。赵德楷之父赵正臣也受一定牵连。李唐建国时，赵正臣、赵自慎家族得以重新发展，赵德楷任朝议大夫一职。至唐贞观年间，擢为尚舍奉御、殿中丞等职。在《大唐故太仆主簿赵府君墓志铭并序》中，盛赞赵德楷"瑹华内湛，冰芒外彻""开赈隣於夕照，耿冲升於宵氛""瑞启谯龙，奉当途之潜德；符分口虎，备哀荣之缛礼"。可知，当时的赵德楷既有蕴深的文学修养，又有较好的演说口才。故而，时常出使突厥、吐蕃、吐谷浑等国。

史载，太宗召吐谷浑国王伏允入朝，伏允借故拒绝。唐廷甚至提出以和亲羁縻吐谷浑，然伏允始终不肯遣子入朝迎婚。不仅和亲之事搁置，且屡屡进攻兰廓等州。唐太宗派遣赵德楷、安附国为使节，出使吐谷浑。安附国是粟特人，精通吐谷浑语言，故随鸿胪丞赵德楷出使吐谷浑。未料吐谷浑直接将两人扣留为"人质"，继续出兵攻打凉州。在唐人李至远所撰的《唐维州刺史安侯神道碑》中，记述了赵德楷、安附国的事迹：

寻令与鸿胪丞赵德楷论旨于吐谷浑。虏安之巢，敢恃螳螂之斧。旅拒成命，逼迫行人，遇困加威胁，举步逢艰阻。侯以命有所系，静以体之，节不可失，贞以守之。虽弦矢屡移，而铁石无改。既而加兵一荡，凶氛四彻，竟获全归。

赵德楷、安附国虽被吐谷浑国王伏允羁留，但他们"命有所系，静以体之，节不可失，贞以守之"，仍然对吐谷浑动之以情、晓之以理，劝导伏允归顺唐朝。唐太宗原本想通过高级别官员为使臣，以示对吐谷浑的重视，未料却遭拘留。太宗遣使者"十余返"，经频繁互动，最终未能解救人质。

吐谷浑拘留赵德楷、安附国的事件，震动了唐朝。唐太宗忍无可忍，决定下大气力征讨吐谷浑。贞观九年（635年），特命李靖为西海道行军大总管，兵部尚书侯君集和任城王李道宗分别为积石道、鄯州道行军总管，作为李靖之副；凉州都督李大亮为且末道行军总管、岷州都督李道彦为赤水道行军总管、利州刺史高甑生为盐泽道行军总管。各总管分道出击吐谷浑，同时，还兼有突厥、契苾之众。初兴的唐帝国军队士气高昂、战意旺盛，大军饮冰啖雪、跋山涉水，奋勇作战，基本上穷尽了吐谷浑之境，伏允走投无路，自缢而死。

欣慰的是，唐征吐谷浑后，赵德楷、安附国等人历经凶险，得以生还。唐高宗永淳二年（683年），赵德楷出使吐谷浑的功绩才被李唐政府肯定。赵德楷之子赵自慎时任朝廷原州诸牧监副使一职，曾上书为其父在吐谷浑战争中的付出抗表论功。唐廷诏赠赵德楷使持节陈州诸军事、陈州刺史。

### 六、唐朝兵部尚书侯君集

侯君集，豳州三水县（今陕西旬邑）人。唐朝时期名将，北周平州刺史侯植之孙。侯君集少入秦王李世民幕府，累从征伐。武德九年（626年），助李世民发动玄武门之变，与长孙无忌等五人并论功第一，授右卫大将军，封潞国公。贞观四年（630年）任兵部尚书，参议朝政。

贞观九年（635年），李世民打算讨伐吐谷浑伏允，任命李靖为西海道行军大总管，命侯君集与李道宗为李靖的副手。是年三月，李靖攻灭东突厥后，率领侯君集开始讨伐吐谷浑，大军行至鄯州，李靖在侯君集的建议下，挑选精锐，长驱直入。伏允在库山被击败后，轻军奔走沙漠。李靖与薛万钧、李大亮、侯君集与李道宗从南北分两路长途奔袭伏允。当时夏天却有霜降，山里有很多积雪，但侯君集等克服自然困难追击两千多里地，先后于逻真谷、汉哭山、星宿川、柏海等大破伏允军，斩获颇丰。侯君集一路追击到积玉山，见到河水的源头，才回师与李靖在大非川会合，班师回朝。

唐朝平吐谷浑，慕容顺投降。唐太宗遂以慕容顺为西平郡王、趉故吕乌甘豆可汗。国人不附，慕容顺竟被部下所杀，诺曷钵继位，大臣争权，国中大乱。十二月，唐太宗再遣兵部尚书侯君集将兵援救。当时吐谷浑内部出现两股甚至多股反对势力，太宗命侯君集等根据实际情形，"分遣使人，明加晓谕"。这些分遣的"使人"各自前往不同的吐谷浑部落进行说服解释工作。李世民在《令侯君集等经略吐谷浑诏》中指出："兵部尚书潞国公侯君集等，咸才兼文武，寄深内外。嘉谋著於庙堂，茂绩书於王府。必能宣风阃外，克定遐方。可量其事机，绥抚经略，分遣使人，明加晓谕。如有不遵明旨，敢兴异志，即合精锐。随便翦扑，尽威怀之道，称朕意焉。"唐太宗许以侯君集等便宜行事之权，"敢兴异志，即合精锐，随便翦扑"。唐廷不但分遣使人积极抚慰吐谷浑诸部，又以军事相威慑。通过实施抚慰与武力威慑的双重策略，吐谷浑国内的局势逐渐稳定下来。

贞观十三年（639年），以交河道行军大总管出兵击高昌国，次年平。侯君集出身行伍，没有读过什么书，获得高官厚禄以后开始读书学习，参与官员的选拔，定制考核题目。侯君集出为武将征伐，入为大夫参与朝政，一时间享有美誉。后因贪取金宝下狱，旋被释。心怀不满，贞观十七年（643年），乃约张亮同反，张亮密奏，太宗以无旁证而不问。同年，名列凌烟阁二十四功臣。旋即被指控与太子李承乾谋反，处斩。太宗流涕诀别，命凌烟阁保留其图像。

### 七、大唐首位和亲公主——弘化公主

弘化公主，李姓，名字不详，陇西成纪人。唐周时期第一位和亲公主，唐朝宗室女。秀丽端庄，聪明贤惠。贞观九年（635年）唐廷平吐谷浑后，册封慕容顺为"西平郡王"及"趉胡吕乌甘豆可汗"。一年后，吐谷浑王诺曷钵入唐拜见唐太宗并请求赐婚。贞观十三年（639年），诺曷钵亲自到长安迎娶公主。贞观十四年（640年），册封弘化公主，出嫁吐谷浑可汗慕容诺曷钵，成为王后。传说弘化公主是唐宗室淮阳王李道明的女儿，唐太宗派李道明为特使送亲，并且携带了丰厚的嫁妆。《旧唐书》载，送亲的淮阳郡王李道明曾把弘化公主并非是皇帝亲生女儿的消息泄露出去。太宗怒之，削除其郡王爵位。弘化公主和亲之后，吐谷浑每年到唐朝贡。

弘化公主和亲吐谷浑时，恰逢文成公主在吐蕃和亲，吐蕃和吐谷浑因领土争端爆发战争时，两位唐朝公主极力斡旋，展示了和亲公主的聪慧与魄力。文成公主与弘化公主的交流也促进了吐蕃与吐谷浑之间友好关系的恢复与发展。弘化公主不仅聪明贤惠，而且具有超人的胆略。弘化公主入嫁吐谷浑后，吐谷浑和唐朝的关系进一步密切，但也引起吐谷浑国内部分大臣不满。贞观十五年（641年），发生了吐谷浑丞相宣王密谋劫持诺曷钵及弘化公主投奔吐蕃。事情败露后，诺曷钵和弘化公主带着少量亲兵连夜向鄯城奔去，并在鄯州刺史杜凤举的帮助下一举粉碎了宣王的阴谋，吐谷浑国内很快就安定了下来。吐谷浑遣使向唐廷说明情况，"太宗命民部尚书唐俭持节抚慰之"。

唐高宗李治即位后，册封诺曷钵为驸马都尉，"赐物四十段"。此后不久，弘化公主夫妻回长安拜见唐高宗李治，这是唐王朝历史上唯一回朝省亲的和亲公主。当时弘化公主已经在青海生活了十三年之久，唐高宗热情地接待了弘化公主夫妇，对弘化公主提出的请婚要求也欣然同意。永徽三年（652年），唐朝将金城县主嫁给弘化公主的长子苏度摸末。龙朔三年（663年），弘化公主又为次子闼卢摸末请婚，唐高宗将金明县主嫁给闼卢摸末。是年六月，吐谷浑被吐蕃所灭，诺曷钵、弘化公主部族投走凉州，住九年，唐改封光化公主。周朝

（武则天）时期，赐姓为武，改封西平大长公主。

弘化公主入吐谷浑，是唐将公主嫁于外藩的开端，是中华民族团结史上的一件大事。它不仅使当时唐与吐谷浑的关系得到了改善，而且直接促进了唐与吐蕃的友好往来。贞观十五年（641年），即弘化公主和亲的第二年，唐太宗又将宗室女文成公主嫁给了吐蕃王松赞干布，加强了唐与吐蕃的关系。在随后一段时间，吐谷浑每年派使者向唐王进贡，唐朝都以礼相待。

唐武周圣历元年（698年），弘化公主薨于灵州，时年七十六岁，葬于凉州南阳晖谷冶城的山岗上。

### 八、唐淮阳王李道明

李道明，陇西成纪（今甘肃秦安）人。唐朝宗室大臣，河南王李赘之子。初封武都郡公，袭封淮阳王，迁左骁卫将军。

李道明曾是北周八柱国之一，唐高祖李渊的堂侄。其兄李道玄是少年英雄，十五岁就跟随堂哥李世民征战四方，立下大功，官至河北道行军大总管，受封淮阳王。后在讨伐刘黑闼叛乱中战死，年仅十九岁，被追封为左骁卫大将军，谥号"壮王"。李道玄无子嗣，其王爵和封号由胞弟李道明承袭。唐太宗李世民当政时，为强化西部边疆安稳，遂采取和亲政策。

贞观十三年（639年），李世民要求李道明把亲生女儿贡献出来，下嫁吐谷浑可汗慕容诺曷钵。按照礼制，宗室女一旦被册封为"公主"即成皇帝女儿，圣旨敕令皆统一表述。弘化公主被李世民选中册封后，即以皇帝女儿身份代表皇室前往吐谷浑和亲。中央王朝下嫁公主要派遣德高望重的宗室大臣送亲，便于内外之间交流沟通，送亲之人一般为公主至亲。弘化公主抵吐谷浑和亲，负责送亲的正是淮阳王、左骁卫大将军李道明。大唐与吐谷浑和亲是举国相庆的盛事，吐谷浑要举行盛大国礼迎亲。李道明以大唐特使的身份享受国宾之礼。席间，吐谷浑王族成员和达官显贵纷纷向李道明敬酒道贺。

未料，李道明在宏大隆重迎亲场面飘飘欲仙，宴后回至官舍，竟向陪同的吐谷浑侍臣道出弘化公主的身世："公主并非当今天子的亲生女儿，我才是她的亲生父亲啊。"《新唐书》载："道明嗣王，迁左骁卫大将军。贞观十四年，与武卫将军慕容宝持节送弘化公主于吐谷浑，坐漏言主非帝女。"唐太宗的圣旨敕令中皆称弘化公主是天子女儿，李道明酒后失言，说出真相，严重损害了大唐帝国的庄严形象。

其后一年，文成公主嫁给吐蕃赞普松赞干布。文成公主也非"真公主"，乃李世民堂弟李道宗之女。李道宗与李道明是堂兄弟，文成公主与弘化公主就是堂姊妹。文成公主虽被册封为公主，但在唐朝圣旨中称"宗室女"，竟未认定是皇帝女儿，估计与上一年度李道明道破真相有关。李道明从吐谷浑返回长安，因"送弘化公主出降，坐罪削爵"。唐太宗取消了淮阳王爵位，将之外放为郓州刺史，多年后卒于任上。

### 九、唐代凉州都督郭元振

郭元振本名郭震，字元振，以字行，并州阳曲（今山西阳曲）人，唐朝时期宰相兼名将。元振早年进士及第，起家通泉县尉。因写作《宝剑篇》而得到武则天的赏识，授右武卫铠曹参军、奉宸监丞。圣历二年（699年），吐蕃内乱，论钦陵被诛杀，其弟赞婆率部降周。武则天闻讯后，命郭元振与河源军大使夫蒙令卿率骑兵前往迎接。郭元振擅长用谋略与怀柔政策安抚边疆，在当时西部各民族中有很高的声望。吐蕃大将赞婆、论弓仁率千余人前来归附，同时还带来了愿意跟随的吐谷浑部七千帐。赞婆此前累为唐朝边患三十余年，而这些吐谷浑部落也是冒着被吐蕃追杀的危险前来归附，如何妥善安抚变得十分重要。武则天思虑再三，派遣曾经出使吐蕃的郭元振率兵前去迎降，《新唐书·郭元振传》记载："赞婆等来降，因诏元振与河源军大使夫蒙令卿率骑往迎。"郭元振处理事务非常稳妥，得到了朝廷的肯定。后朝廷授予赞婆为右卫大将军，让他带领部众守卫洪源谷（今甘肃古浪境内）；授予论弓仁左玉钤卫将军，封酒泉郡公。

久视元年（700年），吐蕃大将麴莽布支入寇凉州，被凉州都督唐休璟击退，郭元振也参与了此次军事谋划，被封为主客郎中。主客郎中设于礼部，主要掌管少数民族及外国宾客接待之事。《旧唐书·郭元振传》载："后吐蕃将麴莽布支率兵入寇，凉州都督唐休璟勒兵破之。元振参与其谋，以功拜主客郎中。"此战结束后，唐休璟入朝担任右武卫大将军。第二年，即701年，朝廷正式任命郭元振为凉州都督。在此期间，又有大量的吐谷浑余部来到河西归附。在安置吐谷浑的问题上，郭元振显示出了极高的才能。

当时，大量吐谷浑部众到河西投降，朝廷就如何安置这部分吐谷浑产生了分歧。宰相张锡与右武卫大将军唐休璟认为应安置在天水郡、汧阳郡或者九原郡、灵武郡一带，以防止他们再反叛而去。《新唐书·西域上》载："徐部诣凉、甘、肃、瓜、沙等州降。宰相张锡与右武卫大将军唐休璟议徙其人于秦、陇、丰、灵间，令不得畔去。"郭元振却认为，对这些自愿投归的吐谷浑部要顺应他们眷恋乡土之情，就近安置。《新唐书·西域上》载，凉州都督郭元振以为，"宜当循其情，为之制也。当甘、肃、瓜、沙降者，即其所置之。因所投而居，情易安，磔数州则势自分。顺其情，分其势，不扰于人，可谓善夺戎心者也。岁遣镇遏使者与宣超兄弟抚护之，无令相侵夺，生业固矣"。郭元振又特意作《安置降吐谷浑状》，呈报朝廷，认为把吐谷浑部迁徙到天水郡、汧阳郡或者九原郡、灵武郡一带有很大的弊端。他提出具体可行的安置策略，一要"顺其情"，就近在凉、甘、肃、瓜、沙等州安置，先安其心。二要"分其势"，吐谷浑分散在凉、甘、肃、瓜、沙几个州安置，其势力也自然分散；三要"抚护之"，朝廷每年派使者以及安置在灵州的吐谷浑王族去抚慰他们，人心自然就会安定。如果这样做了，即使还有背叛而去的，也无损于大局。

朝廷最终采纳郭元振意见，在凉州设置吐谷浑羁縻州"阁门州"。周伟洲在《吐谷浑史》中指出，阁门州当在青海大通河一带。《新唐书·地理志》载："仪凤中自凉州内附者，处于金明西境置。"金明属于唐代延州辖县，当时有浑州、阁门、羌部落等三个吐谷浑羁縻府州。濮仲远在《唐前期凉州境内羁縻府州的兴废》一文中论述道，延州的三个羁縻府州均来自凉州。

武周大足元年（701年），郭元振出任凉州都督、陇右诸军大使，北却突厥、西走吐蕃，拓境一千五百里，大兴屯田，促进凉州地区安定发展，迁左骁卫将军、安西大都护。郭元振大张军威，受其蕃礼而班师回朝。降伏西戎后，威望震慑北狄。当初凉州南北不过四百多里，突厥、吐蕃常来侵扰，凉州军民深以为苦。郭元振到任后，在南部边境的硖口修筑和戎城（今甘肃古浪），在北部边境的沙漠中设置白亭军（今甘肃民勤东北），控制了凉州的交通要道，将凉州边境拓展了一千五百里。从此，突厥、吐蕃的兵马再也无法到州城侵扰。郭元振又让甘州刺史李汉通实行屯田政策，充分利用当地的河流土地从事农业生产。此前，凉州地区的谷子每斛高达数千钱，而屯田后，一匹细绢就可以换到数十斛粮，积存的军粮可供数十年之用。郭元振擅长安抚、统治百姓，在凉州任职的五年中，深受当地各族百姓敬仰，并且他法令严正，军纪严明，使得治下牛羊遍野，路不拾遗。

景云元年（710年），郭元振入为太仆卿。次年，拜同中书门下三品、吏部尚书，改兵部尚书，封馆陶县开国男，成为宰相。三年后封代国公，出任朔方军大总管。参加唐玄宗骊山讲武，犯军容不整之罪，坐罪流放。唐开元元年（713年），郭元振受特赦，迁饶州司马，抑郁而终，时年五十八岁，追赠太子少保。

## 第三节 吐谷浑文物保护研究人物

领略吐谷浑民族的历史内蕴、文化品格和独特生活风貌，感知吐谷浑先民在波澜壮阔的历史进程里创造的各类物质财富和精神产品，引领人们进入到远古苍茫的历史意境中。这一切得益于考古学家、历史学家等专家学者，他们从一座古墓中发现了一个古国的存在，由一块碑文澄清了一段和亲的往事，通过深埋在地底下的文物审视出潜藏于古老岁月里的时光片段、生活遗迹和人性光华。在武威吐谷浑历史文化研究领域也涌现出了这样一些专家学者，如夏鼐、周伟洲、李文华、段思国、白述礼等。他们徜徉在古墓荒冢、残碑断简之间，沉潜于浩如烟海的史籍之中，在奔流不息的历史长河里寻觅吐谷浑文化因子，追寻悠久漫长的人类文明历程，洞察民族团结进步的内在奥秘，感受千百年的苦难和欢歌，审视千百年的坎坷和辉煌。还有武威最早识别并保护吐谷浑文物的康敷镕和贾坛，武威文物文史工作者党寿山、王其英、黎大祥、李占忠等，在武威吐谷浑墓葬的发掘、整理、研究、宣传中取得了显著成就。

### 一、民国武威县县长康敷镕

康敷镕，字陶然，四川礼州（今四川西昌）人，最早识别并保护吐谷浑文物的功臣。

康敷镕早年师从巴蜀文坛领袖刘景松，学识渊博，精于书画，著述丰富，于光绪二十九年（1903年）中举。因四川少有职缺，又没上级赏识重用，只能赋闲在家。后主动要求转官青海，历任青海丹噶尔厅（时属甘肃省西宁府）同知、湟源县知事。据《湟源县志》记载，任职期间，着力维护社会治安、恢复和发展地方经济、整修道路、平抑粮价、兴办教育、建县立规，深受百姓爱戴。

康敷镕走访河湟大地，深入了解研究青海历史，编纂了《青海志》《青海地方志略》《青海调查事略》三部志书，系统介绍了青海的历史沿革、山川风物、民族宗教等内容，记载了明代以后青海发生的重大历史事件，成为后世研究青海历史的重要典籍。

民国四年（1915年），康敷镕任武威县县长。其为官清廉，关注民生，发展经济，兴办教育，为地方建设尽心竭力，任内多有政绩，尤其是协调各方免除武威更名地粮赋一事，深得士民感念。特别是保护弘化公主等碑刻与墓葬，尤为后世所称道。康敷镕刚任武威县县长的那年四月，听说武威金塔河畔有一户人家藏有一通唐代墓志碑，便派遣酷爱金石古玩的商会会长贾坛前往寻访。贾坛找到这块古碑雇人将之载到县府，学识渊博并谙熟青海历史的康敷镕视之大惊，认定这通"大周故西平公主墓志碑"的主人就是唐代和亲吐谷浑的弘化公主。康敷镕在贾坛的带领下，亲自前往出土墓碑的墓地查看。看到墓葬已被盗墓者打开感到极为惋惜，让县府衙役和当地百姓又用青砖填补了盗墓者留下的盗洞，使墓内的公主遗骨及文物得以保存。在康敷镕的宣传介绍中，人们第一次听到"吐谷浑"这个词语，也第一次知道了远嫁青海的弘化公主。当地老百姓听说此地埋葬着一位唐朝公主，便在山岗上修建了一座娘娘庙（公主庙），请人描绘公主神像，四时祭祀不辍。在康敷镕的支持下，贾坛和几位县府衙役四处寻访，又访得许多珍贵文物，陆续收藏于武威文庙。康敷镕为保护弘化公主墓葬及碑刻做出了重大贡献，是名副其实的弘化公主墓葬与碑刻的第一位保护者。

康敷镕也因政绩突出，被民国政府授予四等嘉禾奖章。武威百姓感其恩德，自愿捐资为他建祠立碑，塑其肖像，永久纪念。今存武威雷台的《四等嘉禾章国务院存记简任职武威县县长康公生祠记》碑，即载其事。离开武威后，曾任靖远县县长、省民政厅厅长等职，后辞官回川。

## 二、武威名士贾坛

贾坛，字杏卿，武威县人，也是最早保护吐谷浑文物的重要人士之一。

贾坛是清末秀才，出身于商贾之家。民国年间，曾任甘肃省众议院议员、武威县参议会参议员、县商会会长、教育馆馆长等。能书善画，酷爱金石文物，在经商和关注社会民生方面表现出色。

贾坛一生最为亮点的地方是抢救、保护地方文物古迹。成就贾坛功业的是两位"知音"上司，一位是清末凉州知府王步瀛，一位是民国初的武威县县长康敷镕。王步瀛和康敷镕是颇有文化修养的地方官，在职能职责范围全力支持贾坛公益事业。王步瀛、康敷镕与贾坛，共同的追求与爱好，使之在各自的岗位上发出耀眼的光彩，受到百姓的敬仰，历史的喝彩。

民国四年（1915年），康敷镕刚任武威县县长的那一年，武威南山的弘化公主墓又一次被当地群众掘开，墓志被人藏匿的消息不胫而走。熟谙地方史的康敷镕认为，凉州为西陲重镇，埋藏于地下的先朝石刻必定很多，应多方保护为要。他派贾坛前去寻访。贾坛酷爱金石文物，知晓其中就里，很快访得弘化公主墓志保存于文庙。在康敷镕的支持下贾坛四处寻访，又访得许多珍贵文物，如《慕容明墓志》《毛佑墓志》《康阿达墓志》等陆续收藏于武威文庙，又嘱从事教育工作的唐发科将大云寺古刹功德碑、武徵君李孝廉传碑、西夏碑等移置于文庙保存。之后，又在发现并保护张兆衡墓表、高昌王世勋碑事件中不遗余力。

1927年，武威发生8级大地震，古迹文物破坏空前。之后，贾坛被武威绅缙推举为维修文庙主事。他积极倡导动员绅缙士庶，多方协调筹资，使文庙修复工程顺利开展。在他主持文庙修复工程的十四年间，虽然兵荒马乱，"民穷财尽，筹款维艰"，但他经营有方，庙产收入可观，为文庙的保护维修提供了充足资金保障，为恢复文庙旧观（1948年）打下了坚实的基础。

贾坛不仅是一位儒商，也是一位义商，更是一位富有远见卓识的社会贤达。他一生致力于地方文化及公益事业，在保护文物古迹方面做出了突出成就。原武威城区北大街中心巷 34 号（罗什寺对面）有其故居，始建于 1915 年，2002 年因城市建设需要，政府将其故居整体、原貌搬迁于武威古钟楼东侧。

### 三、吐谷浑历史文化研究开启者夏鼐

夏鼐，字作铭，浙江温州人，考古学家、历史学家，中国科学院院士，新中国考古工作的主要指导者和组织者、中国现代考古学的奠基人之一。毕业于清华大学历史系。早年留学英国，期间参加了当时代表世界先进水平的英格兰梅登堡山城遗址、埃及艾尔曼特遗址和巴勒斯坦杜布尔遗址的考古发掘。回国后先后任职于中央博物院、北京大学、中央研究院、中国科学院，曾任中国科学院考古研究所所长兼考古学会理事长、中国社会科学院副院长等职，曾主持并参加了河南等地商代遗址和殷墟、北京明定陵、四川彭山汉代崖墓、长沙马王堆汉墓的挖掘工作，对中国考古学贡献巨大。著有《考古学论文集》《考古学与科技史》《中国考古学研究》《中国文明起源》等，主编并参编了《新中国的考古收获》等报告。

因其在考古学方面的巨大成就和杰出贡献，先后被英、德、瑞典、美、意等国和第三世界科学选为院士或通讯院士。1944 年，夏鼐先生在甘肃武威、兰州、敦煌、民勤等地，对新石器时代、青铜时代、汉代至唐代的遗址和墓葬进行调查发掘，发表了一系列论文，特别是他亲自对唐代吐谷浑墓葬的考古发掘及其所撰写的论文，对吐谷浑历史文化研究具有开创性意义。

1944 年 4 月，以向达、夏鼐、阎文儒等北京大学学者为主体组成的西北科学考察团，在河西地区开始历时两年的考察活动。在武威文庙考察时，他们看到了弘化公主、慕容明、慕容忠、慕容宣彻四方吐谷浑王族成员墓志，便询问陪同的武威名士段永新。当他们得知以上墓志出土于武威南山时，便格外关注。在西北科学考察即将结束之际，夏鼐与阎文儒又于 1945 年 10 月再次返回武威，在与当地政府取得联系后，于 10 月 7 日前往武威南山吐谷浑王族墓地。

这一次，夏鼐一行对两座墓葬进行考古发掘，新获慕容曦光、金城县主两通墓志及大量文物。阅读《夏鼐西北考察日记》，可以详细了解到慕容曦光墓志和金城县主墓志的发掘过程。新获两通墓志和大部分文物均运往南京，保存于中央研究院历史语言研究所，今藏南京博物院。

考察工作结束后，夏鼐查阅大量文献，详细考证了新出土的金城县主和慕容曦光两通墓志，结合已出土的四通墓志，详列吐谷浑入唐后的历史年表，写出了在吐谷浑历史研究中具有开创性的《武威唐代吐谷浑慕容氏墓志》一文，1948年发表于《中央研究院历史语言研究所集刊》第20本上册。他的研究推翻了不少前人旧说，论述精辟，创见迭出。之后，他又根据武威新发现的慕容氏墓志，不断修订、更新吐谷浑年表及论文。

文章开头叙述了写作的来龙去脉："吐谷浑，发迹东北，徙居西陲，永嘉之乱，乘机兴起，当其盛时，东抵洮水，西兼鄯善、且末，辖境广袤数千里，及贞观中，唐太宗大举兵戎，战败之，其势始衰。割据凡三百五十年，龙朔三年，吐蕃遂取其地。然其后徙居凉州、灵州犹袭可汗号，为唐蕃屏，百有余年。至贞元后，其封嗣始绝。历时虽久，惜史传记述，殊嫌疏略。1944年考古西北，于武威文庙获观近年出土之吐谷浑慕容氏志石四方，颇有足以补订两《唐书·吐谷浑传》之阙失者。翌年秋，与友人阎文儒赴武威南山，从事发掘，得金城县主及慕容曦光二志，如获瓒宝，并得殉葬珍品多种，洵为考古发掘之奇遇。归来后，乃将二志写影精拓，以飨当世，并参稽史传，略加考证。又综合前后二志，作为年表，俾言吐谷浑失国前后之史事者考焉。"这段文字叙述言简意赅，内容详备，读来很是亲切入味，亦为先生的考古成果由衷高兴。先生对新获两志作了详细、精辟的论述，指出了其中的疑误，并结合武威之前出土的四志及两唐书等文献，详列唐太宗贞观十四年至唐德宗贞元十四年（640—798）吐谷浑的历史"年表"，基本梳理清了不同志主之间的前后亲缘承继关系，堪称历史学与考古学结合的典范。

先生当年在文后预言："异日志石更有续出者，当再理而董之。"20世纪80

年代他的文集出版之时，先生又在文后补记了两次，一是新中国成立后出土的慕容宣昌墓志，一是1958年出土的慕容若妻李氏墓志。

**四、吐谷浑研究集大成者周伟洲**

周伟洲，生于广东开平。当代著名历史学家，博士生导师。1962年毕业于西北大学历史系考古专业，同年考取该校民族史专业研究生，师从著名民族学家马长寿教授。研究生毕业后，先后在陕西省博物馆及西北大学从事中国民族史的教学与科研工作，现任陕西师范大学西北民族研究中心主任、教授、博士生导师，曾兼任中国魏晋南北朝史学会会长、中国中亚文化研究协会副理事长、中国中外关系史学会副会长等。

学术专长为中国民族史研究，主要论著有《吐谷浑史》《中国中世西北民族关系史研究》《边疆民族历史文物考论》《西北民族史研究》《赤勒与柔然》《汉赵国史》《南凉与西秦》《唐代党项》等；在《历史研究》《民族研究》《中国史研究》《文物》等杂志上发表学术论文近百篇。其著作曾获陕西省、教育部多次奖项，1993年被评为陕西省有突出贡献专家并获得政府特殊津贴。

周伟洲先生在吐谷浑历史研究方面成果斐然，主要著作有《吐谷浑史》《吐谷浑史入门》《吐谷浑资料辑录》等，论文较多，影响较大。《吐谷浑史》2006年由广西师范大学出版社出版。2021年，商务印书馆再次出版本书增订本。由于国内史籍中有关吐谷浑的资料十分缺乏，作者在收集、整理吐谷浑史资料的基础上，吸收中外研究成果，首次全面、系统地论述了吐谷浑的历史，用较大的篇幅论述了吐谷浑与邻近各民族及其所建政权的关系，并以此作为本书探讨的重要课题。

《吐谷浑资料辑录》（增订本）2017年由商务印书馆出版。本书对汉、藏文史籍所载吐谷浑资料进行多方位辑录、整理与校释，上起西晋，迄于北宋，以二十四史中有关资料为主，兼收史学论著、文集、文物考古数据及敦煌、新疆发现的汉藏文书、简牍等，所录资料，按其性质分专传，人物传志，散见资料编年录，敦煌、新疆古藏文写本、简牍内的吐谷浑资料，其他散见资料五卷，另有附录，对研究吐谷浑历史学术价值颇大。

2023年1月，周伟洲教授受聘西北大学中国民族史团队首席专家。

**五、具有深厚民族团结情结的白述礼**

白述礼，1933年生，陕西三原县人。1958年毕业于北京大学历史学系，到宁夏吴忠市任中学历史教师。1981年调宁夏大学历史系任教，先后评为讲师、副教授、教授。发表论文、文章百余篇。出版专著《大唐灵州镇将》《大明庆靖王朱栴》《走进灵州》《史学探微》《我从书院门走来》《灵州史研究》《唐肃宗灵武即位》等。

白述礼教授出生书香世家，从事宁夏史、灵州史研究六十多年，对吐谷浑民族团结事迹，特别是弘化公主和亲史研究颇为深入，先后发表了《弘化公主是吴忠民族团结历史名人》《大唐弘化公主和亲事迹研究》《唐高宗安置吐谷浑政策》三篇论文和文章，对弘化公主和亲的史事进行全面考证和论证。他认为，弘化公主作为唐代第一位和亲公主，是大唐和亲史的开端。弘化公主和亲五十五年，是青海、凉州（今甘肃武威）、灵州（今宁夏吴忠）的民族团结之花，是唐朝历史上最长寿的和亲公主，也是唐朝十六位和亲公主中唯一回朝省亲的和亲公主。弘化公主的和亲，继承了中华民族友好团结的历史传统，有助于促进中华民族交往、交流、交融，铸牢中华民族共同体意识。

白述礼教授提出，唐高宗安置吐谷浑的政策"吐谷浑王族住灵州（今宁夏吴忠），部落住安乐州（今宁夏同心县红城水古城）"这一论点，已经得到多位专家学者的认同。

白述礼教授已九十二岁高龄，仍笔耕不辍，正在出版《唐太宗灵州高会》《古灵州历史专题考》《大唐和亲公主》三部专著。在《唐太宗灵州高会》一书中，白教授运用了详实的史料生动诠释了中国古代最大规模民族团结盛会的重大历史事件，为研究唐代民族关系史奠定了坚实基础。

# 附　录　武威吐谷浑历史文化大事年表

| 年代 | 事件 |
| --- | --- |
| 西晋太康十年（289年） | 慕容鲜卑部落部分族民在首领吐谷浑带领下，西迁至今内蒙古阴山一带。 |
| 西晋永嘉元年（307年） | "永嘉之乱"暴发，吐谷浑又率部众从阴山南下至阿坝草原。 |
| 前凉建兴十七年（329年） | 羌人头领姜聪带领族人反抗吐延苛政，吐延被姜聪刺杀。 |
| 前凉升平二十年（376年） | 前秦主苻坚出兵灭凉，吐谷浑臣属前秦。 |
| 前秦太初元年（386年） | 吕光建立"后凉"，吐谷浑故地属后凉辖境。 |
| 后凉麟嘉四年（392年） | 南部羌族首领彭奚念出兵攻占吕光战略重镇曰土津。吕光发兵攻打，遭鲜卑首领乞伏乾归伏击。后凉大败，一万多名将士被杀。 |
| 后凉麟嘉六年（394年） | 乞伏乾归尽有陇西之地，建立"西秦"，吐谷浑藩属西秦。 |
| 后凉麟嘉七年（395年） | 吕光率十万大军讨伐西秦，乞伏乾归主动向吕光讲和"称臣"。 |
| 后凉龙飞二年（397年） | 秃发乌孤反叛后凉，建国"南凉"，吐谷浑藩属南凉。 |
| 后秦弘始七年（405年） | 乞伏乾归击攻打吐谷浑，大破之。乌纥堤大败，亡失万余口，保于南凉，卒于胡国。 |
| 南凉嘉平四年（411年） | 吐谷浑第七代国主树洛干率兵攻伐南凉。 |
| 南凉嘉平七年（414年） | 秃发傉檀遣其太子武台迎击吐谷浑国王树洛干，大败。树洛干顺利占领故郡浇河地区。 |
| 北凉玄始六年（417年） | 树洛干去世，阿豺即位，自称骠骑将军。 |
| 北凉玄始十二年（423年） | 北凉联合吐谷浑相携入贡南朝刘宋政权。 |
| 北凉玄始十三年（424年） | 西秦再次用兵北凉，北凉联合吐谷浑共同出兵攻伐西秦。 |
| 北凉承玄二年（429年） | 吐谷浑王慕璝遣其弟慕利延将骑五千会蒙逊攻伐西秦。 |
| 北凉义和元年（431年） | 北魏追击大夏主赫连定，赫连定带领残余部队退入凉州。吐谷浑第十位国主慕璝率骑兵三万在黄河上游袭击赫连定，并将之俘虏送与北魏。 |
| 北魏太延二年（436年） | 慕璝卒，慕利延继位，北魏谥慕璝为惠王，拜慕利延为镇西大将军、仪同三司，改封西平王。 |
| 南朝宋元嘉十四年（437年） | 北魏封慕利延大将军号不变，加封仪同三司、改封慕利延为"西平王"。 |

| 年代 | 事件 |
| --- | --- |
| 北魏太延五年（439年） | 太武帝拓跋焘亲征北凉，北凉灭亡，宣告河陇大地兴衰沉浮的五胡十六国历史的全面终结。 |
| 北魏太平真君五年（444年） | 阿豺长子纬代和北魏使者密谋投奔北魏，被慕利延察觉后被杀。北魏以"拾寅兄弟不睦"的借口，出兵攻打吐谷浑。 |
| 南朝宋元嘉三十年（453年） | 拾寅以白兰为根据地，"自恃险远"，与北魏发生冲突。 |
| 北魏和平元年（460年） | 北魏遣大军从凉州出发攻打吐谷浑，拾寅远遁。 |
| 北魏皇兴四年（470年） | 北魏任命长孙观为征西大将军率军攻打吐谷浑，拾寅战败逃走。 |
| 北魏太和五年（481年） | 拾寅辞世，其子度易侯继立，为吐谷浑第十三位国主。 |
| 北魏太和十四年（490年） | 北魏孝文帝拓跋宏亲政，新主继立，招伏连筹入朝，伏连筹竟称病不至。 |
| 北魏太和十六年（492年） | 北魏出兵攻打洮阳、泥河二城，吐谷浑大败，伏连筹遣世子贺鲁头前往平城朝贡。 |
| 北魏正光五年（524年） | 北魏爆发"六镇起义"，吐谷浑出兵凉州破于菩提、赵天安，在河西、陇右趁机扩展势力。 |
| 北魏建明元年（530年） | 伏连筹逝世，其子呵罗真继立。 |
| 东魏兴和二年（540年） | 吐谷浑夸吕政权与东魏政权相互通使。 |
| 东魏武定三年（545年） | 夸吕荐其从妹与东魏联姻，孝静帝纳入后宫，封为容华嫔。 |
| 东魏武定四年（546年） | 西魏派遣史宁抵达河西，接替宇文仲和担任凉州刺史一职。宇文仲和占据凉州发动叛乱，吐谷浑协助平叛。 |
| 东魏武定七年（549年） | 吐谷浑遣使两次朝贡东魏，双方始终维持着和平交往的原则。 |
| 西魏废帝二年（553年） | 西魏出兵占据今四川地区，设置益州，阻断吐谷浑与东魏的联系，使之失去外援。周文勒大兵至姑臧，夸吕震惧，使贡方物。 |
| 西魏恭帝三年（556年） | 西魏联合突厥出兵攻打吐谷浑。 |
| 北周武成元年（559年） | 吐谷浑在洮河和白龙江流域拓展势力，北周遣大司马、博陵公贺兰祥率众讨伐吐谷浑。 |
| 北周保定五年（565年） | 吐谷浑联合宕昌羌连结寇边，并寇河州石门戍。宇文邕诏令大将军田弘率军讨伐吐谷浑。 |
| 隋开皇元年（581年） | 隋文帝遣上柱国元谐率步骑兵数万讨伐吐谷浑，大破之，夸吕率兵远遁。 |
| 隋开皇二年（582年） | 吐谷浑寇岷州、洮州时，凉州刺史贺娄子干发五州兵攻入吐谷浑境内，杀男女万余口而还。 |
| 隋开皇三年（583年） | 吐谷浑寇临洮，洮州刺史皮子信死之。 |

附 录 武威吐谷浑历史文化大事年表

| 年代 | 事件 |
| --- | --- |
| 隋开皇六年（586年） | 吐谷浑国发生内乱，太子觑王诃惧怕夸吕诛之，请求率部落万五千人户归附，遣使入朝请兵。 |
| 隋开皇八年（588年） | 隋朝在吐谷浑河南王移兹哀卒后，让其弟树归统余众，作为隋初降隋的十三名王部落。 |
| 隋开皇九年（589年） | 隋文帝发兵攻破江南，平定陈朝，完成了大江南北的统一。其后放手重磅打击吐谷浑。 |
| 隋开皇十一年（591年） | 吐谷浑夸吕卒，其子世伏继位。 |
| 隋开皇十三年（593年） | 为了更好地经略河西，缓和朝廷与吐谷浑的矛盾，隋朝特命凉州籍官员姚辩出任凉州总管。 |
| 隋开皇十六年（596年） | 吐谷浑可汗世伏遣使到隋和亲，隋文帝将光化公主嫁给吐谷浑可汗世伏。 |
| 隋开皇十七年（597年） | 吐谷浑大乱，国人杀世伏而立其弟伏允为主。 |
| 隋大业四年（608年） | 宇文述率军进攻吐谷浑，先后攻拔曼头、赤水等城，大破其众。伏允南走雪山，损失惨重。 |
| 隋大业五年（609年） | 隋炀帝开始以征服吐谷浑为目的的"西巡"，击吐谷浑后，慕容顺在大宝王尼洛周的扶持下入吐谷浑继承王位。 |
| 唐武德二年（619年） | 唐高祖遣使吐谷浑，与伏允交好，以释放质子慕容顺为条件，要求伏允出兵攻打李轨。 |
| 唐贞观八年（634年） | 吐谷浑发兵寇掠凉州。唐太宗遣右骁卫大将军、褒国公段志玄击吐谷浑。后又派遣赵德楷、安附国为使节，出使吐谷浑，吐谷浑将两人扣留为"人质"，继续出兵攻打凉州。 |
| 唐贞观十年（636年） | 唐朝遣淮阳王李道明持节出使吐谷浑，册封诺曷钵为"河源郡王，食邑四千户，仍授乌地也拔勒豆可汗"。诺曷钵入唐拜见唐太宗并请求赐婚，唐太宗将弘化公主下嫁诺曷钵。 |
| 唐贞观十三年（639年） | 诺曷钵亲自到长安迎娶公主，弘化公主远嫁吐谷浑。 |
| 唐永徽三年（652年） | 唐朝将金城县主嫁给弘化公主的长子苏度摸末。 |
| 唐显庆四年（659年） | 吐蕃出兵吐谷浑，派达延莽布支率兵与唐大将苏定方战于乌海东岱，大败，达延莽布支身亡。 |
| 唐龙朔三年（663年） | 弘化公主又为次子闼卢摸末请婚。唐高宗将金明县主嫁给闼卢摸末。同年吐蕃侵占吐谷浑，诺曷钵被迫率部内附凉州。 |
| 唐麟德二年（665年） | 吐蕃再派使者赴唐，请与吐谷浑复修和好，并求赤水地以为牧野。 |
| 唐乾封元年（666年） | 唐廷又升诺曷钵河源郡王为青海国王，有以示进取青海之意。 |
| 唐总章二年（669年） | 高宗召集诸臣商议对蕃和战之策。众臣各持己见，议莫能决，高宗诏令暂徙吐谷浑残部于凉州南山。 |

| 年代 | 事件 |
| --- | --- |
| 唐咸亨元年（670年） | 吐蕃攻打居住在西域鄯善、且末地区的西吐谷浑，尽收吐谷浑西部十州。四月吐蕃又攻陷唐西域羁縻州十八个及安西四镇。 |
| 唐咸亨三年（672年） | 吐蕃派仲琼使唐朝贡。高宗令以次礼待之。旋唐徙诺曷钵及其残部于灵州之境，设置安乐州，以诺曷钵为刺史。 |
| 唐上元二年（675年） | 吐蕃又遣归降吐蕃的吐谷浑人吐浑弥到长安，请求与吐谷浑修好。次年，吐蕃入寇鄯、廓、河、芳（甘肃兰州西固）等州，唐师迎战失利，处于被动防御状态。 |
| 唐永隆元年（680年） | 高宗任命李敬玄为洮河道大总管兼鄯州都督，率兵抵御吐蕃。后因屡次溃败，被贬衡州。吐蕃最终占据吐谷浑故地。 |
| 唐天宝十四载（755年） | 安史之乱爆发，驻守河陇等地的唐朝戍兵相继调回关中，为吐蕃进一步侵夺唐朝边地创造了可乘之机。 |
| 唐广德元年（763年） | 吐蕃入大震关、取兰、河、鄯、洮等州，唐陇右之地尽陷于吐蕃。 |
| 唐广德二年（764年） | 原唐所封之大宁郡王仆固怀恩于灵武叛唐，与吐蕃、吐谷浑、党项等合军十万攻关中，后为郭子仪、白孝德等击退。吐蕃攻占凉州。 |
| 唐永泰元年（765年） | 仆固怀恩再次招引吐蕃、回纥、吐谷浑、党项等数十万进攻关中。不久，仆固怀恩暴卒。吐蕃与回纥发生争执，回纥与郭子仪议和，吐蕃退走。 |
| 唐咸通二年（861年） | 张议潮又占据河西重镇凉州，河陇重归于唐。 |
| 唐中和四年（884年） | 居甘州的吐蕃三百细小相兼五百余众，及退浑王拔乞狸等在回纥围攻下，归附唐朝。肃州吐蕃、龙家、退浑等形成"肃家族"，作为一个独立的政治势力而存在。 |

# 参考文献

## 专著

1. 夏鼐:《武威唐代吐谷浑慕容氏墓志》,《考古学论文集》,北京:科学出版社,1961年。

2. 周伟洲:《武威青嘴喇嘛湾出土大唐武氏墓志补考》,甘肃兰州:甘肃人民出版社,1982年。

3. 王仁波:《隋唐五代墓志汇编·陕西卷》(第四册),天津:天津古籍出版社,1991年。

4. 黎大祥:《武威文物研究文集》,《文物精粹》,甘肃兰州:甘肃文化出版社,2002年。

5. 周伟洲主编:《西北民族论丛》(第1辑),北京:中国社会科学出版社,2002年。

6. 党寿山、黎大祥、孙寿龄:《武威市文物志》(内部资料),武威市华凯印刷厂2004年印刷。

7. 西安市长安博物馆:《长安新出墓志》,北京:文物出版社,2011年。

8. 周伟洲:《吐谷浑资料辑录》,北京:商务印书馆,2017年。

9. 李文学:《吐谷浑史研究》,北京:科学出版社,2020年。

10. 周伟洲:《吐谷浑史》,北京:商务印书馆,2021年。

11. 朱悦梅、康维:《吐谷浑政权交通地理研究》,北京:中国社会科学出版社,2021年。

## 论文

12. 党寿山：《武威县南山青嘴喇嘛湾又发现慕容氏墓志》，《文物》，1965年第9期。

13. 宁笃学：《甘肃武威南营发现大唐武氏墓志》，《考古与文物》，1981年第2期。

14. 李文实：《吐谷浑族与吐谷浑国——吐谷浑历史考察之一》，《青海社会科学》，1981年第1期。

15. 李文实：《吐谷浑族与吐谷浑国——吐谷浑历史考察之二》，《青海社会科学》，1981年第2期。

16. 钟侃：《唐代慕容威墓志浅释》，《考古与文物》，1983年第2期。

17. 李延恺：《弘化公主和亲及唐浑关系考述》，《青海民族大学学报》（社会科学版），1984年第1期。

18. 阎文儒：《河西考古杂记》（下），《中国古代史·社会科学战线》，1987年第1期。

19. 慕勒、郭向东、容真：《吐谷浑文化概况》，《西北民族研究》，1989年第2期。

20. 胡小鹏：《吐谷浑与南北朝关系述论》，《甘肃社会科学》，1990年第4期。

21. 任树民：《论吐谷浑在唐蕃关系中的枢纽地位》，《西北民族研究》，1992年第1期。

22. 胡小鹏：《论吐谷浑民族的形成及其特点》，《西北师大学报》（社会科学版），1992年第4期。

23. 杨作山：《吐谷浑与唐蕃关系述论》，《西北第二民族学院学报》（哲学社会科学版），1995年第3期。

24. 黎大祥：《武威青嘴喇嘛湾唐代吐谷浑王族墓葬》，《陇右文博》，1996年第1期。

25. 靳翠萍：《唐与吐谷浑和亲关系始末考》，《敦煌学辑刊》，1998年第1期。

26. 黎大祥：《民族团结的使者——弘化公主》，《凝聚》，2001年第2期。

27. 陈亚艳：《从唐与吐谷浑的关系看唐对吐谷浑的民族政策》，《青海民族研究》（社会科学版），2002年第13卷第4期。

28. 杜林渊：《从出土墓志谈唐与吐谷的和亲关系》，《考古》，2002年第8期。

29. 李天雪、汤夺先：《略论吐谷浑的游牧型商业经济及对其外交政策的影响》，《青海民族学院学报》（社会科学版），2002年第28卷第4期。

30. 程起骏：《吐蕃治下的"吐谷浑邦国"初探》，《中国藏学》，2003年第3期。

31. 周伟洲：《吐谷浑的历史与文化》，《文明》，2006年第11期。

32. 吕建中：《唐与吐谷浑的三次和亲》，《中国土族》，2007年秋季号。

33. 袁志鹏：《唐代吐谷浑民族迁徙研究》，兰州大学2007年硕士学位论文。

34. 沈玉萍：《吐谷浑王国屡败屡兴之原因探析》，《青海社会科学》，2008年第4期。

35. 许春华：《弘化公主下嫁吐谷浑原因探析》，《文教资料》，2009年第26期。

36. 张振霞：《唐前期凉州地区诸少数民族的兴衰嬗替——以吐谷浑、铁勒诸部、西域胡及其与唐王朝关系为中心》，《邢台学院学报》，2010年第25卷第1期。

37. 孙瑜：《唐慕容曦皓墓志考释》，《山西大学学报》（社会科学版），2010年第3期。

38. 崔永红：《吐谷浑与内地诸王朝的关系》，《中国土族》，2010年第4期。

39. 罗勇：《隋唐时期吐谷浑与中原王朝的关系》，兰州大学2010年硕士学位论文。

40.李朝:《吐谷浑:丝绸之路伟大的开拓者》,《中国土族》,2010年第4期。

41.汪家华:《唐代吐谷浑族迁徙考论》,《民族论坛》,2010年第8期。

42.袁亚丽:《吐谷浑手工业述略》,《青海民族大学学报》(社会科学版),2011年第2期。

43.李鸿宾:《慕容曦光夫妇墓志铭反映的若干问题》,《唐史丛论》,2012年第14辑。

44.张茹茹:《"吐谷浑"的名词释义及吐谷浑国历史地位的个案分析》,《延边党校学报》,2012年第4期。

45.苏海洋:《从国际视野看丝路青海道的演变》,《青海民族研究》,2012年第3期。

46.袁亚丽:《吐谷浑时期的自然环境与社会经济》,《青海民族大学学报》(社会科学版),2012年第4期。

47.濮仲远:《唐代吐谷浑慕容氏王室墓志研究述评》,《青海民族大学学报》(社会科学版),2013年第39卷第3期。

48.袁亚丽:《论吐谷浑民族的文化变迁》,《青海师范大学学报》(哲学社会科学版),2013年第2期。

49.吴洪琳:《十六国时期吐谷浑的"中国"认同观》,《青海民族大学学报》(社会科学版),2013年第2期。

50.陈玮:《新出唐吐谷浑王族慕容环墓志研究》,《中国边疆史地研究》,2014年第4期。

51.徐小坤、顾盼盼:《试论魏晋南北朝时期吐谷浑汗国与青海道的繁荣》,《环球人文地理》,2015年版。

52.崔永红:《民族团结,源远流长》,《中国土族》,2015年第2期。

53.崔永红:《丝绸之路青海道盛衰变迁述略》,《青海社会科学》,2016年第1期。

54. 刘艳芳:《吐谷浑国治国方略研究》,西北大学 2017 年硕士学位论文。

55. 黄兆宏:《吐谷浑入迁河西及其影响浅析》,《宁夏师范学院学报》,2017 年第 38 卷第 4 期。

56. 李文才:《杨吴寻阳公主墓志铭考略》,《中华历史与传统文化论丛》,2018 年第 4 辑。

57. 李浩:《新见唐代吐谷浑公主墓志的初步整理研究》,《中华文史论丛》,2018 年第 3 期。

58. 王国玉、王河松:《唐〈慕容曦轮墓志〉考辨》,《书法丛刊》,2018 年第 4 期。

59. 任玉贵:《吐谷浑古国的历史功绩》,《柴达木开发研究》,2018 年第 2 期。

60. 樊国君:《武威青嘴喇嘛湾唐代吐谷浑王族墓葬研究》,西北师范大学 2018 年硕士学位论文。

61. 逯克胜:《从遣使朝贡舞马看吐谷浑与南北朝各政权的关系》,《青海师范大学学报》(哲学社会科学版),2018 年第 40 卷第 3 期。

62. 杨荣春:《冲突与交融:五胡十六国时期北凉与周边政权关系研究》,《兰州学刊》,2018 年第 8 期。

63. 张慧兵:《武周〈弘化大长公主墓志〉及相关问题考》,《中国书法》,2019 年第 22 期。

64. 黎大祥:《武威青嘴喇嘛湾唐代吐谷浑王族墓葬》,《开封教育学院学报》,2019 第 4 期。

65. 周伟洲:《吐谷浑墓志通考》,《中国边疆史地研究》,2019 年第 3 期。

66. 宋喜群:《最早最完整吐谷浑王族墓》,《光明日报》,2019 年 12 月 22 日第 12 版。

67. 任玉贵:《吐蕃统治下的吐谷浑邦国》,《中国土族》,2019 年第 3 期。

68. 官志伟:《吐谷浑史事辑考》,陕西师范大学 2019 年硕士学位论文。

69. 郭声波、苏阳:《吐谷浑交通格局新论》,《黑龙江社会科学》,2020 年第 5 期。

70. 濮仲远:《祖居之地与华夏认同——以唐代吐谷浑慕容氏家族墓志为中心》,《西北民族大学学报》(哲学社会科学版),2020 年第 3 期。

71. 孟彦弘:《游牧与农耕交错,东西与南北交通视野下的河西走廊——以隋及唐前期的凉州为例》,《中国人民大学学报》,2020 年第 4 期。

72. 甘肃省文物考古研究所、武威市文物考古研究所、天祝藏族自治县博物馆:《甘肃武周时期吐谷浑喜王慕容智墓发掘简报》,《考古与文物》,2021 年第 2 期。

73. 沙武田、陈国科:《武威吐谷浑王族墓选址与葬俗探析》,《考古与文物》,2021 年第 2 期。

74. 李海宁:《我国吐谷浑历史交通地理研究述略——以丝绸之路河南道为中心》,《新丝路:中旬》,2021 年第 6 期。

75. 刘兵兵、陈国科、沙琛乔:《唐〈慕容智墓志〉考释》,《考古与文物》,2021 年第 2 期。

76. 甘肃省考古研究所:《消失的西北神秘王国:曾让蜀马扬名,奠定茶马贸易基础》,《考古中国》,2022 年第 6 月刊。

77. 李宗俊:《吐谷浑喜王慕容智墓志及相关问题》,《烟台大学学报》(哲学社会科学版),2022 年第 4 期。

78. 葛承雍:《从"青海道"丝路文物看历史上的吐谷浑》,《中国土族》,2022 年第 2 期。

79. 陈国科、刘兵兵、沙琛乔等:《甘肃武威市唐代吐谷浑王族墓葬群》,《考古》,2022 年第 10 期。

80. 李想:《千年再现吐谷浑》,《百科知识》,2022 年第 4 期。

# 后 记

本书的顺利出版首先得益于凉州文化研究院和甘肃省社会科学院近年来的良好合作。凉州文化研究院的领导和同事们对武威历史文化充满了诚挚的热爱，对于弘扬武威历史文化展现出了高度的责任感和使命感。他们发自内心的热情带动我们一起深入了解和挖掘"吐谷浑"这个在武威历史上留下了丰富遗存和深刻印记的民族。

如何从历史中认识、理解并恰当总结一个民族（政权）的兴亡史，是一个颇能考验研究者专业能力和悟性的课题。在确立"吐谷浑"为研究主题的基础上，我们在凉州文化研究院众多同事的启发与帮助下，尽我们所能对本书的提纲、结构、叙事风格、内容安排做了比较深入全面的思考，期间也进行了数次或大或小的调整。凉州文化研究院的领导和同事们不仅为写作提供了重要的参考资料，更为我们实地考察"吐谷浑"珍贵的历史文物和青咀喇嘛湾墓葬群等提供了重要的帮助。现场观摩考察的宝贵经历在很大程度上帮助我们把枯燥抽象的文献和具体现实的场景结合起来，从而使文字的可读性和感染力得到一定程度的加强，也使我们自己对历史与当下的联结有了更深的体悟。

对于在有限时间内拿出一本看得过去的书稿这一要求，我们内心难免有一些焦虑。毕竟对我们而言，"吐谷浑"一开始只是一个发音比较独特的专用称呼而已。在大量阅读和逐步深入研究前人文献的过程中，我们对于"吐谷浑"的认识不断丰富、深化。但是前辈们的卓越工作和创造性成果对我们的写作形成了巨大的压力，我们只能拼命地消化吸收这些非常"硬核"的资料，并竭尽所能地把我们的微小体悟适度抒发出来。现在看来，本书字里行间仍然布满了对前人成果的"攀附"，很多的文字似乎也只是对前辈的模仿。但不管怎样，我们实实在在地读了很多文献，进行了反复认真的思考和写作。这个过程虽然有点辛苦，但很真实，也非常有价值。

这本书是由两位作者合作完成的。按照丛书课题组的要求和分工，张国才负责本书的框架设定、结构内容安排，具体承担第五章、第六章和第七章内容的写作。刘徽翰负责总论、第一章至第四章以及大事年表等内容的写作，撰写的字数达十二万余字。具体的统稿、校对、修改工作由两人共同完成。当然，两位作者的很多工作并不是那么泾渭分明，很多内容在各自所承担的章节中都有体现。

感谢读者出版社的鼎力支持和专业指导。本书在写作和修改过程中，有幸得到了中国社会科学院古代史研究所赵现海研究员、兰州大学杨红伟教授、西北民族大学尹伟先教授、甘肃省社会科学院魏学宏研究员、武威市文史学者程对山及武威市凉州文化研究院席晓喆、李元辉、杨琴琴、俞丹华等诸多同仁的关心与帮助。他们不吝赐教，对书稿提出了许多宝贵的指导意见，让我们在多次领略专业人士深厚造诣的同时，又多次发出"虽不能至，心向往之"的感慨。最后，再次感谢武威凉州文化研究院和甘肃省社会科学院的领导和同事们，大家在整个丛书项目执行过程中常态化的切磋琢磨，为我们写作本书提供了很多启发与灵感；大家彼此之间的关心帮助也为我们缓解了很多压力和焦虑。希望大家今后能够继续互相帮助，互相学习，共同进步！

刘徽翰

# 总后记

　　武威，物华天宝，人杰地灵。寻访武威大地，颇感中华文明光辉璀璨，绵延传承。考古资料表明，在新石器时代，武威一带已经成为先民生息繁衍的重要地区。汉武帝时开辟河西四郡，武威郡成为河西走廊政治、经济、文化、军事之要地。东汉、三国、西晋时为凉州治所。东晋十六国时，前凉、后凉、南凉、北凉和隋末的大凉政权先后在此建都。唐朝时曾为凉州节度使治所，一度成为中国西北仅次于长安的通都大邑。"凉州七里十万家""人烟扑地桑柘稠"，其盛况可见一斑。宋元明清以来，凉州文化传承不辍。

　　在历史演进过程中，凉州成为了中原王朝经营西域的战略要地。农耕文明与游牧文明、中西方文化、多民族文化在这里交汇融合，形成了在中国文化史上占有重要地位的凉州文化。就历史文化的整体价值和综合影响而言，凉州文化已超越了今天武威这个地理范畴，不再是简单的区域性文化，而是吸纳传导东西方文明重要成果的枢纽型文化，是中华文化的重要组成部分。

　　凉州文化是多民族多元文化互相碰撞而诞生的美丽火花，其独特性是武威历史文化遗产中最有价值、最具魅力之处，也是具有文化辨识度的"甘肃标识"的特有文化，值得更系统、更深入地研究。特别是在新时代，对其进行更深层次的文化挖掘和意义阐释具有重要的现实意义。基于此，甘肃省社会科学院和武威市凉州文化研究院组织跨学科、跨地域的团队撰著了《凉州文化丛书》（第一辑），以期通过历史、文学、生态、长城、匾额、教育、人口等方面的研究，对厚重的凉州文化加以梳理，采撷其粹，赓续文脉，以文化人，为文化旅游名市建设增添文化智慧内涵。

　　《凉州文化丛书》（第一辑）由甘肃省社会科学院和武威市凉州文化研究院

共同商定，确定为2023年院重点课题。我和张国才、席晓喆同志组织实施，汇集两家单位的二十位学者组成团队开展研讨写作。丛书共包括《武威地名的历史传承与文化内涵演变》《古诗词中的凉州》《汉代武威的历史文化》《武威长城两千年》《武威吐谷浑文化的历史书写》《清代凉州府儒学教育研究》《武威匾额述略》《清代学人笔下的河西走廊》《河西历代人口变迁与影响》《河西生态变迁与生态文化演进》十本著作，每一本书的书名、内容框架，都是广集各个方面建议，多次召开编委会讨论研究确定下来的。因此，每本书的书名都具有鲜明的个性，高度概括了凉州特色文化的人文特点和地理风貌。丛书共计一百八十余万字，百余幅图片，主题鲜明，既做到了突出重点、彰显特色、求真务实，又做到了简洁流畅、雅俗共赏，是一套比较全面研究凉州特色文化的大型丛书。

丛书选取武威具有代表性的特色文化或尚未挖掘出的文化元素，进行深度挖掘、系统整理和专题研究，在撰写过程中，组织开展了十多次考察调研、研讨交流活动，每一本书的作者结合各自研究的内容，不仅梳理了凉州特色文化的理论研究，关注了凉州文化的传承与发展现实，还对凉州特色文化承载的丰富内涵和历史进行了深入的探讨，展示了凉州文化融入当代生活的现状，以及凉州文化推动武威特色旅游产业的途径。不难看出，凉州文化为我们深入了解武威提供了丰富的样本，其多样性、包容性、创新性、地域性等特点无疑是武威城市文化的地标、经济财富的源头、文化交流的名片。

文字与图像结合是叙事最基本、最重要的手段，其中图像的运用为我们了解世界构建了一个形象的思维模式，有助于我们更为深刻地认识世界。为了更好地展现凉州文化，丛书在文字的基础上通过大量的实物图像展示了凉州文化丰富多彩的形态。这些图片闪耀着独特而绚丽的光彩，也为我们解读了凉州文化背后不同的人文故事。同时，每一位作者在撰述中对引证的材料都作了较为翔实的注释，一方面力求言之有据、持之有故，另一方面也表达出对前贤时哲研究成果的尊重。

丛书挖掘整理了凉州文化中一些特色文化，对于深入研究凉州文化来讲，这是一种新的尝试。最初这套丛书的定位是具有较高品位的地方历史文化普及读物和对外宣传读本，要求以史料为基础，内容真实性与文字可读性相统一，展现武威博大精深的历史文化内涵和魅力，帮助广大读者更全面地认识、更深入地了解凉州文化元素，推动凉州文化的弘扬传承，实现优秀文化传承的主流价值引导和思想引领。经过一年多的努力，丛书顺利完成撰写，这本身是一件很有意义的事情。同时需要诚恳说明的是，这套丛书是一项综合性的跨学科的研究，涉及很多方面的知识，虽经多方努力，但因史料匮乏、资料收集不足。作者学力限制，作为主编者心有余而力不足，很多内容的研究论证尚欠丰厚。希望能够通过这套丛书引发人们对凉州文化更多的关注和思考，探索更多的研究方向，也就算实现了我们美好的愿望。此外，整个丛书撰写过程确实是时间紧、任务重，难免有错谬之处，敬请读者不吝赐教，我们不胜感激。

在这套书的论证和撰写中，中国社会科学院古代史研究所卜宪群所长及戴卫红、赵现海研究员，浙江大学历史学院冯培红教授，甘肃省社会科学院刘敏先生，西北师范大学传媒学院院长徐兆寿教授等领导、专家给予了很多建议，为书稿的顺利完成创造了条件。西北师范大学副校长、教授田澍先生百忙之中为丛书撰写了总序言，武威市凉州文化研究院的张国才院长及其他同仁对丛书的编撰勤勉竭力、积极工作、无私奉献，我在这里一并表示感谢。

《凉州文化丛书》（第一辑）编委会

魏学宏

2023年10月

魏学宏，甘肃省社会科学院决策咨询研究所所长、研究员。先后发表学术论文50多篇，出版专著2部，主持完成国家社会科学基金项目、甘肃省哲学社会科学项目及省市县委托项目10余项。